光昭太极拳道丛书

功法篇

静出动势之

桩功概论

李光昭 著

华龄出版社
HUALING PRESS

总　序

　　我的父亲李树田先后师从京城太极拳名家白旭华和徐岱山。白旭华得到杨健侯和杨少侯两代宗师的亲传；徐岱山乃杨少侯、杨澄甫（杨氏太极拳第三代传人）的入室弟子。

　　在杨氏太极拳这一脉传承体系里，我先后得到两位师父的传授：一位是父亲李树田，另一位是父亲的师兄张策（徐岱山的入室弟子）。现今唯一存世的《杨氏徐门手抄太极拳谱》，就是张策亲手交给我，并由我保存下来的。《杨氏徐门手抄太极拳谱》记载着徐岱山受业于杨少侯门下的时间、地点，并盖有徐岱山的印章。这份不可多得的珍贵史料，说明这一脉的杨氏太极拳属于正宗正门的杨家传承体系。

　　我在继承杨氏太极拳衣钵、吸收先辈们的拳修精华、结合自身六十余载修为实践的基础上，传承发展了传统太极拳的理法、心法等理论体系及功法体系，形成了具有鲜明特点的"光昭太极拳道"修为体系，这是我从"以拳证道"的角度提出来的反映传统太极拳修为本质特征的新

☯ 桩功概论

概念。

记得父亲曾讲过，杨健侯传授太极拳的特点是先站桩后练拳。当年，父亲李树田先后拜白旭华和徐岱山为师学习太极拳，都是先学习站桩功，后练拳架。我跟随父亲习拳，也是先从桩功开始。

现在，我对外传授太极拳，一直遵守本传承体系的老规矩，先教桩功，后授拳架。我认为，桩功是基础，是直奔主题的内功修为。桩与拳，分为二，合为一。桩为拳之体，拳为桩之用；桩为拳之主宰，拳为桩之外显；拳静即桩，桩动成拳；桩无拳无用，拳无桩无拳。可以说，在传承、传授传统太极拳的实践中，"光昭太极拳道"沿袭了杨氏太极拳先辈创立的先桩后拳之路，成为这一脉杨氏太极拳传承体系的一大特点。

"光昭太极拳道"忠实地继承杨氏太极拳先辈们传承下来的理法、心法和功法，在传承、传授太极拳的实践中，坚持以明理为主导，将理法讲透彻，将心法讲明白，将功法讲具体，并且突出了理法、心法、功法三法合一。三法合一的特点是以心法统领理法和功法，以理法体现心法、指导功法，以功法贯穿其理法和心法，使理法、心法、功法相互依存、互为一体。

我将自己研修理法、心法和功法的体悟心得，以及近十几年的授课资料整编成书，完善了"光昭太极拳道"之理法体系、心法体系和功法体系。

第一，理法体系。在太极拳领域首次提出了"拳知八纲"理论，对阴、阳、动、静、虚、实、刚、柔八纲的内涵真义及相互关系做了辩证阐释，高度概括了"一须三要"这一理法纲领。一须：须知阴阳；三要：要明动静、要辨刚柔、要分虚实。我还对十七个拳修核心要素进行了系统化、理论化的解说，使玄妙深奥、晦涩难懂的拳经拳论变得通俗易懂。

理法体系强调以拳证道、以拳修道、拳炼自我、重塑新我为修为目标，以建立太极思维模式为拳修重点，继承发展了太极内功修为理论。

第二，心法体系。由"一个中心、三个基本点""一求三修"等心法纲领构成。

"一个中心、三个基本点"，一个中心：中正安舒；三个基本点：静心凝神、呼吸自然、周身松通。

"一求三修"，一求：处处求中。中即道，道即中，故而求中乃合道之举。三修：反向修义、借假修真、层层修分。

"凡此皆是意"，既体现了内功心法的本质特征，又是内功修习的根本所在。

第三，功法体系。由静桩功、动桩功、太极摸手、太极拳架、太极散手和太极器械等组成。

桩功概论

修习主旨是"一拨三能"。一拨：四两拨千；三能：以静制动、以柔克刚、后发先至。

功法体系的修习路径是先静后动，先桩后拳，先摸手，后散手，再器械，循序渐进，遵道而为。

我们特别强调"明理就是练功""练功先要明理""明理是核心功夫"。

综上所述，"光昭太极拳道"修为体系的特征是以武演文、以拳入道、由拳悟道。拳修的主旨是以拳炼我、改造自我、返璞归真。

"光昭太极拳道"修为体系的特点是始于桩功，先桩后拳。桩即拳，拳即桩，拳桩为一。

"光昭太极拳道"修为体系的特质是创立了独具特色的理法、心法、功法三法合一的实修实证的教学模式。

这套"太极拳道系列丛书"各自独立成册，而理一以贯之，乃太极拳道修为不可多得的宝贵资料。希望将来能为传承传播太极内功、丰富发展太极文化做出应有的贡献。

李光昭

2024年5月26日

序言

太极桩法是"以拳证道"的最有效方式

中华民族的传统文化，包括诸子百家、经史子集，包括儒、道、佛、医、武、艺等。在这浩瀚而纷杂的典籍和学派之中，儒道两家是中国传统文化的根本所在。而儒道两家的思想基础在于太极学说，因而可以说中国传统文化的思想根源在于太极学说。

说到太极，《易经·系辞上》云："易有太极，是生两仪，两仪生四象，四象生八卦。"北宋理学家周敦颐的《太极图说》云："无极而太极。太极动而生阳，动极而静，静而生阴，静极复动。一动一静，互为其根。分阴分阳，两仪立焉。"关于无极、太极、阴阳之间的生生变化，中国历代有许多学者大家都留下了丰富的论述。

一、什么是"无极"？二、什么是"太极"？它如何由"无极"而生？三、"太极"为"阴阳"之母，那么"阴阳"是怎么从"太极"产生的？……作为一个中国人，要了解和掌握中国传统文化的根本，就一定要学习和研究中国的

桩功概论

太极学说。

太极,是中国传统文化中一个特别的名词,往往令人感觉无比深奥、难以把握。在中国传统文化中,很奇特地出现了一个特别拳法——太极拳。这个拳法,应该是一种"哲理拳",是一种依据与贯彻了中国太极哲理的拳法。因此,这里就产生了一个问题,人们是应该先学通、学透太极哲理,然后才能去练太极拳?还是应该先通过学练太极拳,然后才能理解和掌握太极哲理!

相传,太极拳传自古代道人张三丰,应该是张三丰在非常深入地修学与掌握了"道"或"无极"哲理之后,才演化出来这一种特别拳法。所以关于拳与道的关系,历史上本来应该是"由道出拳"的。我们认为,张三丰在证道以后,他的身心的每一个举动就都是真正的太极拳。

关于太极拳,王宗岳的《太极拳论》中明确表述:"太极者,无极而生,动静之机,阴阳之母也。动之则分,静之则合。"也就是说,王宗岳认为,太极拳的"太极"是由"无极"而生的。因此"无极"是"太极"之母,如果没有"无极",也就没有"太极"。

只有先有了"无极",才可以有"太极";进而只有先有了"太极",才可能有"太极拳"。所以太极拳应该是由"无极"而生的"太极"化现出来的。

一般人怎么才能做到"由无极而生太极,由太极而化现太极拳"呢？正是因为这种方法，对于一般人已经越来越难以领悟和掌握，所以，太极拳也就和中国传统文化的其他遗产一样，越来越衰落了。

在中国传统文化里，关于各种身心修炼的学派，一直有两种方法：一是顿法，一是渐法。顿法，适用于上根利器之人，要求必须先做到一念悟时，刹那全是，不立次第，不假修炼；要求人们能够"致虚极，守静笃"，参透"玄之又玄，众妙之门"。这也就是前面提到的那种"由道生拳"的方法，这是一种顿悟法门。然而，适于这种顿法的那种上根利器之人，一般认为可能在万人之中难得其一，甚至一个时代也难出一人。因此，对于一般的普通大众，还是应该选择渐法。这种渐法，也就是"以拳证道"的方法。现在大家学练太极拳的目的，应该不再主要是为了技击与打斗，而应该是以这种练"拳"为一种手段，来实现证"道"的境界。

关于"道"，老子在《道德经》里有许多描述，诸如"有物混成，先天地生。寂兮寥兮，独立而不改，周行而不殆，可以为天下母"，"道之为物，惟恍惟惚。惚兮恍兮，其中有象；恍兮惚兮，其中有物。窈兮冥兮，其中有精；其精甚真，其中有信"，"视之不见，名曰夷；听之不闻，名曰希；搏之不得，名曰微"，"古之善为士者，微妙玄通，深不可识。夫唯不可识，故强为之容：豫兮，若冬涉川；犹兮，若畏四邻；俨兮，其若客；涣兮，

桩功概论

若冰之将释;敦兮,其若朴;旷兮,其若谷;混兮,其若浊"等。

关于"道"或"无极",我们作为只适于渐修法门的普通大众,是很难以人们一般的、逻辑的、分别的、属于识神的思维可以证入的。而且,我们用这种思维的方式去学习,越勤奋反而会离"道"或"无极"越远。反之,我们不用这种思维的方式,而用身体直接体认的方式,才更易于把握这个"道"或"无极"的真谛,更容易契合这个"道"或"无极"的境界。因此,如果选用以身体直接体认的方式,对于一般民众而言,还是应该走这条"以拳证道"的路。

证道对一般人而言是一件非常困难的事,没有下手之处。为了证道,在当代修学拳法是一种非常好的起始的手段与方法。正确的太极拳修炼是有利于人们证道的,而错误的太极拳修炼是有碍于人们证道的。我们要走这条"以拳证道"的路,本书提供的太极桩法里的无极桩功与浑圆桩功,应该是一个特殊的、微妙的、最有效的方式。

在后世的各种太极拳中,无论是十三式、二十四式、四十二式、八十四式、一〇八式,等等,都应该是从太极桩法里演化而来,在这中间太极桩法是根本,具体的不同架式是枝叶。无论是陈氏、杨氏、武氏、吴氏、孙氏、赵堡、武当等派别,都是从太极桩法分化出来的,在这中间太极桩法是本源,具体的各个不同姓氏派别都是支流。

序言

　　李光昭老师所教授的太极桩法，包括无极桩功与浑圆桩功，其殊胜之处在于不从各种具体的拳架入手，而非常重视太极桩法的基础修炼，要求以太极桩法作为基本功来化现出真正的太极拳法。李老师在教授太极拳时，特别重视拳与道的关系，强调由桩入道，以拳证道……将从几代太极拳先师得到的心法与内部的不传之密倾囊相授。这些桩功方法在当前太极拳界是非常稀有、难得的，区别于不同架势、不同派别的太极拳独具其殊胜之处，是真正符合王宗岳强调的由"无极"生"太极"，由"太极"生"阴阳"的程序与过程的。

　　我们希望，太极拳不仅仅存在于体育或武术的范畴中，而更应当是在文化、哲学的范畴中。我们认为，太极文化凝聚着中华民族最深沉的自强不息的精神追求，是中华民族生生不息、发展壮大的丰厚滋养。太极文化也应该是我们中华民族的重要血脉，是中国人民宝贵的精神家园，是中华民族凝聚力与创造力的重要源泉。太极文化可以成为代表国家水准、具有世界影响、经得起实践与历史检验的优秀文化成果，应该是我们建设优秀传统文化传承体系、弘扬中华优秀传统文化的重要内容。我们提倡，每一个真正的中国人，都应该积极地学习和掌握太极哲理；每一个真正的中国人，都应该积极地学习与修炼太极拳，从而提高每一个中国人的文化自觉与文化自信。

太极拳已被公认是中华民族优秀的文化遗产之一,是国家文化软实力的重要内容之一。当前,在世界各国各地有越来越多的人开始喜爱、学练太极拳。我们希望,太极拳能够发展成为一种有实践特色、民族特色、时代特色的文化产业,发展成为面向现代化、面向世界、面向未来的文化产业。我们衷心地希望,以太极拳为代表的中国文化产业,能为增强中华文化的国际影响力,能为世界文明与人类进步做出特殊的贡献。

作为李光昭老师的太极拳弟子,遵嘱拟此一文,同时特别向大家推荐此书。

袁 鹏

戊戌年九月

目 录

前言 / 1

太极内功的修炼，无出一静一动，一桩一拳。所言之桩，即静出动势；所言之拳，即虽动犹静。太极桩功的修为，归根结底是在静态中与自己的内心进行对话交流，能够静下心来聆听自己心声。通过太极桩功的修为，让我们静下心来与自我对话，重新认识原来的"我"，找到自己那个"真我"。

第一章 桩功概述

一、本传承太极桩功的渊源 / 3

太极桩功修习，须认真领悟老子关于"柔弱于水""上善若水""复归婴儿""如婴儿乎"等的教诲，以期达到身心双修，使己身如婴儿般柔弱似水而一往无前、无坚不摧；让己心"上善若水"而不争，静如山岳，无欲则刚。此乃太极桩功修炼的最高意境与追求。

桩功概论

二、本传承太极桩功的三大特征/ 10

在太极桩功修为过程中，须牢牢把握太极桩功"以式修桩、以势成桩、桩动成拳"三大特征。通过对太极桩功三大特征的解读和品悟，进而深入地理解和体悟太极桩功的具体功法，并将"神、意、气、力、形"太极内功修炼的五个重要元素贯穿于桩功修习之中，做到神不外溢而聚，意不散乱而专，气不上浮而沉，力不出尖而整，形不破体而灵。

三、本传承太极桩功四大修习法要/ 23

我所传承的太极拳内功修为，就是始于太极桩功，并以桩功为主线，贯穿于拳修的全过程，始终遵循太极阴阳之理法，坚持"一个中心，三个基本点"之修炼法则，认真恪守"一求三修"之内功心法，恰当运用"看、听、摸、悟"之学习方法，坚定地沿着"敬、镜、净、静、境"五步阶梯拾阶而上，自强不息，逐步登堂入室，达到阶及神明之境界。

第二章　太极桩功

第一节　无极桩功/ 49

一、无极桩功是练形求意/ 49

无极桩功，是通过调整身体找中定、练中定。《中庸》讲："喜怒哀乐之未发，谓之中。"所以，太极拳修炼的目的是要回到无极状态，就是通过修习无极桩功的这个途径和方法，找回自己生命的原点，找回自然的中定状态。因为，这个"中定"状态，才是人体真正的平衡状态。

二、无极桩功具体功法/ 63

《太极拳术十要》（杨澄甫）讲："其根在脚。"太极拳修炼的基本功须从脚开始，也就是从站开始。桩功的基本形态就是站。实践证明，无极桩功、浑圆桩功乃至整个太极拳修炼过程中出现的许多问题都是不会站所致。究其原因，是在站中没有寻求到脚下的真意，也就是没有找到那个"根"。

三、无极桩功释疑解惑/ 228

什么是中？两个不一样的东西相契合出来的平衡状态就是中。人身体到底有多少个中？答案是有一个中，也有无数个中。因为身体里面有无数个对立的东西，凡是两个对立的东西都会寻求到一个中。因此可以说是处处中、时时中。中无定中，虽然我们不是求一个固定不变的中，但是一定会有一个中存在。

第二节　浑圆桩功/ 247

一、浑圆桩功是身外求意/ 247

《太极拳论》开篇即讲"太极者，无极而生，

桩功概论

阴阳之母",其表述之义很明确,太极是由无极而来的。浑圆桩功是在无极桩功的基础上进入新的桩功的修炼阶段,即由无极而入太极。拳修实践证明,太极内功的修炼要想逐步入内、不断地走向深入,就必须由无极桩进入浑圆桩。

二、浑圆桩功具体功法 / 271

万法归一,浑圆桩功的核心是浑圆求一,是把身心内外相合,成为一个浑然一气、浑圆一体的自然状态。浑圆一体的"一",是由两个对立的东西同出而异、分合而成的,在桩功修习中须牢牢地抓住这个核心要领。在浑圆桩功的修习过程中,要分步、逐级一层一层地按照介绍的顺序和内容进行消化和体会,不能急于求成,要循序渐进,这是修习的关键。

三、浑圆桩功释疑解惑 / 399

桩功,不管是站桩还是坐桩,都要出来一种灵性的状态。虽然是坐着,但是突然间就可以站起来。当我们站着或坐着的时候,一旦内里的内动出来以后,除了内气周流不殆以外,全身都做好了所有的准备工作,任何一个方向说动就可以动。这时候,虽然外表是静的,但是涵盖了所有的变化,都在里面蕴含着,最后出来的灵性就在这里面。

第三章　学员感悟

　　这是一所学校，人人皆学者。没有高低，不分贵贱。
一个追求：同修共进，教学互长，攀登太极拳道高峰。
　　这是一个家庭，人人皆兄弟。没有高下，不分彼此。
一个目标：携手同行，重塑自我，迈进太极圣殿之门。
　　这是一本诗集，人人皆诗人。没有豪言，不用壮语。
一个境界：身心实证，内情外景，抒发自己的太极情怀。

后记/ 480

前　言

《桩功概论》是"光昭太极拳道丛书"功法篇中的静出动势之系列的第一部书。

桩功是修习太极拳道的入门功法。拳谚云："练拳不练功，到老一场空。"太极拳属于内家拳，内家拳必练内功。继之而来的问题：练太极内功从何处入手？这是困扰众多太极拳爱好者的一大难题。一直以来人们认为练太极内功就要练太极拳架，个别人对太极桩功不仅不认知，而且不屑一顾，甚至否认太极桩功是拳修的重要途径。然而，纵观传统太极拳的传承历史，桩功曾经作为"门里所传之术"，对外则当作"不传之秘"，故有"传拳不传桩"之说。

我所传承的太极拳道，始终以内修为主旨，将桩功作为修习太极内功的入门功法和内功根基。《桩功概论》将昔日"不传之秘"公诸于世，完全、彻底、详尽地揭"秘"示人，力求将传统太极内功发扬光大、代代相传。

本书对太极桩功的理法和心法作了系统诠释，对太极桩

☯ 桩功概论

功中静桩功的两个具体功法作了简要介绍（静桩功之无极桩功和浑圆桩功的详细功法，在独立成书的《无极桩功》《浑圆桩功》中作了全面阐述），结合教学与学员的试手体验，对深奥抽象的拳理拳法作了深入浅出地解读。

当年，父亲曾教导我："太极内功的修炼，无出一静一动，一桩一拳。"太极桩功的修为，归根结底是在静态中与自己的内心进行对话交流。无数事实证明，在漫漫人生长河中，人们往往在临近终点时才发现，在已经过去了的岁月中，能够静下心来聆听一下自己心声的时间的确太少太少了。不少人最大的遗憾是：或没有能够真实地了解自己，或没有能够真正地把握自己。为了不给自己留下无可挽回的遗憾，让我们从现在开始，通过太极桩功的修习，静下心来与自我对话交流，以期重新认识原有的我，找到自己那个真实的我。这样，必然会使自己的人生更加精彩，生活更加美好，生命更加圆满！

《桩功概论》的出版，将师承脉络传承太极拳道的重要法门奉献于社会，既告慰了远在天堂的白旭华师爷、徐岱山师爷，以及我的父亲李树田，又标志着先师传承的正宗太极桩功得以延续，实现了先师们发扬光大传统太极文化这一中华瑰宝的夙愿。

第一章 桩功概述

何为太极内功的基本功法呢？在我所传承的太极拳功法体系中，桩功是最基本的入门功法。小时候从记事时起，看父亲教学生练拳，总是先要站桩。我16岁开始学拳，父亲也是教我先站无极桩。早上和父亲一起到故宫城墙脚下，其他师兄修炼不同功法，我一个人面对城墙一站就是几个时辰。仅无极桩大概就站了八九个月，接下来又站抱球桩（浑圆太极桩）。父亲谆谆告诫我："桩功要站一辈子！"几十年来，我没有一天离开过桩功。

太极拳在中华武术中独具特色，与其他门类拳种一样，尤为重视修习基础功法。我所传承的杨氏太极拳，其中的桩功，不仅是太极拳入门的基础功法，并且是需要将其贯穿太极拳修炼始终的法门。下面，谨就我所传承的太极桩功的渊源、特征及修习法要概述如下。

一、本传承太极桩功的渊源

中华武林历来将各门类武术拳种分为内家拳与外家拳两大类。所谓"内家拳"，其主要特征是以修内功为核心。太极拳自诞生之日起，就是以修太极内功为主旨。故而，太极拳是最具代表性的内家拳之一。可以断言，离开内功修为的太极拳，就不是真正意义上的内家拳。

如何牢牢把握太极内功修为的主旨，关键问题是必须明确何为太极内功。若要明确何为太极内功，就必须真正理解何为"内功"；若要真正理解何为"内功"，就要正确认知何为"内"、何为"功"。

桩功概论

道家阴阳学说揭示了宇宙万物均是由"负阴而抱阳，冲气以为和"而构成。人作为万物之灵，必然也由阴阳和合而成。人分有形之身和无形之心，或者说，身与心合成一个完整而有灵性的人。依据阴阳学说，阴与阳具体体现为人的身与心两者的关系。有形之身为"外"，无形之心为"内"。可见，太极内功所言的"内"，即是无形之"心"。故太极内功即"修内"之功，修内之功即是修心之功。由此可知，太极内功修炼的核心，是以修心为旨要。

诚然，修心之功，难在知心。对于常人来说，心看不见、摸不着、抓不住、触不得，极为抽象而玄妙，人们孜孜不倦地追问：我的心在哪儿？如何找到我的心？由此，人类创生了各种修行方法，以期找到心的真实，以求抓住、掌控自己的心。因而，在不同的民族种群中，为求知心、修心、控心而诞生了不同的宗教信仰。在名目繁多的修行方式中，人们却始终困惑在"就心修心"的幻境之中。就在世人困于迷茫而寻求出路时，中华民族的先祖为人类率先创立了认识万事万物的阴阳学说，并以令人难以置信的大智慧创造出一种以身修心、身心双修的有为功法，冠名为"太极拳"。太极拳是以身修心的有为功法，其本质就是太极内功。

明确了何为太极内功、何为内功之"内"后，就要搞清楚何为内功之"功"？所谓"功"，多指技能修养。物理学关于"功"的概念，是指用力使物体沿着力的方向，通过一定的距离，所用的力对物体做了"功"。太极内功所言之"功"，从阴阳学说的角度来看，可以理解为人们运用特殊的有为之法，下大力气，花费一定时间，沿着修心的方向，得到身心双修的结果，进而达到知心、修心、控心并以心主宰自己生命的目的。这个有为的方法及修炼过程，就是太极内功之"功"。

何为太极内功的基本功法呢？在我所传承的太极拳功法体系中，桩功是最基本的入门功法。小时候从记事时起，看父亲教学生练拳，总是先要站桩。我16岁开始学拳，父亲也是教我先站无极桩。早上和父亲一起到故宫城墙脚下，其他师兄修炼不同功法，我一个人面对城墙一站就是几个时辰。仅无极桩就大概站了八九个月，接下来又站抱球桩（浑圆太极桩）。父亲谆谆告诫我："桩功要站一辈子！"几十年来，我没有一天离开过桩功。

我父亲师承白旭华和徐嵩霖，师爷白旭华师承杨健侯和杨少侯，师爷徐嵩霖师承杨少侯和杨澄甫，都是从桩功开始修习，并将桩功修习贯穿太极内功修为的始终。可见，杨氏太极拳的传统修炼方式，桩功是第一要义。或者说，杨家传承太极拳，是将桩功作为太极拳修炼的重要法门。

桩功概论

桩功是传统养生与传统武术的基本功法，它既是一种修心养性的生活方式，又是一种修炼内功的修习方法。从太极拳修习实践来看，桩功就是修习太极内功的核心基础功法，它既是修心养性的必筑之基，又是获得内功的必练之法，更是太极内功修习的必由之路。

要想理解上述之论点，就必须搞清楚何为桩功。

要了解什么是桩功，首先要从"桩"字入手理解其内涵。此处所言之桩，应为基础之意。我们知道，凡盖楼建厦毫无例外，均需要先打好牢固的基础。近代楼宇是以钢筋混凝土为基础的，楼厦越高，基础就越深厚。过去盖房子多以木或石为基，俗称打木桩或石桩，即使搭个棚子也不能无桩，故有"一个篱笆三个桩"之说。其实，不仅是盖房建厦，世上万事万物无一不是在牢固的根基之上才得以生存和发展的。因此，桩之含义，就是事物的基础。同理，"桩"自然亦是中华武道及修习内功的基础。所以，桩功可称为修炼中华武功、习悟太极内功的筑基功法。

纵观中华武术发展史，尽管门类繁多，但没有哪一家、哪一门派修炼真功不是从基础功法开始的。诚然，各家各派习武入门之法非只一种，基础功法之称谓亦有不同，或称"步"，或名"式"（势），或谓"庄"，或直谓"桩"。如，少林有"马步桩"，峨眉有"十二庄""五元庄"，形意有"三体式"，八卦以"走圈"为桩，自然门则以"矮步桩"为基础功法。由此可见，中华武林各类门派尽管对基础功法称谓各异，但其功法原理，应为一贯。"桩"仅作为对根基的借喻说法，借桩修功，修桩功而筑根基，才是桩功之真义。

桩功作为中华传统武术的基础功法，其产生之源，并非哪个人"异想天开"，而是源于中华民族传统文化之根，有其深厚的理论根基。桩功其理，上可追溯自"三经"，即《易经》《黄帝内经》《道德经》。如果说《易经》揭示了万事万物的本原，即阴阳内在的关系，如"一阴一阳之谓道"，那么《黄帝内经》则更具体形象地告诉人们如何"把握阴阳"，如"提挈天地、把握阴阳、呼吸精气、独立守神、肌肉若一"。短短数语，完整清晰地描绘出桩功的修悟体系。从提挈、把握、呼吸、独立、肌肉等诸方面，把桩功的内涵及层次，一览无余地展示在修习者面前，准确无误地阐释了通过桩功修习把握住自身"精、气、神"，达到"独守、若一"的意境。

太极桩功，以老子《道德经》的精髓作为桩功修习的核心理论，以桩功的修习方式，全面深入地体悟并实证着老子所言之理。《道德经》言："有物混成，先天地生。寂兮寥兮，独立而不改，周行而不殆，可以为天下母。"我理解，无论是《黄帝内经》所论"独立守神，肌肉若一"，还是《道德经》所言"独立而不改，周行而不殆",其内涵本质,都是在教导人们通过修习,使自己真正成为一个像"大道"一样独立的"我"。只有回归这个"我",才能做到"致虚极,守静笃。万物并作,吾以观其复",才有可能见到自己的本原,从而"复归其根"。太极内功,就是通过桩功的修习,"见"到那个"守神"不改的独立的"我"。

独立守神而不改的那个"我",可谓本原的"真我"。"真我"的最大特征是"神守","神守"的关键是无身。太极桩功修炼的目的,就是通过桩功的修习,以期达到"无身"。亦如老子所言:"吾所以有大患者,为吾有身;及吾无身,吾有何患?"

为此,通过桩功修习,使自我由"有身"而"无身"。若要"无身",就要让自我有形、刚硬之身,化成像水一样无形而柔弱。如老子所言:"天下莫柔弱于水,而攻坚强者莫之能胜,以其无以易之。弱之胜强,柔之胜刚,天下莫不知,莫能行。"太极桩功之修习,就是"化身"的过程。通过柔化,方可化有身有形而无身无形。又如杨家老谱《太极下乘武事解》一文所云:"自得运动知觉,方为懂劲;而后神明之化境极矣!""夫四两拨千斤之妙,倘功不及化境,将何以能?是则懂得沾粘连随",可以说,经过太极桩功之修习,使己身柔化似水,方可做到《太极下乘武事解》中所云"内要含蓄坚刚而不外施,外终柔软而迎敌。以柔软应坚刚，使坚刚尽化无有矣！"由上述可知，"柔弱胜刚强"是老子思想的重要论述，"以柔克刚"是太极内功的主旨，太极桩功则是"催刚化柔"，化有为无的妙法之门。

太极桩功修炼的核心主脉是：始于无极，复归无极。亦如王宗岳所著《太极拳论》（以下简称《拳论》）云："太极者，无极而生。"因此，太极拳的修习，就是从太极桩功的无极桩功开始的。老子曾精辟地告诉我们："知其雄，守其雌，为天下溪。为天下溪，常德不离，复归于婴儿。知其白，守其黑，为天下式。为天下式，常德不忒，复归于无极。"故而，太极拳修习自无极桩功开始，就要认真遵从老子所论之理：知其形，守其意；知其松，守其紧；知其柔，守其刚；知其虚，守其实；知其外，守其内。以至通过桩功修习，达到知其身、守其心，内外和合，身心一统之境地。

综上所述，太极桩功修习，须认真领悟老子关于"柔弱于水""上善若水""复归婴儿""如婴儿乎"等的教诲，以期达到身心双修，使己身如婴儿般柔弱似水而一往无前、无坚不摧；让己心"上善若水"而不争，静如山岳，无欲则刚。此乃太极桩功修炼的最高意境与追求。

☯ 桩功概论

二、本传承太极桩功的三大特征

在太极桩功修习过程中，必须清楚地认知并牢牢把握太极桩功独特的三大特征：其一，以式修桩；其二，以势成桩；其三，桩动成拳。这三大特征，全面而系统地揭示出太极桩功作为内功修习的基础功法所涵盖的特性和主旨，深刻而具体地展现出太极桩功修习的基本要素和桩功真义。只有正确地理解并认真遵循太极桩功的三大特征，并在太极桩功修习过程中贯穿始终，以这三大特征的真正内涵为纲要，规范并主导桩功的修习，才能保证修习过程中少走"弯路"，始终沿着正确的轨道行进。可以说，能否正确理解并严格遵循太极桩功三大特征的真正内涵，是正确修习桩功的关键环节和基本要求。

1.以式修桩

"以式修桩"是太极桩功的重要特征。

本传承的传统杨氏太极拳，其太极内功修习，就是始于"以式修桩"。据考证，在传统古法太极拳修习中，历来是以拳架每一单式作为单式桩，只有此式成桩后，方可学练下一式。一式一桩、式式为桩，以习至纯熟。式式成桩后，再把各单式串起来，即可为连贯演练之拳架。故而前人把单式为桩、式式相串、连贯成架的过程称为"串架子"。架子"串"成后，日日摹练拳架，称之为"盘架子"。如杨澄甫祖师在其《太极拳之练习谈》中所言："一式一手，总须仔细推求，举动练习，务求正确。习练既纯，再求二式。"由此可知，太极拳之内功修炼，务须做到：一式一手，一式一桩，以式修桩，以式为桩，桩式合一。

尽管太极桩功修习是以式修桩，一式一桩，式式为桩，但细究桩功之理，却是一以贯之的。依据桩功之理，我所传承的太极桩功，从形态表现形式上可划分为静桩与动桩两大类。所谓静桩，即身体处于静态修桩。静桩分为无极桩和浑圆桩。所谓动桩，即身体处于动态修桩。动桩分为开合桩、开合动功及内功八法等。

（本书仅就静桩加以论述，其动桩待另书再释。）

太极桩功之静桩，分为无极桩功和浑圆桩功。太极拳无论何门何派，其拳架盘练时，均始于预备式，即：双手自然垂立，端然而恭正。本传承的传统杨氏太极拳，将开步预备式（双足由并立开至与肩同宽）称为无极式。可见，传统杨氏太极拳的太极内功修习，是自无极式开始的，并将无极式修桩称为无极桩功。因此，传统杨氏太极拳桩功修习之静桩，即始于无极式修无极桩。同理，传统杨氏太极拳之拳架，以合太极为收式结束。所谓"收

☯ 桩功概论

式"，状态同预备式之无极式，依然回归至双手自然垂立，端然而恭正。由此可知：太极拳架始于无极式，复归于无极式。换言之，太极内功启于无极，复归无极。太极桩功之修炼，无极桩则将贯穿于桩功的始终。

记得白旭华师爷曾对我讲："当年，我在旧北平警察厅消防队工作时，健侯师是受聘的太极拳术教练。他在给我们传授太极内功时，仅无极桩功就让我们站了半年之久，而且每日从早到晚只站无极桩。"白师爷关于杨健侯传授太极拳术必从站无极桩功开始这一说，我在《太极往事》一书中也找到印证，书中介绍杨氏太极拳传人田兆麟大师时这样记载："田兆麟在北京救火队（即旧北平警察厅消防队）时，杨健侯为救火队拳术教练，见其年轻力壮，勤奋好学，遂多加指点，田兆麟由此从学，并受命叩头拜在杨澄甫门下，赐号'绍轩'，仍由杨健侯代子传授。"书中还写道："杨健侯授拳极其严格，一个拳式未达到标准不肯教下一式。据田兆麟回忆，当初无极式站桩和太极起势，就足足练了半年之久。"当年，白旭华师爷与田兆麟大师同就职于北平警察厅消防队，田兆麟为白师爷所在班的班长，他俩均是受到健侯师祖赏识的学生，并得到健侯师祖的亲授亲传。

由上述可知，太极桩功之静桩修习，是"以式修桩"，且从无极桩功开始入门。无极桩不仅是太极内功修习过程中极为重要的第一步，而且须贯穿拳修的始终。如果说，太极拳修习的核心是太极内功，那么太极内功修习之核心即为太极桩功；如果说，桩功是太极内功修习之基础功法，那么，无极桩功则是太极内功修习的基础之基础。

静桩修习，首要的是无极桩功修习，在此基础上，再进入浑圆桩修习阶段。所谓浑圆桩，以式而言，即拳架中的太极起式。太极起式，双手由自然垂立而徐徐随落而起，至胸前膻中穴位置呈抱球状，故浑圆桩亦称为"抱球桩"。传统杨氏太极拳将起式中双手臂升至抱球式的过程称为"掤"。进而言之，浑圆桩态即为拳势之"掤"。掤者，捧也。起式时，首要意想胸前置有一太极球（假借之意球），双手恭敬地缓缓捧起身前的"太极球"，徐徐捧至胸前，己身与"太极球"合成浑圆一体，即人与球相合而一，犹如一个内气充盈鼓满的球体。其球外静内动，外显不动而静，内含一气周流而动。太极桩功，以式修桩，假借捧球以起式修习浑圆桩。若盘练拳架则一式接一式，式式相连而不同，然胸前双手所捧之球，始终与人相合为一而不变，直至拳架以合太极至收式，方将双手所捧的"太极球"由胸前徐徐恭敬放回身前，以复归无极。如拳论"处处掤（捧）"之说，就是告知我们由起式捧起的球在盘架时，始终捧而不失，式虽变但捧球之意不变。

桩功概论

所以，前人一语中的地告之曰：拳架式式修桩，式变意不变，式断意相连。

太极桩功之抱球桩，为什么亦名为浑圆桩？据说成因有二。其一，源于太极祖师张三丰所论。相传，张三丰有云：意如抱球如卷饼，开裆合胯膝提弓。意顶天，收喉头，尾中正，肛不松，太极浑然一气功。肘如抱球，掌如抓球，腋如夹球，口如含球，腰腹如气球，膝如扣球，足如踩球，周身一体太极浑圆球。关于这段拳之球论，暂且不管它是不是张三丰所言，仅就其内涵真义来看，它从阴阳学说的角度，形象而具体地论述了桩功借球求意，借假修真，以"球"修桩，人球一体，说明抱球桩之形与意、人与球的关系。前人据此把抱球桩称之为"浑圆一气桩"或"浑圆桩"。

其二，据有关史料记载，清朝光绪皇帝的老师翁同龢大学士当年观摩了露禅宗师与皇家神技营高手比武，杨露禅无敌而胜，翁同龢给予极高的评价："杨进退神速，虚实莫测，身似猿猴，手如运球，犹太极浑圆一体也。"自此，"浑圆"一词即用于拳中术语。浑圆之说，成为太极内功修炼抱元守一、一气周流的形象用语。前人有云：太极即一气，浑圆即太极。因此，太极桩功之浑圆桩，亦可称为太极桩。

由此可知，太极桩功以式修桩，静桩之修炼始于无极桩，而后浑圆桩，其实质彰显了无极生太极之理。亦如王宗岳《太极拳论》开篇所云："太极者，无极而生。"因此，修太极，必始于无极。太极内功修炼必遵此理。以式修桩，先修无极桩功，再入浑圆桩功，正是遵阴阳之理、循太极之道的内修真功之通途正道。

2.以势成桩

太极桩功的第二大特征：以势成桩。

为什么说以势成桩是太极桩功的重要特征呢？根本原因在于这"势"。因为太极桩功修习，其内在本质是通过修习的方式和过程，以期达到成"势"之目的。进而言之，太极内功修为是否有成，唯一判别标准是：以式修桩是否桩中有势。或者说，以式修桩，桩成的关键在于是否出势而势成。简言之，桩成在势。那么桩与势两者之间则是体与用、内与外密不可分的关系，成桩必出势，出势才成桩。而且，两者之间亦是互为因果关系，即：因成桩而生势，因出势而成桩。故而，有势必有桩；反之，无桩定无势。因而可得出如下结论：以势成桩是太极桩功修习极为重要的核心特征！

要深入理解以势成桩这一重要特征之真义内涵，就必须从正确认知太极内功修习所求之势入手。

众所周知，太极拳在以"太极"冠名为"拳"之前，亦名之为太极十三势。我们不禁要问：太极十三势与太极拳两者有何异同？为什么太极十三势更名为太极拳？只有搞清楚这一系列的问题，才能正确理解何为太极内功修为所求之势。细究这两者之间的关系，不难发现，此两者相同处在于均"姓""太极"，不同处在于姓后之"名"，一个谓之"十三势"、一个称之"拳"。由此可得出这样的结论：两者同宗同源，均源于太极，但同姓不同名。

要想搞清楚十三势更名为拳的缘由，就必须搞清楚势与拳的内在关系。要想搞清楚势与拳的内在关系，首先要搞清楚"式"与"势"二者的不同。

何为式？式者，形也。形式、样式、姿式之谓也。因此可以说，式即事物之形象、外表、姿态等外在的表现，属于事物有形有象、触之可得、视之可见的外显部分。而势却是事物发展的内在趋向，势为无形无象，触之不得，视之不见，但却真实地存在于事物的内部，并主宰着事物发展变化的方向。事物之势，仅遵道而成，不受任何外在的干扰而自然成之。事物的顺逆成败，均取决于势。自然界没有任何力量可以改变势的独立，也没有任何力量能够阻挡势的发展变化。所谓"势不可挡""势在必行"，其真义是指事物必定要遵照势的指向去发展变化。由上述可知，式与势二者的区别是：所谓式，即事物的外在表象；所谓势，即事物的内涵。式与势于事而言，一个为外显，一个属内涵；一个是事物发展变化的外在形式，一个是事物发展变化的内在主宰。式与势二者的内在关系是：式为势的外在表象，势为式的内在主宰。有式必有势，得势必成式。由此推而知之，先人开始冠名太极十三势，是为了突显太极内在主宰之"势"，淡化、弱化外形之"式"。后来，先人在以阴阳之理修习十三势的过程中，发现势不离式，势主宰于式，以式求势，以外修内，内外同修，这样更为合道而得势。式势相合，方为事物之全。阴阳学说之根本，揭示了宇宙万事万物均由阴阳对立的两个方面相互依存而成，只有遵照阴阳之理去认识事物，才能正确认知事物的规律及内与外、虚与实、显与藏等相反相成、正反两面的客观存在，才能准确地把握事物发展的内因与外变规律。当先人认知了式与势和合而全时，生大智慧以全创拳、以全生拳、以拳修全、修全而成拳。故有"拳者，全也"之说。我认为，上述考证，乃为太极十三势与太极拳的异同，亦可视为太极十三势更名为太极拳的根本原因。

综上所述，拳者，以式求势，以势主式，势式合一即为拳。太极内功修习，是由修桩而得功，修桩则是以式修桩，以式修桩其实质是以式求势，得其势而成其桩，成其桩必得其势，得势而得桩。因此，以势成桩，乃是太极桩功修炼的重要特征。

3.桩动成拳

太极桩功的第三大特征是：桩动成拳。

桩动成拳，是从桩功本体的内涵真义阐释其与拳的内在关系。通过对桩动成拳特征的解析，从而认知修桩的目的是为了成拳，桩是拳的基础和灵魂。可以说，不能成拳的"桩"，就是枯木桩，是无生命的死桩。同理，不是由桩而成的"拳"，拳中无桩，必定是"瞎"拳，是没有灵魂的盲动之拳。

如前文所述，太极桩功分为静桩与动桩。其静桩修习，关键是能否正确认知何为静态。太极静桩所求之静，其核心是心静身静，即身心俱静。所谓静，通常理解为不动或不变。那么太极静桩所求身心俱静，是否可理解为身与心均不动、不变呢？如果身与心都不动不变的话，那人岂不成了无生命的僵尸？事实上，静态修桩，绝不是为把自己修成无生命的一具"尸体"。太极静桩修炼所求身心俱静而不动不变，绝不是常人所理解的静止不动不变。那么，何为太极静桩修炼所求之静及其静态的真义呢？

我认为，太极内功所言之静，其真义是"似静非静"，是外显静而内寓动。太极内功所言之不动，也绝非通常人们所理解的不动，而是不动之动，如如不动，是外不动而内萌动。太极内功所言之不变，是内变外不变。太极内功所示之静及不动不变，如同一颗有生命的种子，种子被放在仓库里，在那里静止不动，人们所看见的就是一颗静而不动的种子。然而，种子内部却蕴含着勃勃生机。这种富有生命活力的生机，尽管人的肉眼"视而不见"，但却无时无刻不在勃勃欲动，犹如整装待发的战士，只等一声令下，随时破土而出。种子只要被埋进土里，遇有适宜的水分与温度就一定会迅速生根发芽，乃至成长为参天大树。再如，一座蓄满水的水库，平日水面如镜，波光涟漪。可是一旦开闸泄洪，顷刻一泻千里，雷霆万钧，势不可挡。亦如一座活的火山，未发之前静而如常，但火山的内部深层，却是热岩滚滚，无一刻不动。当火山内部能量积蓄到不发不行时，必然瞬间喷发而出，惊天动地。因此，太极内功之静及不动不变，是静而蓄势、蓄势待发，是以静寓动、静而待命。

静桩之静态，其身形静而不动，尚易理解。那心不动而静，又怎样理解呢？拳论有云："人之一身，心为主宰。"主宰人身之心，能安居其位，方能统帅一切。故此，人身之万变万有，均听命于心，生发于心。能生发、统领人之万变万有之心，必然合道而同道。如前人所云：心即道。道之心，即虚、静、空、无。那空静虚无之本心，必能生发、统领人之万变万有，此乃是遵道之变，合道之有。太极桩功修炼要"静心凝神"，就是遵照老子

桩功概论

所言"虚其心",进而"致虚极、守静笃,万物并作,吾以观其复。夫物芸芸,各复归其根。归根曰静,静曰复命"。可见,人之一心,只有虚极静笃,方能观复而归根,主宰人之身,遵道而为,合道而变。

由此可知,太极静桩修为所求是身心俱静,即身不动、心不动。然而,太极拳之拳是要动的。所谓拳,是有形之身要动,要有形有象,有招有式,有始有终,式式不同,招招相变。但是,其变其动,绝非形体本身主动而变,而是在心的主宰下随心而变,听命而动,一动无有不动。因此,拳之动,是不自动、不主动、不乱动、不盲动、不妄动,动而不动。亦如拳论所云:"虽动犹静。"因此,拳之动变,应做到虽动犹静,我们可见拳的一切动与变,形虽有动有变,但人之心依然静而不动,守常不变。同时,有变有动之形,做到随心而动,从意而为,本身不主动、不自动。概言之,形之动为不动之动;形之变为变而不变。

综上可知,拳之动变,身与心依然处静的桩态,拳动不失桩。拳是桩之外动,桩为拳之内静。桩与拳,是内与外、体与用、因与果这样一种密不可分、统而合一的关系。故前人有云:静为桩,动成拳。所谓拳,即桩由静生动而成,无桩不成拳。也可以形象地喻为,桩为拳之母,拳即桩之子。太极内功修习依照此理,应先修桩后习拳。

第一章 桩功概述

太极内功是身心双修，桩功则是身心双修的基础功。太极静桩功虽然是身心俱静而不动，但须做到外静内动，静而生动。所谓内动，即意动而气动。依据此理，太极拳之行拳走架，身形之变动，应为不自动而随动，不主动而被动，其身形之动是被"内气"催而动。亦如《十三势歌诀》云"气遍身躯不稍滞""静中触动动犹静"。因此，形不动，气无不动。形被气催而动。形与气而言，形为相对而静，气为周流而动。催形动之内气，是如何周流而动的呢？太极桩功修习的关键就是：以意导气，意到气即到。在意不在气，不在气而得气。例如《太极拳术十要》文中所言："若不用力而用意，意之所至，气即至焉，如是气血流注，日日贯输，周流全身，无使停滞，久久练习，则得真正内劲。"可见，所谓内动之"气"，是意动的结果。换言之，意不到气不至，意不动气不行。因此，太极桩功修为须谨遵前辈所教诲："凡此皆是意……全身意在精神，不在气，在气则滞。有气者无力，无气者纯刚。"故此，太极内功修习主旨，可一言概之：意的修习。

因此，太极内功修习之法，乃一桩一拳。桩与拳是内与外、静与动的关系，拳静即是桩，桩动即成拳。记得当年父亲曾把"桩与拳"的内在关系，形象而生动地喻为放电影。过去的电影，是由胶片经放映机快速连续放映在银

桩功概论

幕上，出现了各种动态的画面。每一组肉眼所看到的动态画面，都是由一帧帧静态的胶片连续播放而成动态影像。如果把肉眼所看到银幕上的动态影像比喻为"拳"，则每一帧静态的胶片就可视之为"桩"。如今北京地铁隧道两侧壁上一幅幅静态不动的图画，在地铁高速行驶时，会展现出不同的动态画面。总之，所有肉眼看到的动态画面，均是由不动而静的画面连动而成。且不论这种比喻是否准确，但以此借喻修桩，是有助于深入理解桩与拳的内在关系的。

总而言之，修桩要成拳，成拳必修桩，桩动即成拳。但是，还需要明确的是，太极内功所言之"拳"，并非仅指有形有式的拳架套路，那架式套路充其量只是用来展示或检验桩动成拳的一种外在演绎方式，而真正内功之拳，更应是无形无象、无招无式、不期然而然、不知至而至，抬手投足，动即为拳，并有感即应，感而遂通，随心所欲，阶及神明。概而言之，道法自然即为拳。

此乃是：**拳无拳，意无意，有意无意是真意，无意无拳是真拳。**

毋庸置疑，太极桩功是太极内功修为的基础功法。在太极桩功修为过程中，须牢牢把握太极桩功"以式修桩、以势成桩、桩动成拳"三大特征。通过对太极桩功三大特征的解读和品悟，进而深入地理解和体悟太极桩功的具体功法，并将"神、意、气、力、形"太极内功修炼的五个重要元素贯穿桩功修习之中，做到神不外溢而聚，意不散乱而专，气不上浮而沉，力不出尖而整，形不破体而灵。

三、本传承太极桩功四大修习法要

我所传承的太极拳，贯穿拳修始终的"'一个中心、三个基本点'修习法则""'一求三修'内功心法""'看、听、摸、悟'学习方法"及"'敬、镜、净、静、境'五步阶梯"，堪称太极拳修习的"四大修习法要"。修习太极桩功，依然须不折不扣地遵循这"四大修习法要"。现将这"四大修习法要"简述如下：

其一，要始终坚持"一个中心、三个基本点"修习法则。

一个中心，就是中正安舒。

拳论告诉我们"立身须中正安舒"。拳修须臾不可离开这个中心，只要做到了这一点，就把握了修习的实质。也可以说，我们所有的修习，都是围绕着让自己进入中正安舒的状态而努力。具体地讲，不只是桩功修习，也不只是太极拳修习。人生的整个轨迹，都需要不断地寻求并保持中正安舒的状态和境界。

中正安舒之"中"是什么？中者，心也；圆之心谓

桩功概论

之中心。求中即知心，得中即得心，用中即用心，故中即心，心即中。中是不多不少、不左不右、不前不后。但这"中"又可左可右，可前可后，是无过不及的状态。其实拳修的最终目的，求的就是一个"中"字。《道德经》第五章中讲："多言数穷，不如守中。"中就是平衡，阴和阳正好不多不少，谁也离不开谁，这样就平衡了。例如，一个人标准血压是高压120mmHg、低压80mmHg，它是平衡的，如果高压180mmHg、低压120mmHg，那身体就是不中、不平衡了，各种疾病就来了。人若能让自己的身体总是处在平衡或者趋于平衡的状态，那必然就处于健康的状态。

中正安舒之"正"是什么？正是不偏不倚。不正就歪了，不是偏这边就是偏那边。拳修所求不偏不倚，既不偏这边也不偏那边，是为正。"正"还是正合适，正好就在这个点上。如果正了就到了，是真到了。比如乘飞机、火车，不管是早点还是晚点，只要是不正点，就给我们的生活带来很多问题。拳修所求之正，就是正好合适。怎样才能正呢？就是在阴阳平衡点上，偏离阴阳合一的状态就歪了。桩功修习，就是让自己寻求到正的状态。

中正安舒之"安"是什么意思？安是平和、平衡。安也是平安，我们都希望平安地走完自己的人生，不大起大落。安同时还是静。怎么样才能静、才能安呢？《大学》告诉我们，"知止而后有定，定而后能静，静而后能安"。可见，这个"止"字非常重要。在哪止呢？在"一"上止，止于"一"，也就是在平衡上止，在阴阳合一的点上止。在这种状态下，才能真的安而静。

中正安舒之"舒"是什么意思？舒，是舍和予。舍者，舍己从人也。能舍己从人，方能舒适安逸。予者，给予也。"将欲取之，必先予之。"故能舍己而予人者，必舒也。舒是开和展。拳修所求之舒，是让自己真正能够处在安舒的状态，身心非常开朗和宽广，无所不包，无所不容。

安舒的状态，是内和外、大和小合而为一的状态。人一辈子总能处于安舒状态，那是十分难能可贵的。拳修就是寻求这种状态，使自己逐渐进入"安而能静，静而能虑，虑而能得，得而能进"的最佳境地。所以，"中正安舒"这四个字，既是桩功修习的中心，也是太极内功修习的关键。

三个基本点，就是静心凝神、呼吸自然、周身松通。

第一个基本点：静心凝神。太极拳修习是身心双修，以内为主，内的本质就是心。心是精神世界，它主导着生命的核心。但是，从现实来看，修习最大的障碍是心不静。人生命中所遇到的所有问题，都是由于心不静造成的。心之所以不静，是不知静，不会静。人们在客观上

桩功概论

都面临着生活、工作、家庭的各种压力，这些避不开的压力，使自己的心无法静下来。如果心静不下来，健康长寿就是一句空话，这也是个非常矛盾的问题。能否在压力面前让自己静下来，这是桩功修习的重中之重。经过桩功修习，使自己在复杂多变的外界环境所造成的各种压力面前，依然能够调整好心态，进入静心凝神的状态。若离开了静心，那所有的修习都是一句空话。

其实，讲究修心的不只是太极拳，佛家、道家、儒家、基督教等的本原都是修心。太极内功的修心，与其他教派修心的最大区别是什么呢？拳修不是坐而论道，不需要去背经、读经，而是要找到一种功法，能够引领自己的心静下来。静心凝神，就是拳修独特的修习方法。

修习桩功时，首先要将自己调整到静心凝神这个重要的基点上。当心静下来后，神就凝了，这样才能把内在的神意充分调动起来、集中起来，这是站好桩功的前提。

第二个基本点：呼吸自然。很多人问，在站桩的时候该怎么呼吸？是腹式呼吸还是胸式呼吸？是顺呼吸还是逆呼吸？其实，大家本来都会呼吸，怎么一站桩就不会了呢？我们提倡自然呼吸，该怎么呼吸就怎么呼吸，千万不要人为地去练呼吸。通过桩功修习，呼吸会不会有一个改变？答案是肯定的，修习桩功会使自己的呼吸匀、沉、深、长，但这绝不是练呼吸练出来的，而是桩功修习的结果。拳修到了一定阶段，可以把呼吸作为一种导引内气的方式。在修习桩功阶段，呼吸完全任其自然，不要刻意追求某一个方面，这一点很重要。

第三个基本点：周身松通。能不能做到周身松通，是检验和衡量桩功以及太极拳修习能否进入中正安舒状态的一个重要标准。

周身松通，实际上在说两件事。第一是周身。什么是周身？身好理解，是指有形的身体。由立体几何可知，点、线、面最后到体，一个完整的立方体由六个面组成，就是说，"体"涵盖了上下左右前后六个面。但是身前加一"周"字，则和身的概念就不一样了。周身的"周"代表什么意思呢？周是全。拳论讲的"立身须中正安舒"，下面还有半句话，就是"支撑八面"。刚才讲到体是六个面，可是拳论上却讲，如果要全，就要八个面。本来是讲六面为体，可这全又是八面，还差两个面，哪两个呢？即内和外。一个完整的人想要周全，必须是八个面，就是上、下、左、右、前、后、内、外。八面而全，达到八个面就周全了。这是周身的意思。

第二是松通。"松通"这两个字更加重要。如果说周身还属于"观其徼"，那么松通就是"观其妙"了。什么是松通？"松"比较容易理解，可是松加上一个通字，就和单纯的松有区别了。凡是练太极拳的人都知道，太极拳

桩功概论

崇尚松。但是，太极拳可不是只要松，也不是只有松。如果只要松、只有松，那个松就变了味，就会出现很多练拳人的通病"懈"。

"松懈"这个词，说明松和懈是有关联的，但是松不等于懈，懈不等于松。松不是病，而懈却是病。如果松到懈了，就违背了拳理所言松之真义。太极拳所求之松，应该是松而不懈。细解这松而不懈之义，应该是松得要有徼。老子说"常有欲，以观其徼"，就是说，凡事要有边界，别出格。什么事都可以去做，只要不出边就没有大问题。其关键是要找到这个徼，这个徼就是界限。人们常说做人要有底线，做事要有界限，那就是徼。

徼是什么呢？就是不要松到懈。松一到懈就变了味，那样就适得其反，变成病态了。怎样才能不懈呢？须在松中找出紧来（关于松中之紧，《以拳证道》书中已讲，此处不再展开），如果松中有紧，就避开了懈。

松，应该说是拳修中一个重要的过程和手段。通过练松要达到什么目的呢？就是通。这就是说，松仅是手段，通才是结果。通是拳修的目的，不管是寻求身心健康，还是用来防身技击，抑或是进入神明境界，都非通不可。

"通"字是怎么写的呢？一个"甬"字加一个"辶"。"甬"是淤住、堵住了，加上"辶"就动起来了。如果周身内里能够流动起来，那就通了。各种病痛包括癌症，本质上毫无例外地都是由于淤而不通造成的。所以中医讲通则不痛，痛则不通。桩功修习，就是让自己周身松通、内外相通，因通而中正安舒。

其二，要认真恪守"一求三修"内功心法。

在讲解"一求三修"内功心法之前，须对拳修所言"心法"的含义作简单介绍。

何谓心法？修心就要有法，修心之法即为心法。太极心法，就是遵太极拳道而修养自心之法。这里所言心法有两层含义。一为方法；二为法则。我个人认为，就太极心法而言，其法重点应该是指法则。因为太极拳道之心法，其特点是心无常心，法无定法，非心非法，故有则即法。正如拳论所言：功夫无息法自修。方法是个性化的范畴，每位拳修者都可以也必须找到适合自己的具体方法。太极心法是由道而生的最根本、最本质、最深刻的法则，而不是表面的、现象的、个性的、具体的想法、念法或做法。太极心法其大无外，其小无内，它统领并体现在太极拳领域的各个门派，因而不属于陈氏、杨氏、吴氏等某个派别，更不属于哪个人，它或许只属于太极拳道。

有同道会问：你把太极心法称为太极修习的根本大法，那心法是不是非常深奥与神秘呢？我的回答是并非如此。太极心法既不深奥，更非神秘。所谓的太极心法，绝不是高深莫测的理论，也不是神神秘秘的玄学，更不是抽

桩功概论

象离奇的幻影。恰恰相反，正是太极先辈们经过一代一代地挖掘与传承，归纳提炼出来的完整系统的太极心法，使原本深奥神秘的拳理，变得浅显易懂；使本来抽象模糊的拳义，变得形象具体；使最初繁杂含混的方法，变得简单可行。总之，正是太极心法的提纲挈领、纲举目张，把"十年不出门"的太极拳，由难变易，由深变浅，由繁变简。因此，要想在太极拳的修习中登堂入室，攀登高峰，只有一丝不苟地以太极心法为引领，遵心法而修，循心法而为，才有可能在太极拳道上入门登峰。

过去，太极心法曾被门里的人视为秘不外传之法宝。因为在当时的历史条件下，教拳是生存的职业与谋生的手段。因而，太极心法要藏而秘之，这是可以理解的。其实，所谓之秘，是人为所致。时至今日，在这瞬息万变的信息时代，我们要把太极拳这个民族文化之瑰宝继承并传承下去，就要去伪存真、揭秘示人、共同勉学，如此，才能在太极拳的修习中无愧祖宗、无愧后人、无愧吾心。

言归正传，下面讲解太极心法。我所传承的太极心法，师曾秘训："'一求三修'即为心法。"

关于"一求"，即"处处求中"之心法。处处求中，是太极拳修习的核心法则。王宗岳的《太极拳论》开篇即曰："太极者，无极而生，阴阳之母也。动之则分，静之则合。无过不及，随屈就伸。"可以说，《太极拳论》通篇阐述的核心就是"无过不及"。又如,"人刚我柔谓之走,我顺人背谓之粘;动急则急应,动缓则缓随"。这是在论述无过不及。再如,"不偏不倚,忽隐忽现;左重则左虚,右重则右杳;仰之则弥高,俯之则弥深;进之则愈长,退之则愈促;一羽不能加,蝇虫不能落"。这依然是在论述无过不及。因此,师亦云:"无过不及者,中也。"在太极拳修炼中,不管是练习基础功法,还是盘拳走架;无论是揉手听劲,或是打手搏击,毫无例外,都要时时处处遵循"无过不及"这一准则。我们可以把太极拳的修炼过程,归结为无过不及而求中的过程。

关于中,在《以拳证道》一书关于"何谓中"的篇章里已有论述,在此不再赘述。但在这里,我想重点阐述一下求中作为太极心法之核心,具体又是如何体现的。

我们知道,太极拳是中华民族传统文化之瑰宝,是以阴阳学说为理论基础,具有深厚民族文化底蕴的武术拳种之一。其最重要的特点是充分而完美地体现了中国道家思想中古典的辩证哲学。分阴阳与合太极,就在这一分一合之中运用并展示出阴阳之间相互对立、相互依存、相互统一与相互变转的根本属性。《道德经》中,就用极为精妙的文字,对这一辩证思想做了深刻的论述,这就是"有无相生,难易相成,长短相形,高下相倾,音声相和,前后相随"。老子用形象而精辟的"相"诀文字明确

桩功概论

地指出，任何事物有这一面，也就有另一面；而且这两面相反相成、相克相生，相互依存，谁也离不了谁。例如，难是对易而言，长是对短而比，上是对下而说，前是对后而论……王宗岳遵老子之学说而作的《太极拳论》则清楚地告诉我们："阴不离阳，阳不离阴；阴阳相济，方为懂劲。"

曾有人总结太极拳特点为以小搏大、以慢制快、以少胜多、以柔克刚……诚然，这的确反映了太极拳的特点，但是，它只是说出了小与大、慢与快、少与多、柔与刚等阴阳矛盾相对立的一面，却没有揭示出任何事物都存在着的既对立又统一的另一面。而这一面与另一面总是保持着相互转变的关系，故而是不全面的。依据阴阳相济之理，秉承老子的相诀之道，我所传承的太极拳的前辈们总结了太极心法"相字十六诀"，即："松紧相适、快慢相间、刚柔相济、轻重相出、曲直相依、起落相成、前后相连、左右相系、上下相随、大小相含、多少相存、内外相融、开合相寓、动静相因、有无相生、虚实相伴。"这个"相字十六诀"，基本上全面而系统地把太极拳所涉及的从外到内、从形到神、从方位到行功等诸方面对立统一的关系做了扼要阐述。这"相字十六诀"，寓意深刻地指明了练太极拳时，只练松而否定紧，只找柔而排斥刚，只讲慢而丢失快，只要轻而抹杀重，只有曲而忽视直……都是有悖于太极拳阴阳相济之理的。这"相字十六诀"还告诉我们，在太极拳修炼中，既要松，也要紧，要松中有紧，紧中有松，松紧相适。这里所言松紧相适，就是松多则懈，紧多则僵；松与紧不多不少而适中，即松与紧无过不及，也就是在松紧之间求中。同理，刚柔相济就是刚少则软，柔缺则硬；刚与柔无过不及而刚柔求中。同样，快与慢、轻与重、曲与直、大与小、动与静、虚与实……都存在着对立统一而求中的关系。

那么，依照"相字十六诀"所言求中而修炼太极拳会得到什么样的结果呢？老师曾谆谆告诫："松紧求中而沉，轻重求中而稳，曲直求中而弹，刚柔求中而韧，快慢求中而匀，内外求中而整，虚实求中而灵，有无求中而变。"因此，太极拳的处处求中，也可以归纳为八个字：沉稳、弹韧、匀整、灵变。此八个字，就是求中在太极拳修炼中的具体体现，也就是求中之结果。

由上述可知，处处求中是太极心法的核心法则。要在太极拳修炼中处处求中，就必须做到心里有中，时时处处运用"中"这把无过不及的标尺，去检验、衡量自身的一思一念、一举一动，把自己的身心内外聚敛在"中"这个核心点周围。有了这把标尺，就可以摒弃那些"松对还是紧对""柔好还是刚好""快点儿还是慢点儿"等混乱杂念的干扰。当你把握了处处求中这把标尺，在行拳走架、

桩功概论

听劲摸手时就有了遵循，散乱变集中了，复杂变简单了。同时，你就拥有了打开太极拳奥秘之门的钥匙，你会真正体会到：松也不对，紧也不对，松紧适中才对；柔也不好，刚也不好，刚柔相济"中"最好……你才能真正悟懂"多言数穷，不如守中"这句名言之理，真正迈进"拳无拳，意无意，有意无意是真意"之太极妙境。

关于"三修"，即"反向修义"心法、"借假修真"心法、"层层修分"心法。现分别简述如下：

（1）"反向修义"心法。反向修义是根据老子的阴阳学说与太极拳道修习核心而产生的重要法则。在桩功修习过程中，倘若离开或偏离这个心法，必将无法迈进太极之门。

反向修义，关键是"反"字。"反"是道的重要属性，因此，必然体现在桩功修习的方方面面。

反向修义有三个基本属性。

一是阴阳互为其根。下面，以轻与重这一对立关系为例，来剖析一下互为其根这一属性。拳论云："一举动周身俱要轻灵。"可为什么许多练拳者轻灵未得，反而在盘拳走架时一举动则全身轻浮；与人打手时，出手则轻率妄动、轻飘无根。此病表象是轻浮、轻率与轻飘，而病之根源，实则是未得"重"之过。正如老子所言："重为轻根，静为躁君"；"轻则失根，躁则失君"。老子以他特有的逆向思维，一针见血地阐明了重与轻、静与躁是相反相成、互为其根的辩证关系。老子告诫人们，君主治国安邦与平民处世做人，道理都是一样的，轻失去重则失去根基，必然会轻率行事、轻浮妄动、轻薄待人，进而注定失败；动离开静则躁动无主，必然会急躁暴动、浮躁盲动、焦躁乱动，从而导致失衡。因此，太极拳修习要避免轻而失根之病，就必须遵循"反向修义"之法则，轻自重中出。

二是阴阳否极必反。老子的阴阳学说清楚地揭示了宇宙万物阴极而复阳、阳极而归阴的运行规律。而这一规律在"反向修义"中，以阴阳相反相成，否极必反的属性完整而系统地贯穿并体现着。《十三势行工心解》曰："蓄劲如张弓，发劲如放箭。"王宗岳在拳论中清楚地告诉我们，劲可以有多种不同的表现形式，然究其本质，实则仅为二劲：蓄劲与发劲，或称为阴劲和阳劲。拳论将抽象莫测的内劲形象具体地喻为张弓放箭。这充分说明，太极拳所求之内劲，正是这一张一弛、一紧一松、一蓄一发而生；在张与弛、紧与松、蓄与发相适而"中"，且相反相成而"中"，太极内劲有得。或者说，太极内劲是张时反求弛、紧中反求松、弛时要找张、松中要寻紧的产物。在桩功修习中，要严格遵循并运用这一基本属性。

三是阴阳相含自变。《太极拳论》讲："动之则分，静之则合"，《太极拳经》曰："虚实宜分清楚"，《十三势歌诀》亦云："变转虚实须留意"。由此可见，在太极拳修习中，不但要以分清虚实为第一要义，更要虚实能随意变转。如果虚实不能随意相互转变，则必有"迟重之虞"，而无"圆活之趣"。一幅太极图，深刻、全面地揭示了宇宙万物之阴阳对立统一而相互转变的运化规律，它凝结并展示了中华民族特有的哲学思想。认真学悟太极图就不难发现：黑白鱼发生相互转变，其实质并非位置、方向的颠倒和互换，而是妙在鱼眼。黑鱼中含有白眼，此白眼乃转黑而白的生命之机；白鱼中含有黑睛，此黑睛才是由白变黑的转化之种。这白眼与黑睛，才是阴阳虚实变转之根本。总之，阴阳虚实相互变转，其实质是阴阳虚实的相含而变。而相含而变之根本，就在于阴中之阳、虚中含实，阳中之阴、实中有虚。而要做到这一点，在桩功修习中，就必须掌握好阴阳相含自变性这一基本属性。

（2）"借假修真"心法。借假修真，就是借用假设、假想和假如的思维方法去寻求、修炼，从而悟到太极拳中最本质、最真切的拳理拳义，并使太极拳神秘之内功在自己身上得以体悟、认证和作为。

太极拳有着体现其最本质的三种特性，即逆向思维必反性、抽象思辨想象性、模糊推理终极性。而这些特性，恰恰是看不见的、摸不着的，是不可测的、不可量的，是不固定的、不具体的，是既在内又在外的，是既不在内又不在外的，是不可重复、不可复制的，是只可意会、不可言传的。正是这些不确定因素，决定了在拳修中，必须在心法中以假借练法，在抽象中寻具体，在想象中找感觉，在假借中求真实。总之，"借假修真"是拳修的重要法则，是登堂入室的必经途径。

如何做到借假修真呢？

一是假想。太极拳在修为中有这样一种说法：练时无人似有人，用时有人似无人。其实，练时有与用时无，这就是"借假修真"其假想方法的具体运用。太极拳是武术，内外兼修、体用兼备是其重要特征。练是为了用，否则练归练、用是用，那么练必成盲练，用定为无用。如何才能在日常修习中做到以实战应用为原则呢？那就必须做到无当有、假修真。

二是假定。定是相对不定而言，定是自不定而止，不定是自定而始。那么如何才能在不定中求其定呢？那就是"假设其定"。此定虽为人之假设，但必须是假设而真实，假定而真有。此定乃不定之止，才真能定、能安、能静。此定乃不定之始，才能定而生静，静而寓动。正如大成拳祖师王芗斋所云："习时须假定三尺之外、七尺之内，四围如有大刀阔斧之巨敌与毒蛇猛兽蜿蜒而来，其共

桩功概论

争生存之景。当以大无畏之精神而应付之，以求虚中之实也。如一旦大敌林立，在我若入无人之境以周旋之，则为实中求虚。"王芗斋先生此论精辟至极，揭示了"借假修真"的真谛。因此，在桩功修习中，一定要把握好假而设定，以达到内练神意气的目的。

三是假装。如果说假想和假定是假而求真，那么，假装则是"借假修真"法则中真而装假的具体应用。何谓假装？"知而装不知也。"为什么知道还要装不知道呢？桩功修习中的知与不知，是指己真知而装不知，人不知而以为知。这样，在与对手的实战中，才能做到真假虚实、装假藏真、虚实无定，才能做到人不知我，而我知人，克敌制胜，所向披靡。

（3）"层层修分"心法。此心法在"一求三修"内功心法中，是分量最重、难度最大的修心法要，是通往太极内功圣殿的终极法门。

要正确理解和牢牢把握层层修分之心法，须首先明确何谓"分"、何谓"层"。鉴于在《以拳证道》一书中对何谓"分"已做过介绍，此处重点对何谓"层"作以释解。

所谓层，是指同一（类）事物由多重部分叠加而成，其每一部分为一层。例如玲珑宝塔十三层，其下层称为底层，其上层称为顶层。"层"本身就是事物分项或分步的每一部分，是同一事物分的结果。

层层，是事物本体真实地处于重叠中又重叠的本原状态，其内涵真义反映出万事万物均存在二重性：其一，重叠可分；其二，无限可分。

在太极内功修为中，完整而准确地把握"层层修分"之心法，须始终遵守"三原则"：

一是有序原则。宇宙中的万事万物尽管重叠而成，又层层可分，但却合而有序，分而不乱，重叠守法，层次清晰，合乎规律。在桩功修习中，遵循了有序原则，就是使自己认真剖析自我身心那层层可分的真实状态，细细品味并感知自我身心那层层之间内在的真实关联，逐渐认识并掌控自我身心那层与层之间既对立又统一，互为其根，相互转化的内在关系和规律。从而，由表及里，由外而内，由粗而细，由大至小，一层一层去体悟细分的滋味，去感悟层层可分的规律，不可粗糙，不可跨越，不可断续。

二是三分原则。老子言："道生一，一生二，二生三，三生万物。"这一论述，揭示了宇宙间万事万物发展变化的基本规律，并为人们提供了认识客观事物、把握自然规律的重要法则，即通称为"三分原则"。

三分原则，也是太极内功修为"层层修习"心法的一个重要原则。遵循三分原则修习的过程，就是寻求始终如一，求圆而得一的过程。《太极拳论》云："动之则分，

桩功概论

静之则合。"其"分"即体现了"三分原则"运转的过程；其"合"就是始终合一的结果。始终合一的结果即为圆。在具体功法修习中，处处体现了三分原则。如无极桩功将人体分为上中下三盘，又分为根中梢三节，而且越分越细，越分越小，越分越精，越分越妙，充分验证了"三分原则"的真实有效及其可操作性。

三是无限原则。无限原则，即无限可分。此原则本身体现了"层层修分"心法之本义。在太极桩功修习中，按照无限原则，在分清形与意的基础上，形可分为上下、左右、前后、内外等相反相成的两个方面；意可分为内外、虚实、刚柔、吞吐、动静、进退等相互对立、相互转化的两种真义。按照无限可分、层层修分，在分中去寻找不同，然后将不同合为相同，从而求出一个中的状态，这样才能真正进入太极的境界。

其三，要恰当运用"看、听、摸、悟"的学习方法。

"看"，就是要学会看，不能视而不见，要专心看老师做的一些动作，不只是用眼睛看，而且要用心去看。

"听"，就是要认真听老师讲的理法、心法和功法。既要用耳听，更要用心听。

"摸"，就是要跟老师摸手，与同修者摸手。通过摸手来体验、体会拳理拳法。

"悟"，就是要入心，用心去品悟、去感悟太极之道。

"看、听、摸、悟"四种学习方法，不仅在修习桩功中要认真遵循，恰当运用，而且要贯穿拳修的始终。这四种学习方法，如同中医看病的"望、闻、问、切"一样，既是程序化的，又是不可或缺的。因为太极内功的修习，是从内入手的，它不是从能够看见的这部分有形的肢体入手，而是通过自己的有形之体，去体会内里的那个看不见的部分。那个部分如果称作阴和虚的话，那么，太极拳的内功修习就是以虚为主，以空为大，以内为重。既然虚、空、内是无法用肉眼看见的，那么怎样才能感觉到它的变化呢？方法就是"看、听、摸、悟"。我给外国人讲过桩功，我用中文讲，我的学生用英语翻译。开始时外国人觉得中国传统的东西很不好理解，有些东西用中文讲都不好表述，所以，他们很担心用英语翻译能理解吗？后来讲课的效果非常好。为什么呢？因为，太极内功有三种语言，一种是用嘴巴讲出来的文字语言，一种是最核心的身体语言，还有一种是心灵的语言。从摸到悟，就是用身体的语言及心灵的语言来体会。看和听，用的是视觉、听觉及文字的语言；摸和悟，用的是肢体语言和心灵语言。我到世界各地讲课，之所以不存在语言障碍，是因为我所讲的东西，比如松和紧，一定会让对方通过我的肢体语言感觉出来，并通过自身的感受把握个人身体上的反应，这样学习

● 桩功概论

就有了遵循。

其四，要逐步攀登"敬、镜、净、静、境"五步阶梯。

综观太极拳修习的全过程，要想真正进入太极的神明境界，需要逐步攀登"敬、镜、净、静、境"五步阶梯。拳修实践证明，要想攀登这五步阶梯，修习桩功尤为重要。

第一个阶梯是"敬"。作为一个人，须有敬仰之心。人若无敬心，不仅很难修为有成，而且也算不上是个正常人。敬什么呢？要敬生你养你的父母，要敬赖以生存的天地，还要敬自己的朋友，等等。修炼学习，自然要敬师长，师长同样要敬学生，大家都要互相尊敬。从拳修角度讲，如果缺了这个"敬"的台阶，就永远不可能进到最后"境"的境界。"敬"是第一步，也是重要的基础。一个不知敬的人，能不能把人字写好，是要打问号的！在中国传统文化的代表人物中，无论是大儒王阳明，还是曾国藩，他们都主敬。但是，现在人们往往是敬得不够。所以，我们太极修习要敬天道，敬地道，敬父母，敬朋友。若对任何事都不敬，那就不能与之相合。太极内功的修习，不敬就不笃信，不笃信就不专，不专则内功就不会上身。

第二个阶梯是"镜"。我们都不知道自己长得什么模样,如果没有镜子,就要问别人自己长什么样子。可是,往往别人说了半天,不管怎样描述,自己仍然会是一头雾水,不能原模原样地知道自己是个什么样子。从拳修的角度来看,我们总是能看见别人的长短,但很少能称出自己的轻重来。看别人很清楚,但却看不到自己。这就是人的本性。怎么办呢?就要找出一面镜子来,要用镜子来看自己。因此,能不能找到能看见自己的镜子,是太极内功修习的一个重要台阶。拥有了这面镜子,自己就可以三省吾身,经常看一看自己到底是多了还是少了,是长了还是短了,是轻了还是重了。这就是内观,所有的修行都在求内观,往里看自己的内心世界、内在状态。而内观的关键,靠的就是这面镜子。镜子在哪儿?就是太极拳之道、太极拳之理。太极拳的功夫练的是要知己知彼,知己是基础,若连自己什么样都不知,怎么能知道别人呢?

第三个阶梯是"净"。有了镜子后就可以知己,就可以按照先贤开的药方吃药,"损之又损,以至无为",把自己那不干净的、自以为干净的全都损去。桩功修炼,要的是内心干净。心里干净或者不干净,决定着一个人的命运。如果一个人心里老是不干净,总像是揣着兔子似的,很闹心,那就活得太沉重了。当我们损之又损以后,该放的放下了,该舍的舍去了,就能干干净净地活着,而且活得特别透亮、特别轻松。

◐ 桩功概论

第四个阶梯是"静"。过了净的台阶，就到了最后的太极之境了吗？还没有。境之前还有一扇门，打开这扇门，才能步入新境界。这扇门，就是太极拳修习中最关键的"静"字。静，就是老子说的"致虚极，守静笃"的静。有了静以后，闭着眼什么都看见了，不用耳朵什么都听见了，可以视而不见、听而不闻、搏之不得。于是静出了空无，静出了博大精深，静出了海纳百川，自己就渐渐地升华了，境界就不一样了，就由道而到了，到了就得了。

第五个阶梯是"境"。我们的目标是要进入"境"，但是路径一定是由敬而镜、而净、而静，最后才能进入这个境。也就是说，在敬之中找一面镜子，看自己的长和短，损其余而补不足，当把自己损到干净的时候，就进入了清静无为之境。这时就安定了，"知止而后能定，定而后能安，安而后能静，静而后能虑，虑而后有得"。因为到了，所以就得了。到了境界，走向神明。

太极拳修炼，就是这样一个阶梯一个阶梯地迈进。我们中华民族的老祖宗，用大智慧创造出了这样一种修炼的方法，用太极拳来演证、理解、掌握、运用那个道，这是中国传统文化对人类的一个了不起的贡献。

我所传承的太极拳内功修炼，就是始于太极桩功，并以桩功为主线，贯穿拳修的全过程，始终遵循太极阴阳之理法，坚持"一个中心、三个基本点"之修炼法则，认真恪守"一求三修"之内功心法，恰当运用"看、听、摸、悟"之学习方法，坚定地沿着"敬、镜、净、静、境"五步阶梯拾阶而上，自强不息，逐步登堂入室，达到阶及神明的境界。

第二章 太极桩功

　　太极拳修炼的核心就是打通自己。平常人没有经过内功修习，往往身体的结比较多，例如心有心结，身有身结，从而造成自身的不通。如果不能把这心结和身结打通，自身就不会有那种最美妙的状态，要想健康长寿就是一句空话。作为一个人，在工作和生活中所遇到的各种困难和障碍，其中最大的障碍就是自身不通。如果自身都不通，那么与家人也通不了，与朋友也通不了，更不能与天通、与地通了。总之，所有不通的原因，既不赖天也不赖地，更不赖别人，都是由于自己的不通。

第二章　太极桩功

对刚涉足的拳修者而言，在明白了何为桩功以及桩功的理法和心法之后，更需要学习掌握的是桩功功法。为便于学习理解，本章采取先释义桩功每个功法的基本要领，再结合本人在日常教学中与学生的功法试手体验、功法集体体验及教学问答等形式，分别讲述无极桩功、浑圆桩功两种桩功的具体功法。

第一节　无极桩功

一、无极桩功是练形求意

1.无极桩功的基本内涵

何为无极？中国古代哲学认为，无极是形成宇宙万物的本原，以其无形无象、无声无色、无始无终、无边无际、无可指名为本质特点。"无极"一词，最早出现在老子《道德经》第二十八章中："为天下式，常德不忒，复

桩功概论

归于无极。"老子此处所言"无极",其含义为"道",即无极是大道的别称。

无极桩,是源于道家根据上古时期修炼的思想,在养生的过程中找到的一种桩位,这种桩位能达到天人相应、天人合一的状态。有史料记载:"无极者,太极之母也;无极者,阴阳未判之态也。"

无极桩亦称自然桩,在太极拳的内功修炼中,被作为最基础、最重要的功法,也被历代太极拳名家作为太极拳修炼的根基。修习此桩时,身体处于高度放松状态,心与神极为安静,筋骨肌肤极为干净,神形合一,阴阳相调,是一种平衡中和的内在运动,其最佳无极状态,就是唐代先师李道子在《授秘歌》中所言的"无形无象,全体透空"的境界。

如上所述,修习无极桩功,能使人的身体处于最静、最自然的本原状态。实践证明,人处于自然的本原状态,会产生很神奇的力量。

人的本原状态,就是太极内功所言的中定状态。太极十三势,即掤、捋、挤、按、采、挒、肘、靠、进、退、顾、盼、定。其中的定,就是中定。中定,是人的原点,是起始点,所有的东西都是从这里开始。有了中定,就有了根,既可以前进、后退、左顾、右盼,又能掤、捋、挤、按、采、挒、肘、靠。太极拳与太极操之间最根本的区别，在于是否有中定、不失中定。若没有中定或丢了中定，那就不是真正的太极拳，而是太极操。

无极桩功，是通过调整身体找中定、练中定。《中庸》讲："喜怒哀乐之未发，谓之中。"就是说，中定的状态，是喜怒哀乐未发的状态，未发的状态才可以发。如果该高兴就高兴了，该悲哀就悲哀了，喜或悲发出来了，这个状态就不是本原状态了，也不是无极状态了。所以，太极拳修炼的目的是要回到无极状态，就是通过修习无极桩功这个途径和方法，找回自己生命的原点，找回自然的中定状态。因为，这个"中定"状态，才是人体真正的平衡状态。

2.无极桩功的基本特点是分

太极拳的修炼无出"分合"二字，即分阴阳，合太极。分是合的基础，没有分就没有合。分的目的是为了合。分为本，合为用。因为只有分开的东西，才可以合到一起。从太极理法来看，太极拳修炼之前的身体，用一个很形象的比喻，如同冰柜里冻得硬邦邦的肉馅，肉粒是分不开的，是死腔儿的。要用这肉馅包饺子，首先要将其化开，通过一定的温度让肉馅散开、分开，成为一粒粒的。如果这如同大冰坨般的肉馅分不开，那就不能成为包饺子的材料。所以，只有将这坨肉馅化开、分开了，才能通过

桩功概论

搅拌，使散开了的肉馅重新合在一起。通过这一分一合，便使它由硬邦邦的状态转化成可用作包饺子的肉馅。照此理，无极桩功的分，就是化，化为了通，只有全身各个部位分而通畅了，才能为内修打造完整一气的太极体奠定基础。因此，无极桩功是从分入手的，分是无极桩功的基本特点。那么，怎样分呢？

首先，分有形和无形。我们每个人，实质上都是由有形和无形两部分组成的。所谓有形，是指有形有相的身体，外看有头部、躯干、四肢等，内有心、肝、脾、肺、肾等五脏六腑，这些都是可以看得见摸得着的物体。所谓无形，是指作为一个完整的人，除了有形的身体以外，还有一个无形无象、抽象的、看不见摸不着的部分，称之为神意，或者叫心意，是人的高级思维活动。人，就是由这两部分组成，二者缺一不可，不可分割。但在无极桩功的修习当中，却要先将这两者分开，分出有形的身体和无形的神意。

其次，分根、中、梢。一棵生长旺盛的大树，一定是由树根、树干、树梢（含树叶）三部分组成。如果无了树梢，大树就长不茂盛；如果无了树干，就不成其为一棵树；如果无了树根，大树就会死亡。太极内功的修炼，是将人体的不同部位，分为根节、中节、梢节，即根、中、梢三节。例如，从大的方面分，人体胯以下为根，胯至肩为中，肩以上为梢。若从小的方面分，如人的手臂，其肩的部位为根，肘的部位为中，手的部位为梢。再往细处分，如人的手，其手腕为根，手掌为中，手指为梢，等等，如此无限可分。

其三，分三盘九节十八个部位。

（1）关于三盘。在中国传统武术中，将人体分为上、中、下三盘。大家都知道，太极拳是武术，因而，无极桩功依然是将人体从大的方面分为上、中、下三盘。具体分法是：肩以上为上盘，包括肩、肘、腕、手和头部；胯以下为下盘，包括胯、双腿及双脚；肩到胯是人体的中段，为中盘。

（2）关于九大关节。南宋著名法医宋慈称人的身体是由365块大大小小的骨节组成。从人体生理解剖学来看，人体骨骼最核心的是九大枢纽关节，构成人体完整的骨框架。这九大关节能否灵活运转，决定了人体是否能够灵活地运动。任何一个关节出了问题，都会直接影响人的正常活动。从太极拳的修习而言，九大关节如同九曲珠，九颗珠子都串在一起，是一个完整体，既分又合。每颗珠子都是活的，各自都能运转自如，毫无滞碍。

那么是哪九大关节呢？人体的躯干有三大关节：即颈、脊、腰；人体的上肢有三大关节，即肩、肘、腕；人体的下肢有三大关节，即胯、膝、踝。现分述如下：

颈，亦称为颈椎，处于肩以上、头以下部位，也叫

桩功概论

颈关节，是我们人身上的一个重要而又薄弱的关节。颈关节，不仅在人体生理上，而且在武术方面，都发挥着非常重要的作用。仅从人的生理角度看，颈部较细，却承载着一个大脑袋的压力，若不注意保护颈关节，在脑袋的长期压力下，会因为分不开而僵滞，从而患上颈椎病。

脊，生理解剖学称为大椎。这根大椎，在人体的躯干上起着承上启下的作用。它上连人体上盘，下接人体下盘。如果大椎受伤，会导致人体上下不通而连接困难，严重者可导致瘫痪。其原因是人体所有的神经元都在大椎里面，若受到损伤，很难再生恢复。

腰，位于人体的中位，主宰着全身的运动。腰部有命门穴，俗称腰眼，是人的生命之门。从中医学说来看，此部位容易受寒得病；从人体生理角度来说，此处很容易受伤，通常可见抻腰了、闪腰了。所以，腰这个环节很重要。

肩，是上肢的根，如果此根节出了问题，那中节的肘和梢节的腕就都会受到影响。所以，人体的上肢能否灵活运转，其根在肩。

肘，是肩关节与腕关节相连接的一个枢纽环节。肩与手能否相通，肘关节起着决定作用。现代人容易得两种病，一种病叫"网球肘"，另一种病叫"鼠标手"，其病根都是肘关节不通。

腕，手能不能分而合，以及能否充分发挥手的灵巧功能，腕关节起关键作用。

胯，俗称大胯，是人体最大的骨结构。胯承接中盘与下盘，不论在人体生理结构，还是在传统武术中，胯都发挥着十分重要的作用。通常情况下，胯若不能灵活运转，便是人走向衰老的标志。

膝，是人体由胯到足之间的一个重要枢纽关节。膝关节里面的半月板软组织不能再生，若膝关节过度活动，会使半月板越磨越薄，乃至受伤。例如，社会上有不少中老年人，为了锻炼身体又是爬山又是登楼梯，结果导致膝盖疼痛。因此，要用科学的方法运动，合理地养护膝关节。

踝，俗称脚脖子。踝关节承载着人体全部的重量，该关节能否灵活运转，决定了人能否自如地行动。

（3）关于十八个部位。无极桩功的分，从人体大的方面来看，分为上、中、下三盘；从人体主要骨关节的构成来看，分出九大关节；而从无极桩功修习需求而言，又分出十八个具体部位。其中九大关节中的各个部位均在细分的十八个部位之中。分，不仅是认知人体结构的一种方法，而且也是桩功修为的一种形式，其最终目的是形式要服从于内容，即服从于无极桩修习的需要。具体分出哪十八个部位呢？

上盘分八个部位：顶、颈、齿、颏、肩、肘、腕、指。

桩功概论

中盘分四个部位：胸、背、腹、腰。

下盘分六个部位：胯、臀、膝、裆、踝、足。

3.无极桩功的核心内容是由形寻意

无极桩功的核心内容是什么？简言之，就是从人体分出的十八个部位入手，由形寻意，进而能够分清形和意。太极拳修炼，从无极桩功开始，遵循"层层分"的修习心法，先将有形的身体分为三盘、九节、十八个部位，在此基础上，由人体分出的十八个部位去由形寻意，最终达到形与意分清分开。即通过人体有形的部位，去寻求无形的真意。虽然那意是虚的，看不见、摸不着，但是，通过桩功修炼，的确在每个具体部位上可体会到一种真实的感觉。在现实中，我们往往都忽略了自身每个部位应该是一种什么状态，应该有一种什么样的滋味和感觉。拳修实践证明，若通过这有形的部位寻求到那无形的意，找到了那种真实的感觉，就能使身体的状态得到调整和改变。所以，无极桩功的这种训练方式，就叫作由形求意。具体说来，就是通过对身体每个部位的调整，去寻求那种自然状态的滋味和感觉。也可以说，是通过由形求意这种有为的方法，去寻求那种得意忘形的状态。无极桩功修炼的结果，是有形的身体弱化了，那有形的身体被舍掉、被放下，使本来实体之身变得松、通、虚、无、空，而人内里的精、气、神却由虚变实，无形的东西有了真感和实意。若得到了这真感实意，那有形的身体就处于一种自然的本原状态。拿住了这个自然的本原状态，自己的身体就会随意而安，达到健身防身的最佳状态。

在无极桩功由形寻意的过程中，要始终遵循"一个中心、三个基本点"这一太极内功修习的总法则，即：中正安舒、静心凝神、呼吸自然、周身松通。在此基础上，要认真把握好十八个部位所寻之意的"四大要素"。

第一个要素是"悬提沉"。即通过提顶与落足等具体功法，所寻之意。全身整体如同悬在空中，在整体向上悬提的同时，又整体向下松落，在这提中有落、落中有提之中找到沉的滋味和感觉。

第二个要素是"吞吐含"。无极桩功的含不仅仅是胸部的含胸之含，而是全身处处都有含。人体任何一个地方有吞必有吐，将吞与吐这两个对立的东西合到一起就是含。如同丹田之理，尽管人体有上中下丹田之说，但是，丹田依然是人为的设定。我认为，凡是由一横加一竖交出来的那个点，均可称作丹田。太极拳有一个说法是"周身无处不丹田"。就是说，在人体任何一个地方划一个十字，就可以是一个丹田。太极拳之所以能随处可发，就是因为人体任何一处都是一丹田，都存在含之意。"吞吐含"三字之意，关键是"含"。要想体会这吞与吐之意，

桩功概论

就要既不吞又不吐，实际上也是既吞又吐。找到了吞与吐的平衡点，就是含。

第三个要素是"空而实"。全身凡是空的地方都要在意上寻求出空而实的感觉。首先是腹部要空。但这空不是什么都没有，而是要空出一个真实的感觉。腹部是精化气的地方，这里空了之后须有充盈的气感，并有温热之感。其次是脚下要空。脚平松而落的时候，涌泉穴要空，如同脚踏着两个球。再次是颏下要空。颏向内收，如同夹着一个球。还有腋下也要空而实，如同夹着两个热球；裆下也是虚空的，是空而实，胯下如坐着一个球，等等。总之，要遵循拳修"假修真"之心法，在身体相关部位找到那种"空而实"的感觉。

第四个要素是"松落坐"。通常情况下，无极桩功是站姿，在站立状态下所寻之意是"落坐"，关键在于意。在意上重点解决的问题是使全身松通，毫无僵力，周身松得能落下来，如同坐着的感觉。

以上"四大要素"之间是对立统一的关系，在"松落坐"之中有"悬提沉"，当"吞吐含"之时还要"空而实"。"四大要素"同在，这种状态，身体自然形成一个阴阳相通相合的完整体。对初学者来说，要先对这"四大要素"有一个初步的了解，然后在下面具体功法修习中，根据自己的情况一个部位一个部位地去寻意体会，拳修需要细细地品味，不要太急，想着在短时间内就能把十八个部位的意全都找到是不现实的。

按照大道至简的道理，将以上所述无极桩功修为的"四大要素"总结压缩为三个字，就是"站似坐"。"站似坐"是无极桩功正确与否的标准。平常人站就是站、坐就是坐，而太极拳修炼恰恰相反，站要站出坐的滋味。如果在站桩中找到了如同坐着的感觉，那就说明桩功基本站对了，所寻十八个部位的意就合了，所求的那个重锤就有了，同时说明你对无极桩功的理解进入领悟内涵的境界了。因为只有当自己的身体在落与提当中找到了一个平衡的状态，那才能真正找到"站似坐"的感觉。这种平衡的状态，身体在天地之间不依赖于任何一方，得到了彻底的解放，从而能体会到一种非常松通、无过不及的滋味和感觉，这就是"站似坐"的感觉。尽管"站似坐"这三个字说起来很简单，但是其内涵非常丰富，而且真正做到就更不容易了。

如果将无极桩功修习的要素由三个字变为两个字，那就是"自然"。自然是什么？自然就是道。老子告诉我们"道法自然"。就是该刮风就刮风，该下雨就下雨，下完雨就天晴，冬天过去了就是春天，严寒过后便是春暖花开。一切道无不出于"自然"二字。就"自然"二字的字义来理解，"自"是自己、本来，"自"本身就是本来、

桩功概论

原本的意思，就是从这里开始。"然"就是那个样子。自然就是最本原的那个状态、样子。

由此可见，太极拳修炼的目的很简单，就是回归自然，就是牢牢抓住"自然"二字来规范、约束、修炼自己，就是让自己回到本原的状态，找到那种最自然的状态。这种状态，是身体处于最通合、最健康、最美妙的状态。要想回到这种自然的本原状态，没有别的办法，只有把自身那些违背自然的既有习惯一点一点地损掉，同时建立起一个新的习惯体系。怎么损呢？就是找到一个新的意的标准，用这个新意重新规范自己。在寻求新意的过程中，逐步改变原来形成的习惯，建立起一个新的体系。这个新体系是在逐渐损弃旧习惯体系的基础上，以新代旧建立起来的，所以，它同原来的状态是不一样的。原来的状态是非自然的状态，所以，如果身体是有病的，而新体系建立后，自身的病也就随之调整好了。如果原来身体是健康的，那通过建立新的体系，身体的各个方面则会得到新的提升。所以，只有建立了新的体系，才能同自己原来的状态告别，才能让生命得到提升，并焕发新的生机，这是太极拳修炼的根本目的。

如果再将无极桩功修习的要素由两个字变为一个字，那就是"通"。这个"通"字，可以检验"道"，还可以检验"中"，并能将道和中在自身上得以体会、得以感悟、得以显现。

太极拳修炼的核心就是打通自己。平常人没有经过内功修习，往往身体的结比较多，例如心有心结，身有身结，从而造成自身的不通。如果不能把这心结和身结打通，自身就不会有那种最美妙的状态，要想健康长寿就是一句空话。作为一个人，在工作和生活中所遇到的各种困难和障碍，其中最大的障碍就是自身不通。如果自身都不通，那么与家人也通不了，与朋友也通不了，更不能与天通、与地通了。总之，所有不通的原因，既不赖天也不赖地，更不赖别人，都是由于自己的不通。太极拳修炼的最终结果就是达到自身通，心通身通，然后才能做到内外相通、与人相通，与天地相通。这样自己与宇宙、自然、生活及他人才能由通而和谐，才能通出来一个中正安舒的神明境界。自身通就空了，就虚无了。自身通就能静，就能有无相生、难易相成。一切都是因通而有，有了通才有了拳。

我有个学生是中医，他写了一本书叫《通则不痛》，意思是身体通了就不痛了，他让我给提提意见。我说，"通则不痛"这个说法是对的，但却只说了一个方面，另一方面是"不痛不通"，也可以说是通则痛。他说，怎么是通则痛呢？我对他讲，你说的是微观，是具体的，而我说的是宏观的。如果一个人连痛的感觉都没有了，就根本谈不上是通还是不通了，如一个人躺在火葬场的时候，他

桩功概论

根本就不痛了。当然通则不痛是对的,我们现在很多的痛都是由于不通造成的。例如,在现实生活中,不少人出现的肩痛、背痛、腰痛、血压和血糖不正常等,我认为其根本原因就是身不通,心也不通。但是,从宏观上讲,任何事情都要从两个角度去看待,没有绝对的。

无极桩功就是要站通自己,把三盘、九节、十八个部位都站通,不但让自己的身体松通,而且心也要通,把自己的心结全部要损掉,当心通了以后,身心之间也就相通了,这样自身那种通畅的感觉就出来了,身体的小宇宙才能与天地相通合,才能通向自然,驾驶着分而合这趟生命列车圆满地通向生命的终点。

综上所述,无极桩功的核心内容是由形寻意。为便于初学者在修习无极桩功中把握要领,根据本人拳修的切身体会,将无极桩功由形寻意的具体内容作了一首《无极桩功诀》,现介绍如下:

> 三盘三腔三丹田,
> 三关三穴虚实牵。
> 形分十八需求意,
> 损弃后天回自然。

二、无极桩功具体功法

下面，遵循太极拳道理法和心法的要求，阐释无极桩功关于人体十八个部位的功法与体验。

1.落足

功法释义

《太极拳术十要》（杨澄甫）讲："其根在脚。"太极拳修炼的基本功须从脚开始，也就是从站开始。桩功的基本形态就是站。实践证明，无极桩功、浑圆桩功乃至整个太极拳修炼过程中出现的许多问题都是不会站所致。究其原因，是在站中没有寻求到脚下的真意，也就是没有找到那个"根"。

怎么站？人在站立状态下，脚与大地是什么关系？脚下是一种什么滋味？一般人往往从来不去想这个问题，更没有去体悟脚下是一种什么滋味。无极桩功的站，不仅要明白脚与大地是一种什么关系，而且要明白怎样站，通过站去寻求并体悟脚下是何种滋味。

人有时无私到了极点，有时又以关心他人为重，但却总是对自己不太在意。比如老是挂记着孩子怎么样了？先生或者太太为什么到现在还不回来？那颗心总是在自我之

> 桩功概论

外游荡。修习无极桩功，不仅要把游荡在外的心收回来，而且要通过静心、修心，将自身调整到一种自然状态。

站，是人的基本形态。人类之所以成为人，就是因为能够站立。猫、狗等动物都是四爪着地。人一站起来，就由原来的前爪、后爪不分，变成了手和脚各司其职，手有了手的作用，脚有了脚的用处，于是手脚分工了。所以，人类进化成人，就是从站立开始。人只要能站起来，就有走、跑、跳的可能。站，是一个人生命所在的重要表现。

有人说，我会站，谁不会站呢？无非就是站着嘛。但是，没有经过桩功修炼的人，就很少能够在站当中体会到那种自然松通的滋味。那种滋味从哪儿来？就从脚下。要从这有形的、看得见摸得着的脚底下，寻求出那个看不见摸不着的真意来。这个真意，就是通过寻求一种滋味来体会。

那么，我们究竟怎样站才对呢？说起来也很简单，就是在站当中通过有形的脚去寻求那无形的意，也就是"落足"之意。什么是落足？它是一种什么样的滋味呢？尽管我通过几十年的拳修，体会到了这落足之意脚下那种奥妙的滋味，但是，却很难用语言说明白这种滋味。这种滋味必须由个人自己在站桩实践中去体会。

无极桩功法就是用"假修真"的太极拳道修炼心法，引领修炼者自己逐渐找到落足的滋味。当我们站在大地上的时候，假想自己脚下既不是水泥地，也不是那硬硬的土地，而是如同落在一块薄薄的冰面上。试想脚下这块冰，不是数九寒天冻得很结实的冰，而是初冬刚刚冻结的一层薄冰，自己的双脚就落在了这块薄冰上，那双脚必须毫不用力。还可试想薄冰底下是深渊，只要哪只脚稍许一用力踩冰，人就会坠入冰窟了。此时是一种什么样的心态和身态呢？这需要自己去体会，其基本要领就是脚下要平松而落，如履薄冰。每个人体会脚下的滋味可能各有不同，但那脚毫不用力这一点是其共性，也是脚下修炼的核心。因为只要脚用力，就找不到如履薄冰的感觉了。无极桩功是假借如履薄冰来体会那脚下之意。

落足之意，还可以想象自己的双脚如同树叶飘落下来，飘落在地面上。树叶飘落在地面上，跟扔一块砖头落到地面上是不一样的，砖头落地是"咚"的一声，树叶则是慢悠悠地、轻轻地、无声无息地飘落下来。脚下就要找到这种飘落的滋味，像一片树叶一样平松地落在大地上。当脚下找到那种如履薄冰或树叶落地的感觉时，那双脚与大地便是相融相合的，而绝不是相抗争的。这脚与大地相融合的关系，还可以换个角度来理解，当人站在这地面上的时候，每个人体重各有不同，比如，我的体重是74公斤，这是因为我的身体受到了地球的引力，在地球引力的作用下，我产生了74公斤的重量，它是地球引力作用的结

桩功概论

果。我如果想与大地相融合,就要把自身这74公斤体重不多不少地放在大地上。地球对我的引力是74公斤,我必须毫无保留地还给大地,但是要无过不及、不多不少。如果多了,就是自己加上去的。本来是74公斤,这是地球的自然重力,自己人为地加2斤,那就多了。如果少放2斤,自己提着一些不放下,那也不行。总之,多放少放都不行,应该是不多不少,本来是多少就放多少,全部放给大地。当自己的体重全都放给大地的时候,人就跟大地相融合了。所以,人在站的时候,要毫不增加自己的任何想法和力量,完完全全、不多不少地将自己放在大地上,同大地融合在一起。既没有与大地相抗争之意,也没有舍不得放下的想法。这样,人的状态与大地是相平衡的,人的身体便处在中和的状态,这就是中正安舒的状态。

在现实中,没有经过无极桩功修炼的人,平时往往不去想怎样站?那双脚踩在大地上,有意无意地不是多了就是少了,这样身体往往会处于上下不通的状态。只有把自己毫无保留地放还给大地,脚下毫不用力,才能与大地融合在一起,那脚下才能十分轻灵,才能找到那种合适的中和状态,这是拳修的一条重要法则。

> **功法试手体验 ❶**

下面，请过来一位同学与我试手体验这落足功法的含义。

你现在用力来推我。你推我的时候脚下用力了没有？（学生答："用了。"）我现在要挡住你的推，脚下也在用力。这时候你再用力推，能不能同时把后脚抬起来。（学生答："我的脚不可能抬起来。"）为什么不可能呢？原因是你和大地在抗争，你在利用脚与大地的作用力与反作用力来推我，所以你的后脚肯定抬不起来。我也一样，也在用力踩大地，这样用力来顶住你，这时候我的后脚也抬不起来。现在大家注意，我的脚下做到了如履薄冰，我的脚下就活了，我还能将另一只脚离开地面，照样能把对方随便推着走，他再用力也挡不住我了。但如果我的脚用力去蹬地面，他也能用力，我要想顶住他，就要比他的力大，如果他想推动我，就要比我的力更大，这样，我们俩的脚都扎死了，是死根，发出来的是僵力、拙力，是在比谁的力大。太极拳不是这样，恰恰是不用力，只有不用力了，整个身体才能真正地松活起来，所以大家不要迷信用力。

> **功法释义**

前面讲过，太极拳的修炼要坚持"一个中心"，即始终做到"中正安舒"。所谓中正安舒，就是无过不及、不偏不倚。而要做到无过不及、不偏不倚，落足——寻求

☯ 桩功概论

脚下如履薄冰之意很关键。人要想活得自在，一定要不偏不倚，不依赖于我之外的任何事物，包括地球，就是既不靠天也不靠地，如果依赖了某个东西，就会受它影响，甚至被它束缚。但是，不依赖某个东西不等于不与它发生关系，要与它相合。换言之，与某个东西相合，并不等于要依赖它。太极拳所求的中正，其关键就在这里，是合，而不是依赖。如果依赖于某个东西，如果它倒了以后，你就会跟着倒下。太极拳修炼，是要彻底解放自己，不依赖于身外的任何东西，但是又要同身外与自己相关联的东西相融合，这是拳修中需要明白的要点之一。

通常情况下，人做任何动作在用力时，是用脚踩地蹬地，去与大地较劲，这是不对的。有的武术门派练功时要求脚下生根，扎马步桩时双脚使劲踩地。我们太极拳修炼不去评价别人的对错，但这种做法却与我们拳修的理念相反。无极桩功恰恰要求脚下毫不用力，因为用力扎下的根是死根，而不用力脚下生的根，是无而有的根，是活根。自己被别人打败，往往不是别的原因，而是因为自己把脚固定在了一个死的地方让人家来打。

无极桩功要求脚下必须是活的，如果脚下找不到这种落足的滋味，那后面身体其他部位的功法修习就很难了。因为后面要讲的十几个部位所寻之意，都是在落足的基础上生发出来的。俗话说："千里之行，始于足下。"十八个部位功法修炼首选的第一个部位,就是在足下寻意,要找到落足的真意。

大家必须明白,杨澄甫大师所讲"其根在脚",就是让我们想想自己的根对了吗?不要把这句话理解为脚用力去扎根。不少人把太极拳练错了,就是因为练脚用力。太极拳是用意不用力。太极内功的修为"凡此皆是意"。这意就是一种滋味。落足,就是寻求自身中正安舒与大地相融合的滋味,这就是我们要找的意。

功法试手体验❷

下面,再请一位同学与我试手,体验一下以上所讲的功法内容。

现在咱俩都是在脚蹬地用力推,于是就互相顶住了,因为我脚下用力踩地,全身就不松通了。此时你的力在我身上有了作用点和方向,就把我推动了。现在你再看,我脚下活了以后,那个力的作用点就没有了。(学生说:"这是因为您比我快吧?")那你再试试,你用大力抵住我,这次我做慢点儿让你再来体会。(学生说:"您身体松了一下。")你说对了,真正的原因是我的脚下先活了,然后身体慢慢地松了下来,让你体会我化了你来力的作用点,我不给你力的作用点,将作用点松没了。现在你能体会到我的作用点吗?体会不到了吧,因为我脚下是活的,身体就非常灵活了,全

桩功概论

身任何部位都可以打你。

功法释义

我们一定要按照太极的思维来理解这个东西,如果你用常态的思维,那是无法理解它的。因为太极拳所表现的东西,同人们平时的思维与行为习惯完全不一样,根本区别就在于一个是练有,一个是练无。太极拳是内家拳,是在无中生出来有,而有些武术流派的拳种是在有中加强有。一个是无中生有,一个是有中再有,这两个概念截然相反。太极拳的修炼,是让自己彻底解放。用一个什么样的比喻来说明我们与大地之间的关系呢?我想来想去,感觉它如同婴儿与母亲的关系一样。大地是我们的母亲,我们是大地的孩子,我们没有任何理由和权利去同母亲抗争。母亲拥抱着孩子,孩子则依偎在母亲的怀中,孩子感觉到很安全、很放心,也很放松,不会去对抗母亲,非常安静。既然我们与大地是这样一种关系,那我们的脚下一定不要用力,不要与大地抗争。不用力,是指不用自己身体的力,这样,反而能用上地球给我们的自然之力。地球的力是自然之力,而我们身上的力是后天的力。地球的自然之力,取之不尽,用之不竭,在任何地方,只要是在地球上,这个自然的重力就能被我们随取随用。

我第一年去美国纽约讲课的时候,有人问,是您自己去吗？我说，老伴和我一起去，她照顾我。又问，您不带着一两个学生吗？我说，为什么呀？回答说，万一有人要和您比试比试，那你怎么办？我说，第一，我不争；第二，我什么都不用带，因为我没有一个预判的方案。但是，我不管走到哪里，地球的重力我都能随时取用。这种自然之力是无限的，是随时可用的。只要自己身体通了以后，把人为的力去掉了，那个自然的重力就能够在身上发挥作用。

当年中国的神舟飞船上天，宇航员回来时开舱门，我看电视直播的时候，替他们着急。因为在失重的情况下借不到地球的重力，作用力和反作用力都没有了，宇航员无法在没有依赖的前提下把体内的能量转化出来，所以舱门半天都打不开。我开玩笑说，你要再打不开我就上去了。太极拳不需要靠蹬地或者依赖外在物体产生反作用力，它是自己体内两种对立的东西冲撞出来的一个力量。

功法试手体验 ❸

下面，请那位同学过来与我试手体验一下刚才讲的内容。

来，你用力攥住我的双手，大力攥住。现在，我先用脚蹬地，利用作用力和反作用力来解决他的来力，你们看，我解决不了，因为他的力量比我大多了。怎么办呢？大家再

桩功概论

看,现在我不用作用力和反作用力了,我的双脚不去用力蹬地了,但是我的手却能轻松地摆脱了他的攥住。(学生说:"我的感觉是您的手腕转了一下我才攥不住的。")好,那这次你用力攥住我的手别让我转,我一点一点做这个动作,你看,我还是很轻松地摆脱了。如果我脚蹬地用力,就会是这样,两个人像两头牛一样顶住了,我这么大岁数,肯定没有他的力气大。而现在我不用力,就可以随意地摆脱他。

功法释义

前面试手演示的这个东西并不神奇,关键在于怎样认识它,怎样运用它。无极桩功修习,首先要解决的问题是,要由形来寻求意,用它来改变自己原来的习惯,既包括依赖他物的思维习惯,也包括用力的行为习惯,并逐渐形成一个新的思维和行为习惯。

按照太极拳理法要求,落足,有"落"之意,就一定还有一个与"落"相对、相异、相反之意跟它同出,那就是"提"。正如老子所言:"有无相生。"拳修就是按照这个道、这个理,来转变思维模式。按照太极拳道修炼心法之一"反向求",落足之"落"意,是从"提"中求。在具体的功法修习中,脚下的平松而落,是否真的能平松而落地落在大地上,只有落不行,还必须在落下来以后,把这个落再轻轻地提起来,在落与提这两个对立的东西之间要寻求到一个交合点，那才是所求的落足之意。例如我手里拿的这个手提包，如果把它落下，放在地上，那它就在地上固定死了，成了死物。现在将这个包提着，如果提大了，包的位置就太高了，只有将这个包提到不多不少正合适的时候，提和落平衡了，这个包才是松活的，才可以随意摆动。所以，落足只有落不行，只有提也不行，要在落与提中找到这种一上一下、一提一落、落中有提、提中有落的状态。太极拳修炼，就是寻求两个相反的东西平衡以后的中态，它就是合适的最佳状态。当人的身体处在这种状态的时候，体内的气血必然畅通无碍，上和下"冲气以为和"，阴阳二气在体内顺畅地交合，一气周流。除此之外的任何状态，不管是提多了还是落多了，都会造成身体向一个方向偏，不是沉得浮不起来了，就是浮着沉不下去，只有这个中态才是最佳状态。

站桩的站，要以站出这种中和状态为目的。具体到脚这个部位，如何做到有落有提？假如双脚向下落的中心位置是涌泉穴，那么在涌泉穴的对立面，即脚背上还要加一个意，就是上提之意。我们把脚背上与脚下涌泉穴相对应的这一点暂且叫作外涌泉穴。在外涌泉穴这个点上要有一个提的意，就是提着自己的脚背。那双脚落不落呢？是落，但是落中还有提。不要小看这一点儿提，太极图的黑鱼当中，就因为有了一点白眼，它才是活的，才有了

桩功概论

生机。所以，要在落足中找出提之意，这时候脚下才是平衡的状态。很多人练太极拳，是就松去找松，找了一辈子也没有找到真正的松，找不到那中和平衡的状态。太极拳修炼，首要的是转变自己的思维模式，做这一面时一定要想到另一面，两个对立的东西总是同出的。因此，站桩要真正体会落足之意，就要从落的反面提当中去体会、去寻求。有的武术流派对脚的要求是"五趾抓地"，那就必须脚用力蹬地、五趾去抓地。而太极拳道的修炼，则要求脚不同大地相抗争，而是相融合，那么脚必须在平落的同时要有提，五趾则有回收之意。

落足功法的修习，其重点是细细体会、准确把握这个"落"字。即用意体会涌泉穴下落的同时，脚背则有上提之意。当有了上提之意后，脚下和大地之间就有了虚空的感觉，这样双脚就不是死死地踩在地上了。脚在一提一落时，五趾自然有了回收之意，意想双脚呈弓形，涌泉穴出现虚空之感，如同踩着两个小球，人整体落在两个小球上，此时脚与大地自然相融相合。这样日久练习，脚下那种实而虚、虚而实的感觉想真切了，那种全身松通、虚空的感觉也就出来了。

从拳理角度来理解，这双脚的一落一提，符合太极的阴阳之理。一落一提，一阴一阳，阴阳相济而求出中的状态，太极之理在脚心与脚背上体现出来。由此可见，玄而不玄，不妙之妙，大道反而简单。足落而有提，提而有落，两个对立的东西同时出现，并合出来一种滋味。这种滋味，很难用语言说明白，如果非要用语言来表述的话，那就是如履薄冰，似踩非踩，似落非落，是也不是，不是也是，模棱两可，似是而非。恰如佛学中的"如来"，好像是来，但又似来非来。其实，儒、释、道都在求这个东西。那种滋味很玄妙，"同谓之玄"！这种滋味是人体的一种什么状态？通常称为"中"。"中"，是一种只能体悟、不能言明的滋味，是人体处于平衡而合适状态下的感觉。这个"中"，也是我们所言之道，在现实生活当中求其可用的部分。所谓道之为用，即"中"也，"中"即道，道即"中"。

简述"落足"功法的基本要领，就是足下平松而落，如履薄冰，以有形之足求"落"之意。按照异而同出之理法，此"落"意要从"提"中求，犹如似落非落，似提非提，落中有提，提中有落，落提而中，最终求得落足之真意也。

功法集体体验

下面，就前面所讲的落足功法内容，我做提示，大家一起体验落足的感觉。

首先是两脚基本与肩同宽，脚平松而落，两脚拇趾有

桩功概论

向里内扣、内合之意，不要在外形上内扣大了，大了就变成内八字了。注意脚尖一定不要偏向外侧，两脚基本上是平行的，全身放松。

好，开始细细地体会脚下的滋味，如履薄冰，似踩非踩，脚下毫不用力，脚与地面之间是松活的；脚不能用力向地下扎死根，是活而有根，无根而有；重点体会脚的平松而落，是用脚背上提来控制脚的下落。

膝盖略弯曲，膝尖往前不能过足尖，膝部往后不能挺直了，在这前后之间找自己舒服的感觉和状态。怎样能找到这种感觉和滋味，就怎样去寻求它。

同时，体会自己的重心在人体正中间，既不偏左，也不偏右。建议初学者在家里对着镜子站桩，这样自己的任何一点儿变化，不论是歪着还是斜着，都能在镜子里看得清清楚楚。因为太极拳修炼是一连串的反应，只要身体的一个地方动，全身上下一直到手指都跟着发生变化。

刚开始站桩，主要体会脚下那种如履薄冰的感觉，脚要轻轻地往下踩，不能踩重了，意想若踩重了，那冰就碎了。要逐渐把自己脚底下是一块薄冰这个意想真切了，这样，身体那种放松、松通、虚空的感觉也就会逐渐出来了。

好，大家缓缓地深吸一口气。放松，复原。

第二章 太极桩功

(随问随答)

问：为什么脚下平松而落会有根？脚不踩实身体能发出劲来吗？

答：我所传承的传统太极拳所求的根，就是通过脚的平松而落出来的根。我们所求的根不是扎死的死根，是活根，是可以变化的根，是无根而有根，这与有些武术流派在有形的身体上使劲往地下扎根是截然不同的。例如，有的人站马步桩，感觉脚越扎越深，扎到地下去了，一会儿扎到脚脖子了，接着又扎到腿肚子了，再后来又扎到膝盖了，认为脚往地里扎得越深会越好。但是，从太极拳修炼的角度来看，不管对方扎多深的根，只要你在形体上求根，那我就能比你多一点儿，你扎一尺二，我就用一尺二寸五把你的根挖出来。只要你有形，我就能挖。太极拳的奥妙在于无，是无而有根。什么是无而有根呢？比如我们互相摸手，你推我时，如果我在想办法脚下扎根，那你脚底下也会扎根，那样是在比谁的根扎得深，这样脚下就全扎死了，别说薄冰，厚冰也能踩碎了。可是，如果我的脚下活了以后，虽然你有根，但是却挡不住我了。我的脚活了，那根也活了，这脚底下哪儿还有根啊，但恰恰这又如同有根，是通过太极拳修炼出来的活根。若你只一门心思将脚往地下扎，脚下是出不来活根的。因此，要想脚下出

桩功概论

来活根，就要平松而落，如履薄冰。

问：李老师，前面在功法试手体验时，我看到那位同学在用力推您，如果您脚下不用力，那不就会往后倒退了吗？

答：通常讲，力有三要素，第一方向，第二作用点，第三大小。如果他用的力在我身上找到了作用点，那么我就会受他来力的大小和方向被打出去，而当我脚下毫不用力的时候，他的来力在我身上就没有了方向和作用点，那他的力就对我没有作用。我没有用脚蹬地去顶住他的力，而是要让他的力在我身上无从下手，找不到作用点，这就是太极拳的奥妙。当然要做到这一点，不仅仅是脚下的作用，它是一个全身综合的结果，但是这必须从这个落足功法修习入手。

问：李老师，您在落足功法释义中讲到，当脚下涌泉穴虚空之后，五趾就有回收之意，请问这是不是五趾抓地呢？

答：前面功法释义中讲过，有不少武术门派都要求五趾抓地。从太极内功的角度来理解，五趾抓地这个讲法也是对的。当双脚平松而落不用力，脚背上提，脚下涌泉穴有了虚空的感觉以后，五趾自然有一个回收之意，这时双脚如同吸盘一样五趾抓在大地上，又好像大地在吸着我整个身体。但是切记绝不是五个脚趾用力去抓地，更不是脚往地下扎。从拳修角度讲，所谓五趾抓地之意，须在脚的一落一提之后，五趾有一个回收之意，找到脚下那个虚空的感觉，这样脚下才能活起来。

问：李老师，您讲在站桩的时候是用意不用力，但是我在用意的时候感觉身体上的肌肉也会紧张起来，请问这是什么原因？

答：这是习惯，因为你刚开始学习站桩还是不自觉地用原来的习惯。这没关系，也很正常，想马上脱胎换骨是不可能的。站桩是一个循序渐进的修习过程。如果你现在一下子就不是原来那个样子了，那你就成仙得道了。在站桩过程中，就是在找不用力，但还是会用一点儿力。所以一定要用意修炼，用意去加强，逐渐去掉过去的习惯用力。在这个过程中，是层层地改变旧习惯，慢慢、慢慢地将用力的习惯就去掉了，从而会逐渐体会到那个不用而用的味道。

问：李老师，您前面讲在站桩时，两脚尖要有往里内合的意，我这样做的时候脚却不自觉地用力，这怎么办？

答：两只脚的脚尖有内合之意是一种感觉。你看我穿的这件衣服是中式的，衣服上面的这两个盘扣扣在一起，两个盘扣不会用力，但却老是往一块合。站桩时的两

桩功概论

脚尖,就如同两个盘扣,只有相合之意,但没有力,这样就够了。将来需要把盘扣扣合在一起的力的时候,也不是用自己的力,而是借力。从哪里借力呢?从地球那里借,从对手那里借,自己什么都没有,都是用别人的。就像是开银行的,银行从来不用自己的本钱,有人来储蓄,把钱存在银行里,付给存款人利息。这利息也不是掏银行的本钱,而是通过把储蓄的钱贷给第三方,从贷款人那里收到更高的利息,这银行做的是无本的生意。太极拳的借力,就如同银行的存款与贷款,来了走,走了来,畅通无碍,自己什么都没有,凡是有都是借来的,然后再还回去,把它流动起来,这样就产生作用了。如果只有来没有去,那就全堆在这里了,而且会越堆越满,导致流动不起来。表现在身体上,堆积到最后就堵住了,堵到心脏就是心梗,堵到大脑就是脑梗,堵到其他地方严重了就会癌变。若是能做到来了走,走了来,这样畅通无碍地流动起来,身体就不会出现病痛。

问:我站桩有时候脚底有紧或吃重的感觉,请问这是什么原因?

答:我认为是落足时提得不够。在落足时落中找提,如果只靠脚背外涌泉的提,那点儿提是不够的,就很容易出现脚底吃重的现象。因为,我们要求落足的落,是整体地落，所以，在落中找提也要全身整体地提。别看这整体地落和整体地提，它在拳修中很重要。不少太极拳老师在讲这个问题的时候，要求下盘要稳固，上盘要轻，将身体分成了上下两半，下一半要重，上一半要轻，并且把这个叫作轻重合一。我认为，这样做就错了，这是轻重分离，不可能合一。我们要求的落是整体地落，提是整体地提，而且整体地提是能否做到足下平松而落的关键，但这整体地提不在脚上，而在顶。

2.提顶

功法释义

顶，即百会穴的位置。人的有形之体，其最下端的脚底，有一个浓缩点，就是涌泉穴，它接地。其最上端的头顶，也有一个浓缩点，就是百会穴，它通天。可见，这顶是与天相合的通道。

在无极桩功法中，顶要提，与落足相反而求。由于地球的引力作用，人直立行走以后，人体的脊椎长期受重力的影响，促使颈椎、大椎、腰椎等很容易发生相应的病变。无极桩功的提顶，即以百会穴上提之意，将人整体地提起来，这样就会克服单纯重力对人体的影响。要如同把一件衣服提起来那样，找到人体那个与重力下落相平衡

桩功概论

的点。

提顶，在传统武术中也叫悬顶。有人将提顶当作是头顶天。我认为，这种看法只对了一半。因为这提顶的提，包括顶和不顶、提与不提双重含义，即，顶而不顶，提而不提，似顶非顶，似提非提，由此求出一个"中"。太极拳老前辈把这个"中"的滋味称为"悬"，即头顶有悬提之意，故称悬顶。

无极桩功法讲到这里，要求下面是落足，上面是提顶。从人的整体而言，这上提下落是同时并存的，即脚下涌泉有平松而落之意，顶上百会有悬提之意，这一上一下含有一个整体的一提一落，也就是上下既分又合。从局部来看，具体到脚下，是落中要有上提；具体到顶部，是提中要有下落。如果再往下细分，同样如此，永分无疑，没有完结。这就是拳修心法之一"层层分"。从人整体上大的方面有落有提，具体到每个部位都是有落有提。"拳者，全也"，无极桩功修习，就是从整体和局部上去全面体会提与落之意。

从落足与提顶这两个功法的关系来看，落足的平松而落，不只是脚下局部松落的问题，而是人的整体松松地下落，因为地球对人的引力是整体的影响。同时，有了整体的下落后，还必须有整体的上提。若只落不提，那脚下就落死了。因此，在落足的同时要提顶，即把落下来的整体再全提起来。

　　前面讲过，百会穴在人体的最高点，是顶点，也是人体通天的天门。无极桩功法的提顶，就是在人体这个最高点上体悟那个提之意。这一个点，是在人体的中线上，一提百会，就像提衣服领子一样，提纲挈领，把人整体提起来了。但须注意，这个提，不是百会穴那个点自己去提，而是从意念去寻求"我被提"的感觉。主要以"假修真"的拳修心法，意想在人体之外，上天有一只无形的大手，它通过百会穴这个点把人整体地吊起来，也可以理解为自己被上天悬提起来了。当找到这种感觉的时候，自身则处于完全松通、毫不用力的状态，上不对抗苍天的提我、拉我，下不抗拒大地的吸我、拽我，我在天地之间，处在一个既被上提又被下拽的状态。这时候，我与天地相融相合，任由天地上下提拽。这样，我整个身体就全被拉开了，自身九大关节以及其他所有的部位，都因天与地的上提下拽而对拉拔长。身体的对拉拔长，绝不是自己用力上下提拽，而是用意。尤其需要注意的是，这意不在我，不是我意，而是我随天地之意。例如提顶的提之意，是天在提，这是上天的意思，于是我就被上天提着。又如我像一件挂在衣架上的衣服，整件衣服被挂在衣架的钩上。当找到这种我被挂、我被提的意时，就完全解决了自身用力的问题，整个身体就会完全松通起来。所以，这提顶功法之要义，关键在于"我被提"。

将提顶的意念转换为"我被提""我被拽"，体会头上被天提着，脚下被地拽着，自身在天地之间，上与天相融，下与地相合，这就是拳修所求的顶天立地、与天地相合的滋味。还可以体会自身好比是一个折叠起来的灯笼，在这一提一落、上拉下拽中，就被完全打开了，从而体会上下提拽之意合出来的一种滋味。当把上被提和下被拽这两种感觉在身体里找到时，自己与天地相融相合的美妙，是一种说不出来、无法表述的内心感受。这种状态，就是自身与天地融为一体，不是二，而是三合一了。在这种状态下，还可以用意想象，上天在提着我，地球在吸着我，又如同我把地球吸起来了，感觉到那广阔无边的地球被我吸着，我既与天地合在一起，又同天地一起在浩瀚无垠的宇宙中飘浮运转。从拳修角度看，所谓天人合一，不是理论上虚无缥缈的事，而是身体上的真实感受和体会。在拳修中，如果每天通过无极桩功找到这种感觉和体会，那么，你的身体、心胸以及其他各个方面，都会因此而产生一种新的境界和变化。这种变化是自己内享独乐的，只有自己才能体会品尝到它的美妙！

怎样才能求得落足与提顶相平衡呢？必须做到落多少就提多少，提多少就落多少，下落与上提要不多不少正合适，这样才能使身体形成一个平衡体。假如用抽象的数学概念来表述，上提是+5，下拽是-5，+5和-5合在一起就是0。就是说，在既有提又有落的情况下，表现在人体上反而什么都没有，也就是空了。在这种虚空的状态下，身体里面出来一种真实的滋味，这滋味就是既提又落状态下空出来的真实。太极内功修炼的最终目的就是要进入一种"空而不空"的境界。拳修不是为了空，也不是为了不空，而是要在空中出来一个真实的不空。这个不空的真实，是空出来的。若没有空，就出不来这个不空。怎样求空呢？必须从不空中求空。例如不论是落足功法，还是提顶功法，都是不空。但将这两个既不空而又相互对立的东西合到一起，就出现了空的状态，也就是找到了空。同时，在空的状态下，又找到一种合二为一的滋味，在身体里面能体会到一种感觉，这就是"空而不空"。实际上，无极桩功将人体先分出十八个部位，然后在每个部位所寻的意都是这样，即先"由有到无，再由无到有"，从而寻求出一种既对立又合一的滋味。

那空而不空、既对立又合一的滋味用一个字来表述就是"似"。"似"就是相似、好像的意思。"似"这个字，真实地反映了宇宙的本质，即不是就是是、是就是不是，它是是不是、空不空，是处在两者之间。空不空，就是好像是空。不空而空，就是好像是不空。《道德经》共八十一章五千多言，里面用了很多个"似"字，这说明能

☯ 桩功概论

反映大道真实状态的就是这个"似"。太极拳修炼，就是在寻求这个"似"，在这个"似"当中去体会那种滋味。大家听过电视剧《宰相刘罗锅》的主题歌，我听了以后说过，写这歌词的人一定修炼过太极内功，那歌词就像绕口令一样，"是也不是，不是也是"。其实，人们都是生活在这种似是而非当中。我们看问题、做事情，任何时候都不要执着于一个方面，要努力克服自己的过执。世界上没有你所认为的一成不变或就是这样，它永远在两者之间不断地发生变化。

目前已经讲的无极桩功的落足与提顶两个功法，其共同特点，就是要认真体会二合一以后出来的"似"，认真体会这"似"的滋味。例如，它既是落又是不落，既是提又是不提，是提中有落，落中有提，是阴中有阳，阳中有阴。两个对立的东西是分不清的，它永远是模糊的。因为大道的本质就是混沌的，是说不清的。所以，道是不可言的。我们由拳入道所寻求的意，就是要把这不可言说的道及无法表述的滋味，用意去体会它，因为它只可意会不可言传。如果非要问这提顶和落足到底是什么样的，哪怕我挖空心思、用尽所能用的词汇，也说不清楚。因为，如若能够说出来，那也就不是了。所以，那种"是不是"的滋味，只能通过自己的修炼去意会。所谓功夫，就是要下功夫去体悟。

前面讲过，内功修炼一定要与常人的思维相反。常态的思维都是"以我为主"，是我说了算。而内功修炼的思维是"放弃自我"，是完全将自我舍弃。一定要大胆、勇敢地舍弃自我，把我交给上天。如果整天背着自己、拿着自己不放，那有多累啊！若有人天天替我背着我，那我会多轻松啊！既然上天要提着我，那我为什么不让它提呢？就给它好了。要通过内功修炼，认真体会"舍我"与"不舍我"有何区别。你一旦舍弃了自我，就能体会到舍我和被提以后那种无比舒服美妙的滋味！

所谓"我练拳"，是以我为主。而我们所传承的太极拳，则是"拳练我"。大家注意看，我现在演练一下拳架，如果按照"我练拳"之意去练，就是表现自我，例如从起式开始，这都是在表现自我。刚才演练的这些拳架动作有什么问题吗？似乎没有，但是确实错了。尽管动作很流畅，但核心是表现自我。真正的太极拳架演练是无我，它表现的是拳。当表现拳的时候，是在我之外有一个东西，它在引领着我。这种意境就完全不一样了，是以意为主，形为辅，我随拳走。"我练拳"，就如同手里拿一只真鸡在吃。而"拳练我"，是手里没有这只鸡，但是却能把吃鸡之意表现出来。所以，以谁为主是关键，别看这个词一颠倒，表现的是"我要"还是"要我"，是"我练"还是"练我"，本质上完全不一样。在日常生活中，

☯ 桩功概论

按照太极拳修炼的思维习惯，就不再是我要孩子怎么样，要太太怎么样，要先生怎么样，要把这种以我为主的思维完全放下。放下以后，就变成了孩子要我怎么样，先生或太太要我怎么样，在工作中，当领导的就变成部下或员工要我怎么样，客户要我怎么样，等等，这样就把自己融合在真正的客观需要之中了。拿着自己的需要去要求别人，永远是失败的。"颠倒颠，赛神仙"，只要阴阳一颠倒就对了，也就是要把自己现在那种常规的思维习惯来一个倒立。人们通常的思维习惯都是一边顺，都是按照自己的习惯、自己的喜好去处理和看待问题，只想问题的一个面，所以就"反"了。

按照以上拳理，桩功修习所寻之意，都是对立着去找，就是"反向求"。如此章节所讲提顶功法，真正的提是在落中求，而要想从落中求提，还须做到"我被提"。以我为主的提是得不到那个真提之意的。当被提之中有落以后，那个提才是拳修所寻求的真意。

功法试手体验 ❶

太极拳的修炼是知行合一，凡是说出来的，就一定能做出来。下面，请过来一位同学与我试手体验一下前面讲的落与提的关系。怎样落、怎样提？必须通过互相摸手才能体会到，所以要试手体验。

大家注意看，现在他托着我的两只手，如果我把两只手落在他的手上用力去压，这样的落法就不对了；如果我这样拿着两只手臂不放也不对。这两种状态能区分出来吧？好，我现在是落下来了，可是这个落没有提，所以这落就死了。正确的做法是，我的两只手落在他的手上以后，我的双手如同双脚一样平放松落在大地上，它能与大地相通，然后再把这落又提起来，这样他就挡不住我了，你们看他直往后退。

我这时的双手落在他手臂上以后，是与他整体合为一体了。现在，我只管提自己的落，大家看，我反而把对方提起来了，他的脚下不稳了，被提起来了，所以他就站不住了。我的意念就是提我的落。所以，能提起来的落才是真落，同样，有落的提也才是真提。

（某学生问："刚才我看您提的时候有一个推他的动作？"）因为我提的时候，他不让我提，他本能地给我一个来力，我是自然地向前跟进一点儿，才能同他合起来。如果他像现在这样托住我不动，大家再看，现在我又落中有提了，他的脚下又开始有感觉了，站不稳了。所以我必须随着他，要与他相合在一起，我的落和提就体现在他这里。

功法试手体验 ❷

请再过来一位同学体验一下提与落的滋味。

你用手托着我的双手。当我松落有提的时候，我便能明

桩功概论

显地感觉到自己74公斤体重的滋味。大家注意看，现在我用力按他的手，这时候我就没有前面的感觉了，因为我只落下没有提就感觉不出来。只有落下去后又提起来，我就感觉到自己的体重了。也就是说，自身这杆秤在称东西的时候，如果只将东西放在地上，就称不出它的重量。只有把秤杆提起来，把落下的东西再提起来，东西多重就知道了。

现在你来体验一下。我托着你，你先做落下，落下，再落下，做得还差一些，你加上自己的力了，要把这个力空掉，完全是自己的自重，就是只受自然之力的作用。再来，大胆放松地落下。你现在又落不下了，还是自己拿着。火候好练劲难拿，就是要把握住这个劲。注意是整体地落，然后整体地被提。再松一些，大胆地给我，再给，你越给我就越好了，我已经感觉到你的沉了。这时候提它，现在有一点了。

功法释义

这就是意识问题。刚才这位与我试手的同学做出来了，把我脚下提起来了。其实，你们完全都能做出来，这个东西没有什么神秘，不是只有我能做出来。如果只有我能做出来，而你们做不出来，那这个东西是没有用的。

从以上功法试手体验来看，重点在于提与落相合，两个对立的东西必须统一到一个点上，二者缺一不可，总是有一个提和一个落。如果落是落在根上，那么提就要提在梢上，梢提根落，梢根之间相通合。人体的下中上三盘即为根中梢。站桩的时候，要意想梢（上盘）在领，中（中盘）被梢领着，随着梢领而被提，涌泉的这个根（下盘）要提中有落，落中还要有一个被提以后向上催生的意。任何植物在发芽的时候，在它里面都有一个蓬勃向上的力量，这个向上的力量是与梢领合在一起的。我们看那斗牛的场面，牛的头顶一定是往前顶的，牛的身体是往前扑的，前后的根中梢是合在一起的，这样才能爆发出一个整体的力量，而不会是散的。当一个人站着的时候，看到他很有精神，那他一定是梢（上盘）在提，根（下盘）落的同时也有一个提，树干（中盘）是中正的，他的身体一定是上下相通的状态。根中梢的状态缺一个都不行。太极拳把根中梢这三者的关系叫作领、随、催，即梢节领，中节随，根节催。有了根中梢的领、随、催，人体内气才能贯通，才能形成一个完整体。

功法试手体验 ❸

下面，请过来一位同学与我试手体验一下刚才讲的内容。

你攥住我的手来推我。现在我们两个人的根、中、梢三节都没有合成一体，所以就互相顶住了。你慢慢体会，现在

桩功概论

我梢节一领,中节一随,根节一催,刚才顶牛的状态马上就变了,你这就挡不住了。如果根中梢这三节之中缺一个,我就推不动你。现在三节合一齐到,从根到梢形成了一个完整体,你就顶不住了。

现在你来做一下。头顶要有被提,接着中节就随,脚下还要有一个随着梢领向前催的意。对,就是这样。虽然你的里面还通得不够顺畅,但是同刚才的状态相比有变化了,就好像有了一把钥匙,一下子就把里面打开了,这就通出来一个整体。

功法释义

从刚才我与这位同学试手的情况看,要想把自己的身体打造出一个完整体,就要把根、中、梢这三节合为一,体会这个一的滋味,它是一种通畅的感觉,不能让任何一节堵住、憋住了。

拳论讲"点对即成功"。从某个角度来讲,拳修就是找点。这点从哪里来?点由相合而来,即找两个对立的东西的相合点。因为,只有在这个点上,才是既有提也有落,既是落也是提。又可以讲,这个点既不是落也不是提,什么都不是,它只是提和落合在一起的这么一种状态。我们把这个点叫作太极。道家修炼将这个点称作丹。可见,内功修炼都是在找这个点。从宏观角度讲,整个人生也要合这个点、找这个点，只要合到这个点上，就能四通八达，万事顺畅。所以，人生要想顺达，必须找准点。太极拳修炼，既修这有形的身体，也修那无形的心。通过拳修，找到人生真正合道的价值观、人生观，寻求一个真正能够调整自我生命的哲理。所以，太极拳被称作是哲学拳、意识拳、智慧拳，而不单纯是一种技击术。对太极拳而言，技击是末技，把人打出去只是小菜一碟，不是拳修的最终目的。

在提顶具体功法中，最终所求的是将提与落这两个对立的东西合二为一。那么，提与落相合是一种什么滋味呢？杨健侯大师当年给我白师爷传授了一个武术秘诀，说提与落合一的这种滋味就是"体似悬球"。细细咀嚼品味，这句话真是妙在其中！把自己悬提起来，就是有提有落，落中有提，提中有落，越体会越有轻灵的感觉，越轻灵感觉身体越松通。健侯爷还说，用在技击的时候，就是把自己吊起来打人，打人的时候要落而不落，全落地了就吊不起来了。如果有落没有提，就悬不起来，那就既打不了人，也发不了人。若真能把自己悬起来、吊起来，才能品出这个味道，才能说打就打、说发就发。吊起来以后，自己才全了、活了。在实战中，与对方一搭手就把自己吊起来，这样自身就不会有僵死的地方，一定就随心所欲了。站桩要站出体似悬球，用的时候要将自己吊起来打。

> 桩功概论

健侯爷的这两句话确实很精准微妙,需要在拳修中慢慢地去寻求、品味这滋味。

简述"提顶"功法的基本要领,就是以"反向求"思维去落中找提,避免就提而提,而是在提中要有落,在落中要有提。提是整体的提,是悬提,是被提;落是整体的落,是松落,是被拽。这样,去细细地体悟提顶的滋味。

功法集体体验

下面,请大家起立,听我口令,我们一起体会一下"提顶"的含义,感受提中有落、落中有提的滋味,要用心去寻求,细细地品味。

一个中心、三个基本点:中正安舒,静心凝神,呼吸自然,周身松通……

足下平松而落,如履薄冰……

足落而有提,五趾自然回收,涌泉穴有虚空之感……

百会要有悬提之意,感觉自身被上天整体地吊起来了,在被提的同时又有整体下落的感觉……

细细体会周身被提而落、落而提,下落上提、上提下落,提中有落、落中有提,落与提两者同出而异……

中正安舒,静心凝神,呼吸自然,周身松通……

放松,慢慢地缓缓地深吸一口气,放松,复原。

随问随答

问：提顶是先想顶，后想落吗？

答：可以先有顶，但顶的同时有一个落。顶的对面就是不顶，不顶就是落。若只有顶，就缺了另一面，所以，须在顶当中有不顶，就是顶而不顶，不顶而顶，这样才会渐渐地找到一种滋味，这种滋味就是提顶之意。我们的老前辈把这种顶而不顶的滋味称之为"悬"，意思是在这里悬着呢。悬是什么？悬者，似顶非顶，非顶即顶。说了半天也说不清楚到底是顶还是不顶，但又可以说这很清楚，就是顶和不顶，不顶和顶，实则这就是中。中，可言又不可言。提顶功法求到了中，也就寻到了悬提之意。

问：怎样寻求落与提的平衡点呢？

答：按照太极拳道修炼心法之一"层层分"，人体任何一个部位被提的时候，都别忘了人整体被地球吸着，提当中自有一个整体的落。具体到百会穴，它有一个平衡点，就是有提有落，而且是提多少落多少。若提多了就走了，落多了就掉下来了。拳修要找的就是这个平衡点，就是一种平衡状态。

这种平衡状态，需要自己去感受，去体会。刚才大家看到了我与那位同学试手时的落和提，就是在体会平衡状

桩功概论

态。落多了不行，提多了也不行，恰恰平衡了以后，对方就被悬提起来了。

问：李老师，刚才我与您试手，您在提我的时候，我感觉到脚踩不到地上了，为什么会这样？

答：从拳修的角度来说，我们任何时候都要把自己松落在地球上。刚才你是两只手托着我，我是全部都落在你那里了，你是承接着我的落，也就是我们俩合在一起了。我落下后提的时候不是提你，而是把我自己的落提起来。因为我通过落与你合在一起了，所以你就被提起来了。你要想不被我提起来，需要一个功夫，就是不让我落在你那里。一旦我落在你那里，你就被我的落合在一起了，那我就可以随意把你提起来了。

问：在提与落的功法练习中，怎样去感受自己体重的滋味？

答：任何人不上秤是不知道自己的体重的。例如我有多重，只有站在秤上一看，才知道是74公斤。但是这74公斤是种什么感觉，自己并不知道。怎样才能知道自己的体重是种什么感觉呢？站在这里，先找到完全松落的感觉，然后再把这个松落的感觉提起来，而且是整体地落，整体地提，落多少，提多少，当提落平衡的时候，我就体会到了自身74公斤体重是什么感觉了。所以，拳修者须知轻重，自己能称自己，这样才能掌控自己。

问：李老师，刚才我与您试手体验提与落的时候，能感受到我的手臂与您的手臂之间有一种气，这种感觉对吗？

答：对。当按照功法要求做对了的时候，就会有一种气的感觉，其实内气的流动，就是意的运转，意动气到。气并不神秘，掌控了意就掌控了气。

3.竖颈

功法释义

颈，俗称为脖子。在无极桩功法中，颈部要寻求"竖"之意。

竖颈，就是将脖子自然竖起来。脖子上顶着脑袋，下连着人体躯干，起着承上启下的枢纽作用。从生理角度看，脑袋粗，脖子细，受重力的影响，脖子颈节之间承受着一定的压力，脖子只有竖起来，才能减轻压力，才能灵活运转。从人体中正的角度看，脖子只有竖起来，脑袋才能正起来，人才有精气神。其他动物也一样，老虎、狮子或猫在扑捉动物时，先是头顶一提、脖子一竖。我小时候，父亲带我去动物园看老虎扑食。动物园的饲养员有时

桩功概论

候往老虎园子里扔活鸡或活兔给老虎吃。当老虎要扑抓兔子时,总是似扑非扑,看那老虎的脑袋和脖子只要一提一竖,还没扑过去,兔子就已经动不了了。猫捉耗子也是这样,耗子一见到猫就跑不动了,实际上不是猫已经把耗子扑住了,而是在扑之前猫那一提一竖的神态,就把耗子给压住了。所以,不论是人还是动物,提顶竖颈至关重要。没有这一提一竖,精气神的通道就不通,内在的神意就出不来,就被截在那里了。站无极桩时,就是要反复地体悟这一提一竖,逐渐地体会清楚竖颈的真正含义。

功法试手体验

请过来一位同学与我试手,体会一下这竖不竖颈的含义。

大家看,我们俩在互相推,这样就顶住了,原因在于我的身体光有落,没有提,颈也没竖起来,神意气全被截住了。实践证明,这顶不提颈不竖,那整个身体就全死了。现在再看,我这里开始有了一提一竖,立刻出来了一个东西,全身通了、活了,这样对方就挡不住我了。

功法释义

竖颈所求真意,依然是竖与不竖异而同出,要细细地寻求、体会不竖而竖、松而不懈、紧而不僵、又松又紧那样一种滋味。怎样做才是竖与不竖、同出而异的竖颈之意呢？那脖子究竟是竖还是不竖？当然要竖。颈椎如果不竖就支撑不了头部，但若只是竖，颈椎就会僵死。怎么办？必须找到又要竖又不竖死的那种滋味。什么是不竖死的滋味呢？从解剖学看，颈椎是由一节一节的颈节组成的，共有七节，每节之间既灵活又有间隙，是有空间的。竖颈是寻求节与节之间的灵活，使每节都可灵活而动，互相之间须留有缝隙。当脖子在竖的过程中找到了颈节的缝和活之意，就不是竖死了。否则，颈椎每天顶着沉重的脑袋，长此以往就会僵死不通。过去都是七老八十才出现颈椎老化或骨质增生，现在是三四十岁就得颈椎病，这与我们整天在电脑前同脖子较劲、僵死、松不开、不通畅有很大的关系。

竖颈之竖，不是用力挺脖子，而是意竖，颈自然而立、自然而竖。这样竖，颈就活了，竖出了活力。怎样才能找到这种感觉呢？除了寻求竖颈之意本身以外，还要同时体会百会的一提。当顶一提，颈部就会不竖而竖、自然而竖，颈椎就松而不懈、紧而不僵了。可见，百会的一提，就把颈的竖给提出来了。这一提出来的竖，颈椎就自然而通了，节节之间不再互相挤压在一起，就变活了，也就避免了颈节之间由于长期压迫所造成的颈椎病。同时，有了这一提一竖，自然会出来一种中正的神态，这种神态

桩功概论

是由中而出，饱满而有威严。在具体的技击运用上，也须一提一竖。总之颈不竖，就不能神贯顶。要神贯顶，就必须竖好颈。所以，竖颈是拳修中非常关键的环节。

简述"竖颈"功法的基本要领，重点把握三点：一是竖从提中找，即通过提顶找竖颈的感觉；二是竖从落中寻，即在竖颈中寻求颈节的下落，体会颈节一节一节被拉开；三是体会似竖非竖，竖而又活，颈节之间有一种灵动的感觉和滋味，这种滋味，就是竖颈之真意。

功法集体体验

请大家站起来体会一下上面讲的竖颈含义。

下面，主要找提和竖的感觉，把提和竖整体地完成。要细细地体会，竖颈但不要僵死，要寻求那种不多不少、松通而活、发而未发的滋味。体会到这种滋味，身体就是松通的状态，只有这种状态，才能随时可用。颈部放松自然，有一个又提又落的感觉。要细细体会提和竖的滋味与不提不竖的感觉有什么区别。

好，深吸一口气……放松，复原。

随问随答

问：李老师，刚才我与您试手，您开始是跟我顶着，但是您一提一竖以后，我感觉您的身体空了，好像没有了。这是什么原因？

答：对，一提一竖后，颈部就通了，给精气神打开了通道，就像水库开闸一样出来一股劲。这个东西出来后能感觉到，骗不了人，是可以验证的。一提一竖以后，整个身体就通开了，把里面憋着的东西疏通了。所以，一提一竖看似在头和颈部，实际上是把全身都通开了。

问：提顶和竖颈之间是什么关系？

答：可以说，在无极桩的功法练习中，提顶和竖颈是一回事。顶与颈，是人体的两个部位，在太极拳的修炼中，对这两个部位各有不同的要求。但是，在功法练习时，要竖颈必然提顶，要提顶必然竖颈。顶一提，颈即竖。颈一竖，神贯顶。神贯顶，拳才能出神入化。只要有了这一提一竖，就出来一种自然中正的神态。

问：我的颈椎有点歪，在站桩的时候感觉颈椎不是很舒服，应该怎么办？

答：不要去想你的颈椎弯曲，不要管它，你的意就管是否中正。站桩不是在形上把弯曲的颈椎给正过来，而是用意找到平衡的感觉，这是至关重要的。当你用意不断地寻找平衡感觉的时候，颈椎的弯曲起码不会越来越弯曲，这是肯定的。所以不要在意已经存在的弯曲，不去管它，

● 桩功概论

只按照无极桩功所分的十八个部位的意去找感觉,这是关键。如果在意上过于关注颈椎,非要把它正过来不可,就会不舒服了。

我还有个学生患小儿麻痹症,站不直,两条腿不一样长,能不能站桩呢?肯定能。站桩的时候非要让他站直了吗?这是不可能的。他的中正就是形上的不正,相反,它的自然不正就是中正,就是说,自然就是他的中正。凡此皆是意。

4.收颏

功法释义

颏,俗称下巴,是头部的底和根。如果说,人体头部(含颈)作为一个独立的小单元,那么,头顶的百会处就是树梢(梢)、颈部就是树干(中)、下巴就是树根(根)。

收颏,乃指下巴这个部位所求之意是"收"。鉴于颏与顶、颈的位置相连带、相对应,故而,在功法修习中,顶、颈、颏三个部位所寻之意要依次去找,即顶要提、颈要竖、颏则要收。

颏为什么要收?人的下巴这个部位,是人体一个很薄弱的环节。如果下巴扬起来,既影响头部的中正,又容易受到他人的攻击。拳击的下勾拳就是奔着下巴打去。

下巴收回来,北京话叫掖下巴颏。收颏之收,按照"异而同出"之理,依然是收中有放,放中有收。那么,怎样做才能使下巴收与放二者异而同出呢?概言之,是收而不收。收是回来,不收是放,收颏的真意是放而收。放风筝的时候,如果一直放,风筝就飞走了。所以,放风筝的时候应该是自然地放收、收放,这样风筝才会在空中随风自然地飘荡起来。因此,收颏也如同用下巴放风筝,下巴要收,收了还要往出放,放了还要收,这样自然收放、放收同在,收放自如。收颏功法的核心,就是在这又收又放之中,细细地品味收与放两者分而合之所产生的那种滋味和感觉。

给大家讲一个故事,用来理解下巴要微收的重要性。我父亲有两位师父,一位是白旭华,另一位是徐岱山,都是师从杨家,这两位老前辈长得不一样,白师爷瘦,徐师爷很壮。白师爷喜欢头低一点,而徐师爷正好相反,头老往上扬着。徐师爷是杨少侯的徒弟,在跟少侯师祖学拳的时候,少侯师祖因为徐师爷老扬着下巴,没少批评他。可是人改习惯很难,他多年形成了扬下巴的习惯,走路、站桩、说话总是扬着,老改不了。少侯师祖教拳,主要是坐在那儿看,旁边搁着一个酒壶,他很少讲话,偶尔会把徒弟叫过来。这一天,少侯师祖一招手把徐师爷叫过来。大

桩功概论

家都知道少侯师祖是以打代教,他一般不叫人,一叫就是要打你了。可是徒弟们还都愿意让他打,因为挨打就是要给你讲东西了,打的目的是让你从中去体会。徐师爷听说叫他,就知道自己要挨打了,他是又怕打又想学,就在这种心理状态中战战兢兢地走过去了。少侯师祖说,你出拳打我。徐师爷还得真打,不真出拳师傅不高兴。少侯师祖打徒弟不来虚假,让徒弟打自己也不许来假的。那时候都是从实战出发,经常会被打坏了,那个年代,就靠这个来防身技击,所以实战意识要强,要求必须真打。

徐师爷过来以后,运足了气,伸掌就冲着少侯师祖打去了。少侯师祖坐在那里没动,眼看这一掌到眼前了,他一抬手,就把我徐师爷四脚朝天打飞了。徐师爷过来挨打的时候,有几个师兄弟在后面接着,都知道一打就会被打飞。所以,师兄弟之间互相都有一个默契,谁挨打的时候,其他人在后面保护着,让挨打的别摔坏了。少侯师祖这一下打哪儿了呢?打下巴。打完以后告诉徐师爷,看你长不长记性,打你这一下,就是让你长一个记性。另外告诉你,刚才是怎么打的你,这叫提手上势。挨了打以后,师兄弟们有一个不成文的规矩,就是谁挨了打,谁去给师父打酒去。徐师爷赶紧拿着酒壶,跑到胡同口酒铺把酒打回来送给师父,这算是挨完打了。就从那天以后,徐师爷把扬下巴的毛病彻底改了,再也不扬下巴了。他挨打以后，真正体会到了下巴必须要收而放。若完全地放会挨打，完全地收也挨打，就是说，收而不放要挨打，放而不收也挨打。必须是收而不收、放而不放，太极拳学功夫，就要找这种切身体会。

前面举的这个事例说明，太极拳的功夫，首先要合规矩。无极桩功法分了十八个部位，每个部位的规矩都不是可有可无的，在功法修习中，一定要认真去找，细细去体会。提手上势打下巴，下巴就要微收。不收下巴等于扬着让人来打。从人体生理角度看，下巴这个地方是人体很薄弱的一个环节，如果被打上，牙齿都得碎。所以，下巴永远要微收。

简述"收颔"功法的基本要领，收颔，不能就收颔而收颔，须按照头部根中梢三个部位既分又合的原则，系统完整地修习功法，即，顶要顶而不顶，自然悬提；颈要竖而不竖，自然而竖；颔是收而不收，收中有放，微收还有外放之意。每个部位都是同出而异，从对立的两个方面去体会每个部位的滋味，去寻求每个部位的真意。

功法试手体验

下面，请一位同学过来体验一下前面讲的内容。

你看，你的下巴是扬着的，我用拳正好能打在你下巴这儿。下巴上扬是致命的弱点，但你将顶提起来，再将颈竖起

> 桩功概论

来，然后下巴稍有回收之意，你的头立马就中正了，这样就不怕被人打下巴了！

功法集体体验

下面，我们一起来体会一下收颌的含义。

请按照我的提示来做：中正安舒，静心凝神，呼吸自然，周身松通……

足下平松而落，找那种如履薄冰的感觉……

提顶，百会上有一只无形的手将自己周身悬提起来……

提顶必竖颈，颈竖而不竖……

竖颈必收颌，体会下颌又收又放、收放同在的滋味……

好，中正安舒，静心凝神，呼吸自然，周身松通……

深吸一口气……放松，复原。

随问随答

问：李老师，您说人的下颌有一种特殊的作用，能不能再细讲一下？

答：前面从桩功修习角度讲过，颌之意是收颌。对位于人体上盘的头部来说，当有了提顶和竖颈以后，那么收颌对头部的中正则起着重要的平衡作用。收颌关系到人体实中线和虚中线是否畅通，若一扬颌，则颈椎就不通了。只有收颌以后，顶再一提，颈再一竖，全身上下才能自然贯通。另外，从技击角度看，颏这个部位最容易受攻击。我们看拳击或散打，一个下勾拳就朝下巴这里打，包括脸颊都很容易被打骨折。当收颏、叩齿以后，下颏就充实起来了，嘴里还会出津液，这种状态既有利于养生，又有利于防攻击，就是这么两个作用。

问：提顶、竖颈、收颏这三者是什么关系？在练习中如何把握其要领？

答：颈与头是人体独立的一个小单元，就这个独立单元来说，顶为梢，颈为干，颏为根，三者相互关联、相互影响。顶要提起来，颈须竖起来，颏要收回来，这样才是自然状态。由此可见，此三者是分而合的关系。在功法练习中，这三个部位分别有不同的要求，但却有一个共同点，就是每个部位都要寻求"异而同出"。如提顶的提，要从落中找，竖颈的竖要从竖而不竖中找，收颏的收要从放中找，重要的是细细品味两个对立的东西合而为一那种滋味和感觉。

5.叩齿

（功法释义）

叩齿，即上下牙齿相扣合。

头部这个单元的功法修习，除了提顶、竖颈、收颏以

桩功概论

外,还有一个部位是牙齿,齿要扣合。为什么牙齿要扣合呢?怎样理解叩齿之真意?齿不扣行不行?

不行!从太极拳修炼的角度来看,有以下几方面原因:第一,齿不扣影响中正安舒。如龇牙咧嘴,既形象不雅,又影响人整体的中正。若上下齿相扣,则唇自然微闭,仪态即中正。第二,人体头部有眼、耳、嘴三个重要器官,其功能是眼看、耳听、嘴说话,另外,嘴还有喘气和吃东西等功能。这三个器官是人体与外界沟通交流的窗口。但是,同其他事物一样的道理,物极必反,若眼看多了会伤神,耳听多了会伤精,嘴说多了会伤气。太极拳修炼与道家养生相同,都强调眼、耳、嘴要尽量闭合而内敛,避免内里的能量外溢,蓄其生命能量以求充盈。第三,遵照拳修之理,人的上齿与下齿要分而合,合出一个整体。若上下齿分而不合,那么就不完整,成为人体易受攻击的薄弱环节。例如,用提手上势之式打对方下巴,如果对方的上下齿不扣合、张着嘴巴的话,那么牙齿受攻击后瞬间会断裂;若舌头在上下齿之间,舌头也会受伤。搞散打和拳击的,嘴里都是含着一个牙套来保护牙齿。太极拳的修炼是以叩齿来自我保护的,上下齿相扣合,形成一个完整体。这样,人体内里上下相通,内气运行而不外漏。

叩齿,上下齿微微相扣,自然闭合。同时,舌头自然微曲向上，抵在上齿和上堂之间的那个点上，与其自然地黏合。然后，细细地体会口腔里充满一种内里的膨胀感，非常饱满。站通了以后，口内会生出津液，甜滋滋的。要将津液咽下去，因为津液是最佳的养生保健品。

简述"叩齿"功法的基本要领，依然是不能就叩齿找叩齿，仍须分而合地去寻意。具体地讲：肩以上的头部，分了顶（百会）、颈、颔、齿四个部位，这是从形上分。无极桩功要依形寻意，百会是悬提之意，颈是竖颈之意，颔是收而自然微放、放而自然微收之意，齿是扣合之意。最后，这四个部位要合出来一个完整的滋味，树梢（百会）、树干（颈）、树根（下颔），要有提有落，分而相合。讲解桩功功法的时候是每个部位分开讲，站桩的时候就要合着去找意，这样才能体会到分而合的滋味。

功法试手体验

下面，请一位同学过来与我试手体验一下以上内容。

来，你攥住我的胳膊用力顶住我。我现在是咬牙切齿，或张着嘴巴来推你。你看，我发不出劲来啦！可是，我现在变成齿微扣，唇微闭，顶一提，颈一竖，这样上下立马就通了，你顶不住了吧！实际上，举重运动员比赛时，也都是闭着嘴，没有呲牙咧嘴发力的。

桩功概论

> **随问随答**

问：李老师，您都是站着讲课，一站就是半天，而且一直在讲话，那不伤气吗？人在说话时应注意什么？

答：前面功法释义中讲过，话多了伤气。老子提倡"不言之教、少言寡语"，是有一定道理的。太极拳修炼也要求，一是齿要扣、唇微闭，尽量不说话。二是人说话发出的声运用的是气，气似运载工具，声如"乘客"，气载声行。因之，声发多了，气耗的就多。但如果在用气发声时，注意将声音发出去，同时将气收回来，这样就会减少耗气。我就是这样做的，所以，我讲课讲半天，并不感觉累。

问：李老师，您前面讲了头部的顶、颈、颏、齿四个部位的功法。请问，在站无极桩时，鼻子和眼睛这两个部位应该注意什么？

答：在站桩时，当你的顶一提，颈一竖，颏一收，鼻子就自然中正。功法修习要求"呼吸自然"，实际上是鼻入口出、自然呼吸，不加人为的东西。眼睛是似睁似闭，也是"异而同出"，有睁就有闭。因为，只有做到似睁似闭，才能视而不见，才能"静心凝神"。如果在站桩的时候，突然出现个美景，你的眼睛马上就跟过去观赏，你这个桩怎么站也没有用，因为你用眼睛看时，心也动了，心静不下了。正确的做法是，眼睛虽然睁着，但心一直在守着静，心不动。要视而不见，听而不闻，但又什么都能看得见、听得清，即使一只蚊子落在地上也能听得见，特别灵。当年我跟父亲学拳时，我见父亲在那里闭着眼睛站桩，便过去偷袭他，但我没到他身边，就被他一只胳膊打出去了。我问父亲，你闭着眼睛怎么能看见我？他说，虽然眼睛闭着，但却感知得很清楚。这就是，人除了肉眼以外，还有一只眼睛，即"心眼"。太极拳的修炼，也是在开发这个"心眼"，要逐渐让"心眼"既能看得见，又能感知到，这是拳修入内以后的修炼结果。

站无极桩，开始时如果做不到视而不见的话，可以微闭一下眼睛，尽量避免外界干扰，这样有助于心静下来。当能够做到视而不见了，睁眼和闭眼是一回事了，眼睛也就无所谓睁或闭了。

6.挂肩

功法释义

挂肩，就是肩求挂之意，这是无极桩功修习的一个重要环节和功法要求。

作为人体上肢的胳膊，有肩、肘、腕、指四个部位。从拳修的角度看，肩是根，肘是中，手（含腕与指）是梢。这根的作用很重要。肩是连接人体上肢与躯干的重要

◐ 桩功概论

枢纽关节，肩活则手灵。肩出了问题，用胳膊就会受障碍，不灵便。如同一棵大树，从树干分支到主杈，根部一断就全完了。在现实生活中，由于多年的错误行为习惯，肩上出的问题最多。比如"五十肩"，人一到五十岁，肩膀会突然抬不起来了，这就是常年错误行为习惯造成的。"五十肩"不是不可避免，只要改变错误的用力习惯，肩周炎、"五十肩"等疾病就能够得到改善或防止出现。

无极桩功对有形之肩提出一个意的要求，就是"挂"。肩，为什么要挂？在传统武术中，很多的武术门派对肩的要求都是沉肩。沉肩对不对呢？不是不对。因为沉肩讲的是结果，而不是修炼的方法。可以讲，沉肩是修炼的结果。很多人就用这个结果来说的，练了一辈子沉肩，肩使劲地往下沉，最后也没有得到沉肩的结果。实践证明，这沉肩是挂出来的沉。只要肩部僵紧用力，沉就出不来。所以，要想得沉肩，须从挂中求。我这里所讲的沉，是由因而得果，不是就果讲果。包括对气的理解，气是由意得到的，而不是直接去练气，例如，不是去练呼吸、练鼓肚子。否则，就是错的，完全练反了，这是拳修中必须注意的一个方法问题。所谓沉肩，如果没有一个正确的方法，没有一个正确的修习过程，就找不到真正沉肩的滋味。若执意去沉肩，则肩必滞重。所以，真正的沉肩，是挂而沉，以挂求沉。

怎么理解这个挂之意呢？在日常生活中，我们常见到，窗帘挂在那儿，衣服在衣架上挂着。"挂"的含义，乃指所挂之物不主动参与。衣服在衣架上挂着并没有自己的想法。当要把衣服挂在那里，衣服没有说你想挂我，我不让你挂。它只要在那里挂着，如果风不吹它，人不动它，它就会一直在那里挂着，它从不主动。可是，我们人体的肩却总习惯于参与动作，它总是主动，总在看着手又写字又拿东西，怎么都是你的事，这可不行，我要跟着掺和掺和，不能老老实实地就在那儿挂着。肩这一掺和不要紧，不该肩动的时候，肩总是主动。当写字的时候，手腕动就够了，可是自己的肩膀总跟着动，总不停地跟着用力。手机一响，肩膀比手腕还快，先起来了，其实根本用不着肩膀，手拿起手机就行了，可是肩膀却总跟着晃悠。驾车手扶方向盘的时候，非要抡着膀子跟方向盘较劲不可。凡此种种，都是过早地造成了肩的损伤和衰老的原因。所以，无极桩功修习提出挂肩。挂肩就是要求肩不主动参与。

挂肩这个"挂"字，可以说，是我所传承的太极拳道中的一个重要法门，也是太极拳入门体会的一个重要法门。"挂"，体现出"无己"之意，连"沉肩"之意也没有，是被挂，是无我。"挂"，又能体现出一个"舍"之意，此物体是被挂在那儿，它"舍"掉了自己，随他而动。"挂",还能体现出"有提有落"的含义,挂在那里的东西就是提着和落着同时存在,体现了太极的核心理念"同出而异",合二为一,即提与落合出一个自然的挂。这样自自然然地挂肩,就会出现一个沉肩的结果。挂肩,依然是由肩这个"形"去寻"挂"这个意。在站桩或日常生活中,不论肢体形态如何变化,肩处在何种状态,都须有"挂肩"之意,"形变意不变",使挂肩常态化。

功法试手体验 ❶

下面,请过来一位同学与我试手,体会一下挂肩的含义。

你拿住我的手,现在我的胳膊一举起来就不挂了,肩沉的感觉就没有了。你注意体会,我的肩已挂上了,你会感觉到它很沉,是真的很沉,这时候你就站不住了,要往后退。如果我的肩不挂,而是自己举着,你就感觉不到我的肩沉了。现在我用力压,你也感觉不到沉。所以,这沉是挂出来的。

功法试手体验 ❷

下面,请再过来一位同学体会一下。

大家看,我拿他这只胳膊,可是一拿,他的肩膀就耸起来了。我拿他小臂,可是他的肩跟着较劲,这个习惯一定要改。你现在把肩和被我攥的部位分开,跟肩这里没有关系，把肩忘了，肩只是在那里挂着。你看，这个时候肩反而活了，我拿不死了，就这么灵！刚才是一拿胳膊，那肩马上就死，现在肩是活了，为什么？就是因为吃了"挂"字这副药。如果你换另一只胳膊试试，说不定就又不挂了。

功法试手体验 ❸

下面，再请一位同学过来体会一下。

你来推我，大家看，他的肩起来了，越来越不挂了。你再推，注意挂肩，肩不要参与推，好，现在你的肩活了，不僵死了。

我再示范一下，大家看，我这里是不挂肩，于是肩膀就僵硬、僵死、不通。当我的肩一挂，虽然看起来跟没挂一样，但是肩现在自己一点儿主动都没有，这样反而活了，他就顶不住我了。不挂就顶死了，一挂就通了、活了，挂和不挂就有这么大的区别。

功法释义

一定要在自己身上真正去感悟和体会这个"挂"意。其实这个挂，就是既提着又落着。衣服往那一挂，等于衣架提着衣服，衣服由于被提而自然垂落，提和落同时存在，从而合出来一个自然而然的挂。这样的挂，才会出来自然的沉。所以，沉肩是由于提落而挂出来的一个结果。

☯ 桩功概论

要真正得到沉，必须在提落而挂当中去寻求。这依然是二合一，需要仔细地、慢慢地体会。不去想肩，忘了肩，让它自己在那里挂着，肩就不主动了。当然要想彻底改变这个习惯，把肩解放了，需要有一个修炼的过程。

无极桩功，所寻求人体十八个部位的意，要通过修炼的过程，将所寻之意变成一种常。常是什么？常就是不变，也就是由形寻出来的意，不能因形的变化而改变那个意，而是始终做到形变意不变。一个变，一个不变（不变就是常），又是一个对立的统一。全都不变就死了，全都变就乱了，有变有常才全了。一个变一个不变，我全有。变里面有不变，不变之中有变，这就完全了。比如挂肩，站着是挂肩，将来站浑圆桩抱球的时候，不能一抱球肩就不挂了，还是要挂。现在挂着肩呢，突然要用手去拿东西，就把挂肩忘了，就不挂了，这可不行。不管形怎么动，挂的意一直都要有，这个意不能变，不能因形的变化而变意。这需要反复体会，一定要吃透挂和不挂的滋味。其实，体会一时并不难，难就难在自己能随时做出来，这需要养成一个新的习惯，在拳修过程中慢慢地去体会。如果连什么是挂肩的滋味都不知道，那就很容易谬之千里。只要体会到挂肩了，尝过这个挂的滋味了，明白这个方法，并按照这个方法去做，就有可能求到它。

形变意不变，是太极拳修炼的一个难点。所谓修炼，就是将无极桩功在人体每个部位寻求的意,在日常行为中固化。如在每天的行立坐卧中,动作都在随时变化,唯独这变当中要有一个不变的东西,就是桩功所寻之意的那种滋味不能变。如,挂肩的滋味、落足的滋味、被提的滋味,乃至十八个部位合在一起的中正安舒的滋味,都不因形体姿势的变化而变化,这是修炼的关键。

通常所说放松放松,只有放下才能松。不仅肩要放下,而且全身都要放下。足下的平松而落,就是要把自己放在大地上,而不是去踩地。在拳修中,要认真地体会这个"放"字。所谓静下心来,实际就是把心放下来,如果心整天提着,那么就静不下心来。在现实生活中,对孩子不放心,对先生不放心,对下级不放心,你的心能静吗?

从修炼的角度来看,心放不下的根本原因,是思维意识和思想境界问题,总感觉自己比别人高一等,抱有别人做事不如自己的意,担心人家做不好。其实,这仅仅是个人的想法,别人行不行、做得好不好不是自己认为的事。要放手让他去做,在他做的过程中你可以指点,但是不能代替。如果总认为你不帮他做,他就不行,那他可能永远都不行。所有的行,都是由不行而行的。如果你永远代替孩子去做每件事,那你所培养出来的孩子就会是个没有独立能力的人,这对于做家长的来说是一件非常可怕的事。要看到孩子终究会由不行而能行,到后来孩子的行就是家

桩功概论

长放心、放手让他个人做的结果。修拳如做人，拳道和人道是一个道。修拳之人只有遵道而为，才能够改变自己。任何人都不是由别人来改变自己，而是由个人来改变自己。我们都有这样的切身体会，谁要想改变自己那是太难了，只有自己能改变自己。所以，修拳同做人一样，必须放下、放心、放身，这是非常非常重要的。

修习挂肩功法，首先从放下开始，把肩放在那里，别自己拿着，别舍不得放。因为，人体受自然重力的作用，只有放下，才是自然合道的，这是不以个人的意志为转移的。放下，就是顺应自然，不去跟大地的引力相对抗。谁想让地球别对自己有这么大的引力，或者给自己多加一点引力，都是不可能的事情，该多少就是多少。可见，站桩就是在寻求如何把自己放下，把身体的每一部分都放下，使自己与大地相融合。

但是，这里所讲的放下，不是放下就不动了，如果那样就放死了。拳修所求的放下，是放中有提。比如这个杯子，如果只是放在桌子上就死了。例如现在我手里拿的杯子是放中有提，杯子只是轻轻地落在桌子上，放和提平衡了，这样它就活了。太极拳修炼，是既要放下，又要把放下的东西能提得起来。只有能提起来的东西，才是真正能放下的东西。简言之，就是既要有放，还要有提，要在这放与提中体会这两个对立的东西同时存在。在挂肩功法修习中，要体会这肩既是挂着，同时又被提着，找到这又挂又提之意后，会感觉到那肩是沉甸甸的。出来沉以后，这个沉也要能提着，提起来的沉才有用。如果这个沉是死的，那它就滞重了，就僵死在那里了。人什么时候会出现死沉呢？是人死的时候，因为没有生命了。所以，拳修所求的沉，虽然是沉，但是不能沉死了，它要能提起来。

功法试手体验 ❹

下面，请过来一位同学试手体会一下沉是什么滋味。

你托着我的两只手。刚才我是不出沉，现在是出沉了。但是，如果是沉死了就没有用。现在我把这个沉提起来。大家注意看，我是提我的沉，但是他的脚下已经不稳了，他被飘起来了。因为他在拿着我的沉，相当于我的沉给他了，当我提自己的沉的时候，反而把他提起来了。所以，这沉一定要能提起来。

功法释义

对初学者来说，刚开始站桩不要着急去找这沉，要一步一步来。刚才所讲的，是想告诉大家，在拳修中出来的沉应该是什么样的沉。

大家特别要注意，在太极拳修炼中必须逐渐改变自己的常态思维意识，形成反向思维，这样才会不断地有新体

桩功概论

悟，逐渐建立一个新的思维习惯。比如手提一袋苹果，日常的习惯是一提苹果，肩就参与了，那样肩是僵紧的，提着苹果走一会儿路肩就累了。现在要改变一下思维，不是我提苹果，而是苹果在拽着我。思维意识不一样了，感觉就不一样了。当苹果拽着我的时候，苹果是主动的，我是被动的。因而，自身是自然松通的状态，整个身体在被动地被苹果拽着。又如女士经常手提一个包，提包时，要想一下肩挂了没有。如在日常生活中，你端起杯子喝水的时候，先别喝水，要先想一想挂肩了没有，等等。如果能从这生活细节中去注意寻意，久而久之，我被提、我被拽、肩被挂等思维习惯就形成了。拳修之人，如果将新的思维习惯形成并建立起来了，那他的功夫也就上身了。这个新的习惯，打造了一个新的状态，在面对任何事情的时候，就同常人不一样了，就会出现很神奇的现象。这绝不是夸张，可以从试手中验证出来。

太极拳修炼，一定要牢牢地抓住"意"这个字。桩功的关键就在意，要反复地用自己的身体去体会这个意。这个意就是自身的一种感觉、一种滋味。这种滋味，只有自己才能感觉出来。当在体内产生了这种感觉，再把它落实在日常的行立坐卧中，那么，这个意就变成了有用的、能够调整身体正确行动的一个重要工具了。可见，我讲了老半天，实际上站桩就是要抓住意。的确是这样，从根本上来讲，修身是意，修心也是意，精化气还是意。所以，拳论说"凡此皆是意"。无极桩功法就是在人体十八个部位上一个部位一个部位地去寻意，寻求一种滋味、一种感觉。我们通过桩功功法所寻求的这种滋味，往往是没有修炼之前日常自己所忽略的，并不是桩功功夫有多难，而只不过是我们平时没有用心去体会和寻求。所不同的是，拳修寻意的思维与原来的习惯思维恰恰是相反的。所以，太极拳修炼，就是将通过桩功功法所寻到的意、所体会到的滋味作为一个尺度，既要在修习的过程中去抓住它，又要把它运用到日常行为当中。这就是说，不能简单地理解，太极拳修习就是每天站完半个小时的桩就了事，站完桩以后再与桩、与拳没有关系了。实践证明，不管是拳还是桩，都源于生活，拳修之人在日常生活中寻求和保持那桩功的状态更为重要。

我的小孙女现在也开始喜欢太极拳了，她问我："爷爷，我怎么看不见你打拳？"大家看我讲课从来都是站着讲，其实，我讲课的过程也是在练功，依然恪守着自身十八个部位的意，这对我来说已经形成习惯了。比如我的肩，在任何状态下都是挂着，除非是我要演示什么是不挂肩。平日我在家里就是与太太在一起，我从来没有给我太太专门上过课，但是我给学生讲课时她都在场听。我们俩在吃饭的时候，比如今天高兴喝杯红酒，也浪漫一下碰个

桩功概论

杯。碰杯的时候，我就对她说，你的肩没有挂啊！

要知道，每个人多年养成的习惯是很顽固的，不易改。因此，每天必须三省吾身。无极桩功所寻的十八个部位的意，就是给自己找了一面镜子，要经常通过这面镜子看一看自己符合不符合修炼要求。如果每天都能这样做，那么，你的身体会逐渐地松通开，并会渐渐体悟到身体在不断地发生新的变化。

有人跟我说："您讲的太极拳理太好了，我特别想学。但是，我现在太忙，没有时间练，等我退休以后一定来找您。"其实，不管是谁，正因为很忙，工作和生活压力太大，才需要这样修炼。若不通过修炼来解脱、解放自己，那他一辈子都会被忙所累，等生命结束的时候再醒悟过来，就全晚了！你为什么会这么忙？太极拳的修炼，恰恰就是解决怎样忙的问题。另外，太极拳修炼，不存在时间的问题，吃饭是修炼，开车是修炼，站着讲话也同样是修炼。它不是仅仅练一套什么功法，例如压压腿、抻抻筋等，而是要自自然然地去寻求意，并将它贯穿到工作和生活的每时每刻。当年，我问父亲："什么时候我就算练好拳了呢？"因为那时候我年轻，所以会提出这样的问题。父亲告诉我："什么时候把拳练没了，就算练好了。"我当时不太理解，打这一套拳架，怎么可能练没了呢？其实，这就是《杨氏太极拳老谱》里讲的"化境"。要把拳融入日常的行立坐卧之中，融入生命运行轨迹的每一个点上，这既是太极拳修炼的有效方法，又是拳修的根本目的。到那个时候，就会处处是拳，也就是没有拳了。

我的学生说："您一下子就把我打出去了，您这功夫真神奇！"但是，我从来没有打过架，也从不去参加比武，因为练武不是我的目的。但是，这自身的功夫可不可以用呢？当然可以用。如果在行立坐卧中，有人突然偷袭我，我一定会有一个自然的、正确的反应。因为我不是专门练怎么去打人，但是如果把这个完整的、合意的东西贯穿到自身生活的始终，那么，到时候就会出来一种自然的反应。

2011年团中央和韩国举办了一个大学生暑期夏令营，主办方请我去讲课，把我安排住在半山腰的一个小别墅里面。晚饭后我回住处去，当时下起了瓢泼大雨，山路很窄、很滑。他们安排了两个人照顾我回去，一个在前边打着手电筒扶着，一个在后边打着伞。其实，我不愿意让他们扶着我，这样我反而不自在。但是，他们是好意。走着走着，我突然脚下一滑，踩空了，瞬间我一抬腿又蹦上来了。他们赶紧问我有没有事，我说没事。等回到房间，我发现小腿的皮都划破了，因为碰到了石头上。当时也没太在意，不过是磕破了皮而已。第二天早上我出去散步，去头天晚上踩空的地方一看，吓了一跳，那个地方往下

桩功概论

有百十米深，如果全掉下去，后果不堪设想。当时我就是一个自然的反应，虽然已经踩空了，但是马上又回来了。所以，这个东西，就是用在很自然的时候，用在该用的地方。因为，你不知道自己什么时候会出现意外。在生活和工作中，谁也难免会遇见这样或那样的曲折和磕碰。请大家相信，太极拳的修炼，对外看似轻柔，对内却是使你修有厚重的一座山。

功法试手体验 ❺

现在上来三个小伙子，先由两个人相向拽第三个人的左右臂。中间被拽的这个人丝毫不参与他们的拽，始终处于平衡的状态。如果左右两边相向而拽的力相等，就是说，左边的人拽多大力，右边的人也拽多大力，两个力在中间就抵消了，被拽的人不受力，而且平衡了。

下面，再换种方式体验一下，只有一边的人拽你。当他拽你的时候，你不参与，他拽你多少，你就顺他多少，这样总是处于平衡状态。比如他拽你的力量是5斤，则你顺他5斤就平衡了，你不要再多给他。如果你再加力去拽他，他来了5斤力，你加上半斤，出来5斤半，就不平衡了，你就受力了。这个现象说明，意识改变了，思维习惯改变了，行为习惯也随之改变。挂肩的体会一试便知，肩在这里挂着舒服极了，这肩不因肩形态的变化而失去挂之意。但是不少人往往一做动作就不挂肩了。

> **功法释义**

太极拳修炼，"层层分"是一个重要法则。这"挂"意，又是"分"的一个重要内涵。无极桩功的一个重要目的，就是寻求周身松通。而要做到周身松通，就要"骨肉分离"。骨肉分离的方法就是"挂"。大家要知道，影响身体松通的最大障碍就是皮肉，那皮肉死死地固在骨头上，时间长了，骨与肉越来越粘连，就分不开了。骨肉分不开，周身就不能通。因为骨肉之间是通过筋相连的，如果骨头与肉一直死死分不开，那么筋也会在它们之间被绑死了。

有资料介绍，人体内在能量的通路很大一部分就在骨肉之间的那层筋膜上。太极内劲的通道也在这层筋膜上。若骨肉不分，则筋膜会越来越缩，越来越没有弹性，那通道就堵死了，必然影响内气的运行。怎么办呢？要通过修为，将全身的皮肉像衣服一样挂在骨架上。骨架如同衣架，皮肉没有了自己，就在那儿挂着。只有这样，骨和肉才能分开。拳论上说"勿自伸缩"，我理解其含义，就是说，那肌肉本身不要自己做主去活动，要在那里被动地挂着。

骨肉分离，也可以称为"如骨挂肉"，或"提骨挂肉"。没有无极桩功的修炼，骨和肉往往是死死地绑在一起，分不开。站无极桩，就是要让骨和肉分开。它俩分开以后就不一样了，肉和骨头是两回事了，皮肉在外，骨头在里，这时别人可以攥着我的皮肉，但是攥不着我的骨头，更攥不着在皮肉与骨头之间那层筋膜上流动的内气。如果骨肉不分，就容易被人全攥住了。骨肉一旦分开以后，身体如同一个水桶，对方攥着的是外边的桶，而里面的水攥不住。在太极拳修炼中，谁能将骨与肉分得好，骨与肉分得开，谁就变成了一个水桶，或者是一根管子、一条通路，皮肉充其量发挥了外包装的作用，而那内里的东西在里面来来去去地流动。

毫无疑问，太极内功修炼不以外为主，而是以内为主。功夫高低就看谁骨肉分离得怎么样，骨与肉分开和不分开大不一样。我若分得比对方好，就可以绕过他的皮去攥他的瓤，我能很清楚他的瓤在哪儿，我不跟他的皮肉去较劲，一下子就攥到里面直奔骨头。

前面讲过，挂的含义包括提和落。如骨挂肉的挂，同样也是一提一落。提的是骨架、骨头，落的是皮肉。这样，在意念上又分开了，有提又有落。具体地讲，往上提的是骨架，往下落的是皮肉。皮肉自然落到地下，感觉自己如同无肉之人，就剩下一副骨头架子了。在这种状态下，我往那儿一站，只有骨头没有肉了，还怕对方攥我的肉吗？这样的骨肉之分，一个提一个落，一个有一个无，此两者异，但是这异又同出，骨与肉同时存在着。这就是拳道所言：异而同出，同出而异。

功法试手体验 ❻

请这位同学过来试手体验一下骨头和肉怎么分。

大家看，他现在拽住了我的手，连骨头跟肉都拽住了，因为我被拽的地方骨和肉没有分开，他就能拽住我。来，你再来推我，推得好，为什么你能推动我？因为我连骨头带肉都被你拽住了。这回你再看啊，（对方出去了）他拽不住了。为什么呢？因为他这时只拽住了我的皮肉，而我的骨头从那皮肉当中出来了，他就拽不住了。再试一次。你想把我的皮肉和骨头全拽住。不行，只能拽住皮，拽住肉，拽住表，拽不住皮肉下面的东西，那东西在里面能够来回动，我的里面是通的，是活的。从健身角度来看，若身体里面长期不通不活，气血不通，就会出现肩周炎、颈椎病等。所以，我们必须要骨肉"分"，分才能通。

功法试手体验 ❼

再请一位同学与我试手体验一下。

来，你用力攥住我的手腕处，我如果骨肉不分，你就会攥住我的手臂了，我就背势了。我现在将皮肉与骨头分开，

桩功概论

我的手腕如同一个水管,你只是攥着水管的外皮,而管里的水你攥不住,我的意气在骨与肉之间任意流动。这样,你反而背势了。

无极桩功练习中,谁的皮肉与骨头分得好,谁就变成水桶,谁的功夫就高。

功法试手体验 ❽

好,这位同学再来体会一下。

你用力将我的胳膊拽住了。不行,你只是拽住了皮肉,没拽住骨头。你看,我从里面顺着筋膜不断地往外钻,你虽然在不断地加劲,但它仍在不断地往外钻。

你来试一下,我现在拽住你的胳膊,注意你胳膊的皮肉跟里面的骨头要分开。皮肉与骨头不能死死地粘在一起。还不行,你的皮肉和骨头都紧紧地绑在一起,目前分不开了。

实际上,我们人类在婴儿的时候不是这种状态,婴儿的皮肉跟骨头分得多好啊!但是后来婴儿随着长大,后天的东西使人变成现在骨肉不分的状态。现在我们拳修就是要返回先天,返至婴儿那种状态才能通。返,一定要返。除非你不想返,你想返就一定能返。当然,能返到什么程度,那就不一定了。

第二章　太极桩功

功法释义

刚才与几位同学试手，他们的皮肉与骨头都分得不够好，主要原因是不能做到形变意不变。无极桩功是从简单入手，先让形体不变，来体会内意，而不是从多变的形体入手，因为，如果在还没有体会到意的情况下，就要求形体变意不变，那意就不好找了。所以，无极桩功是把形体静下来，心也静下来，做到形不动、心不动，在形与心两个不动的基础上去品味意的动，品味每个部位的意是什么感觉。在这品味的过程中，意就会随着你的品味而动起来。例如，当骨肉分离时，品味那皮肉与骨头分开之后出现的自然沉重的感觉，体会那肌肉毫无僵滞之力、内气在骨与肉之间的筋膜上畅通运行的感觉。这时候，看似站在那里形体没有动，心也很静，但里面的内动之意一刻也没有停止，意在每个部位之间不停地流转着。相反，如果形不动，心不动，意也不动，那就是站死桩，就失去了站桩的意义。站桩要站出一粒活的种子的感觉。一粒黄豆放在那里，虽然它是静态的、不动的，但其里面生命的能量却是一直在动，一旦有了合适的温度和水分，它就发芽了。这粒黄豆不是因为有了水和温度以后才活了，而是原本就是活的，只不过它是静态的活。站桩，也如同一粒活的种子，看似外形不动，但里面那个意在不停地动。通过站桩

桩功概论

修炼，要能够调控自己的意，既能徐徐地动、缓缓地动，又能飞快地动、急速地动。外面静如山岳，非常安宁，里面动似江河，如同波涛滚滚的洪水在里面蓬勃鼓动，这是人的生命能量的运转，桩功就是要出来这样一种状态。

简述"挂肩"功法的基本要领，围绕这个"挂"字，认真地体会"挂中有提有落""被挂被拽""挂中有分""骨肉分离""提骨挂肉"等，其核心是形变意不变，将在体内所寻之意保持不变。用不变的意来规范和约束随时可变的形体，即万变不离其宗。这个宗，就是不变的意。

功法集体体验

下面，我们一起来体会挂肩之意。

请大家按照我的提示来做：

中正安舒，静心凝神，呼吸自然，周身松通……

足下平松而落，如履薄冰。足下落中要有上提之意，涌泉穴有虚空之感……

百会有向上悬提之意……

提顶必竖颈，颈要有竖而活之意……

竖颈必收颏，下颏自然微收，收中有放……

收颏而叩齿，唇微闭……

肩自然松垂而挂，如同挂衣服，被动而挂，肩不主动参与……

整个身体提骨而落肉，落中有提、提中有落。提着骨头，皮肉自然垂落，如骨挂肉、提骨落肉。这一提，提的是骨架，肉就像衣服在骨架上挂着，自然而松落。意在提骨上，要感觉到那个骨架的真实，而肉如同无肉一样，整身如同无肉之人，只剩下一副骨头架了。有骨无肉，一个有，一个无，肉与骨完全分开了。

放松，慢慢地深吸一口气，复原。

(随问随答)

问：挂肩这种状态在日常生活中怎样把握？

答：必须明确这样一点，不仅仅是挂肩之意，无极桩功在人体十八个部位所寻之意，都要通过修炼而成为一种"常态"。"常态"是什么？就是不变。就是说，在桩功中由形寻出来的真意，在日常生活中不能因肢体形态的变化而改变这个意，拳修称之"形变意不变"。一个变，一个不变，是一个对立的统一。若都不变就死了，有变有不变才为"全"。假如你开车，尽管双手抬起来把握方向盘，但肩要有挂意，这样你的整个身体自然地与方向盘合成一体。又如，你接听电话，不能无了挂肩之意，不能用肩参与手的动作去接电话，否则，肩又僵死了。总之，在日常的工作和生活中，不管形体怎么动、怎么变，而肩的

桩功概论

挂意一直在，身体其他部位所寻之意都不能变。

太极拳修炼是反向思维，当思维意识改变以后，就会出现新的感觉。比如手提一袋苹果，通常习惯是手一提苹果，肩就参与了，肩就跟着较劲了。要将思维改变一下，不是我提苹果，而是苹果在拽着我，与提苹果的思维意识反而为之，这样感觉就不一样了。苹果拽我，苹果是主动的，我变成被动的，我被动地被苹果拽着，苹果拽我多少力，我顺着给它多少力，保持两个力是平衡的。总之，应该这样去修炼，桩功所寻之意须在日常工作、生活中时时体现出来，使之成为常态化。

问：如果手提的东西很重，肩还能挂吗？

答：首要解决的是思维问题。不是我提它，而是它拽我。当所提的东西拽我的时候，我要顺着它，拽多少我就顺多少。反之，你如果总是想提它，它是10斤重，你就需要多加一点力，这样才能提得动它，可加这一点儿就坏了，就失衡了，那肩就参与了。如果它拽多少我给多少，两个力平衡以后，就完全不一样了。关键问题在肩，肩一参与就紧，就被截住了，随之肘、腕也会被截住了。

问：请问李老师，当我挂肩的时候，会感觉脖子后面疼，有时还控制不住手自己动，这是怎么回事？

答：对初学者来说，站桩的开始阶段，身体某个部位出现一些酸酸痛痛的感觉都是正常现象。因为，无极桩每个功法都是用意调整自身，在这个过程中，凡是不符合这个新习惯要求的毛病都会反映出来，而且证明有疼痛感觉的那个部位是不通的，不通的地方在打通的过程中会出现不舒服。从这个角度来看，太极拳修炼是给自己诊断病，通过修习太极功法，将身体每个部位都打通，就会由痛到不痛了，从而形成一个新的自然习惯，回到自然状态，那才是正常的健康状态。

7.垂肘

功法释义

垂肘，是指肘部自然而垂，肘尖既有外撑之意，又有内合之意，内外分而合，"同出而异"。

肘有两个作用：一是肘有攻击性，在实战中可以以肘击人；二是垂肘则内气畅通，宜于周身一家，完整一气。先辈创造的太极十三势，唯独把人体的肘这个部位列入其中，这充分说明肘在拳修中的重要地位。

肘是护身的门神。两个肘有保护人体胸腹这个核心部位的功用，是与人生命攸关的脏腑，特别是人体的"肋"这个部位很容易受到伤害。大家看比武打擂台赛，这方一个边腿，肋骨一下子就折了，马上就被踢倒在地。可见，

桩功概论

肋骨是非常脆弱的，因而称之为软肋。软肋这名字的本意就是这里易受伤害，需要保护。那么，谁来保护肋呢？首用的就是两肘。这里所说的保护，不只是上擂台的时候肘要保护肋，在日常生活中肘也要保护肋。要始终有一个保护肋的意，用这个护肋之意使肘和身体的核心部位之间建立起密切联系，在传统武术中称为"肘不离肋"。例如，在做动作的时候，肘和肋总是相合相随、相伴而行。但是，我们通常的习惯是，比如抬手拿个东西，肘也随手去了，肘护肋的意随之丢了，很少意识到肘和肋之间需要密切地配合。垂肘功法的修炼，就是要重新建立一个肘不离肋的意识和习惯。这样，从体外来说，避免了肋部受伤的危险。从体内来说，垂肘对内气的运行发挥了完整如一的作用。所以，当一只手高抬起来的时候，马上要意识到肘和肋在发生着关系，不要顾此失彼。太极拳修炼功法除桩功以外，还有内功八法、盘拳架等，所有修炼功法都要求手做任何动作要与肋合在一起，做到有肘就有肋，有肋就有肘，不管是前进还是后退，肘与肋总是护在一起，形成这样一个新的习惯。

肘怎样护肋呢？肘有沉垂之意。这种沉垂，除了肘有下沉之意外，肘与肋之间还要有一个联系，如同有根绳在拽着它俩，或者说是肘在拽着肋，肋在拽着肘，这就是肘不离肋，而且肘和肋之间既不能夹也不能离。又好像腋下夹着一个球，有这个球意的目的是让肘和肋之间保持一种最合适的状态。要细细地体会腋下这个球不能用力夹，若用力，球就瘪了。同时，腋下这球还不能不夹，若不夹，那球就掉了。由此可见，这腋下的球是夹而不夹之意。用腋下夹而不夹的滋味来体会肘和肋之间的关系。有些人习惯肘向外翻，在传统武术中叫掀肘，拳修必须改掉掀肘这个习惯，要保持自然而垂的肘，既有向外撑张之念，又有向内扣合之意，这一外一内两个相反的东西同出而异，这样就是肘不离肋，也就护肋了。当年我练功时这个腋下夹而不夹的滋味总是体会不好，自己又感觉不出来。我父亲一看，就对我说："你用力夹了。"我说："没用力啊。"父亲还说："用力了。"过了一会儿，父亲又说："腋下又没有夹了，球掉了。"这样翻来覆去，不是用力夹了，就是球掉了。那怎么办呢？现在家庭里很少自己蒸馒头了，都是在外面买，可那时候都是自己家里蒸。当年我父亲告诉我："你就意想腋下各夹着一个刚出锅的热馒头，去体会那种感觉。"后来我慢慢体会到，这热馒头真夹着不行，太烫了，但是一点不夹馒头就掉了，找的就是这个既夹又不夹的感觉。俗话说，把式好练劲难拿，太极内劲就是这么练出来的。

所谓难拿之劲，就是是也不对，不是也不对，它就是由松不松、紧不紧、快不快、慢不慢、夹不夹里面出来的。这个

桩功概论

劲，千万不要理解成与力量有什么关系，它们之间一点儿关系都没有。为什么说意与气合以后而生出劲来？劲就是意气相合的结果。通常人们形容一个人有精神，会说他意气风发，走路都带着一股劲。即使是一个柔弱女子也能带出一股劲。相反，即使是一个彪形大汉，这只胳膊刺着青龙，那只胳膊刺着白虎，可就是没有那个劲，其形是外强中干。所以，我们修炼要的是劲。劲本身就是个说不清的东西，而管用的就是这个劲。

在垂肘功法修炼中，要努力寻求腋下的夹球之意，体会这似夹非夹、夹而不夹的感觉。感觉就是这样，要找到这个状态并变成自己习惯。同时，还要注意不因形变而改变这个感觉和状态。拳修是先从桩功的静态下去体会这感觉，然后再动起来去体会这感觉。

在传统武术中，不只是太极拳对肘有这样的要求，其他武术也讲肘不离肋。在武术中，肘离了肋就是分而不合，就是散了。那样，肋就没有保护的了，就等于敞开来让人家打。若做到肘不离肋，肘与肋互相呼应，不但肘护了肋，而且每一个动作也都能完整了，就是分而合了。当形成这样一个新的习惯以后，肘的威力就出来了。什么威力呢？可以打人。肘打人比拳头厉害多了，能把人打出内伤，在技击中，为避免误伤，往往轻易不用肘打人。拳是梢节，离身体比较远。而如果平时训练肘和肋总是相伴相随，那么在用肘的时候，就是一个完整体。

《太极拳经》讲无凸凹、无断续、无缺陷，在垂肘功法修习中，要细细地体会这句话。挂肩而垂肘就不会有凸凹，不会有断续，周身就完整了。外行打人的时候往往是断续的，暴露的通病常常是不垂肘。如果能垂肘，那么周身的整体性也就出来了。在太极拳修炼中，垂肘与挂肩实际上是一回事，这里，从桩功修习的角度将这两个部位分开来表述。为什么说是一回事？因为肩一挂，肘自然会垂下来。是否垂肘，也是检验是否挂肩的标志。

简述"垂肘"功法的基本要领，一是肘自然而垂，两肘尖有外撑内合之意；二是肘与肋之间紧密相连、既分又合；三是垂肘必虚腋，寻求腋下夹球、夹热馒头之感，夹而不夹，不夹又夹；四是挂肩必垂肘，垂肘必护肋，寻求那种周身一家、完整一体的感觉。

功法试手体验

下面，请过来一位同学与我一起试手体验一下垂肘功法的含义。

来，我这时用直力攥住你的双臂，看你能不能把我发出去。不行，你现在两个肘向外掀了，肩也起来了，你发出来的是僵力。你必须把肘垂下来，将肩挂起来，整体地发劲，好了，你现在发出来的劲很大，我这就挡不住你了！

桩功概论

功法集体体验

下面,大家一起来体会一下前面讲的内容。

好,按照我的提示去寻意。

中正安舒,静心凝神,呼吸自然,周身松通……

肩自然而挂,挂中有提有落,被动而挂……

肘自然而垂,肘尖既有外撑之意,又有内扣之意,内外分而合,外撑与内扣同出而异……

肘不离肋,肋不离肘,肋与肘之间有一根绳相牵拉……

两腋虚空,如同夹着两个热馒头,似夹非夹,夹而不夹……

好,中正安舒,静心凝神,呼吸自然,周身松通……

深吸一口气,放松,复原。

随问随答

问:在日常生活中,怎样去把握挂肩垂肘呢?

答:拳的修炼,就是要融于日常的工作和生活之中。例如,不论你是在开车,还是坐在电脑前,也不论你的双臂是平放还是上擎,挂肩垂肘之意要常在,意不能丢。这就是拳修生活化,拳就在生活当中。

8.塌腕

功法释义

塌腕，是指手的腕部要寻求塌的意。

塌，凹下、下落之意。例如房倒屋塌，屋塌了，就是屋的上方落下来了。塌腕，含有落的意思。腕要落下来，它才能在手和肘之间起到重要的连接作用。

人直立行走后，很多的劳动都是靠手去完成。所以，人们都希望有一双灵巧的手。太极拳的大部分动作需要用手去表现出来。但这手只是表现。在日常工作生活中，写字、画画、弹琴等都需要用手，那内里的东西也是通过手来表现。可见，手的腕部是内里的东西传递到手上的最后一道关口，如果腕部不通，手就表现不出来。所以，手腕的作用十分重要。

拳修要求腕部能主宰手，管着手不要自作主张。同时，腕还要保证身体内里的东西能够畅通无碍地传到手掌和指尖上。这就是腕的作用。腕要想发挥好这个作用，就必须寻求一种意，这个意就叫塌腕。与塌腕相反的叫折腕，是指手向上立起来或者向下弯过去。只有平松的腕才叫塌腕。太极拳架里有一式叫单鞭，单鞭定势时，后面的这只手就有塌腕的要求。在公园里，看见有的老师教学生走单鞭势，为了好看，要求学生手腕完全弯过来，而

桩功概论

且非要回扣到位不可。这实际上是折腕，腕已经折了，内气就不通了。单鞭有什么用呢？走单鞭势时，手这里叼着东西，当有人拿住我的手时，我的腕是塌着的，内气是通的，一拉开单鞭马上就用上了。如果腕是折的，手臂必然是僵硬的，这样反而被人家利用了，自己就剩下挨打了。还有的老师在教拳架往前推手掌的时候，也要求手掌完全立起来，那样腕也就折了。所以，这腕在任何时候都要塌，塌腕才能起到主宰手的作用。

按照拳修"同出而异"之理法，塌腕，也是落而有提，提中有落，这样才能使腕部处于合适的、松通的状态，如此内劲才能由肩而肘而腕一直畅通到指。如果腕不塌而折，那么内劲就通不过去了。

我的孙女小时候学钢琴，她说："爷爷，我们老师要求弹琴的时候手腕不能折，就是您讲的这个意思。"其实，会弹琴的人都明白，例如弹古琴、钢琴等，当塌腕的时候，指才有力度，手敲击琴键时，内在的能量才能通过指尖传到键盘。可能有的行业不是用塌腕这个词，但内在之意都是一样的。再比如中国的书法，写字的时候，腕是意气通道的关口，它主宰着手的运行。不管你怎样执笔，腕总是塌的。否则，腕一僵死，意气就通不到笔尖了。在现实工作和生活中，无论做什么事情，如开车、打字、拿鼠标，等等，都应有塌腕之意。从武术技击方面看，如果腕不塌，被人一撅就折。反之，若塌腕了，不管对方怎样撅，腕都很活，是不会被人撅折的。

简述"塌腕"功法的基本要领，腕部要有平松塌落之意，腕既有落，又有提，提落适中，保持腕部始终处于合适的、松通的状态，使内气由肩而肘而腕，直达手指。

功法试手体验❶

下面，请一位同学过来与我试手，体验这塌腕的含义。

来，你用力攥住我的手，这时候我的手腕是不塌的，你会感觉我的手很僵硬，你可以不费力地把我拽过去，你的力再加大就会把我的腕与指折断。再看，我现在塌腕了，我的内气由肩而肘而腕一直通到手指，这样你就攥不住我的手了，也拽不动我了吧！反而这时我可以打你了！

功法试手体验❷

请再过来一位同学体验一下。

你用一只手推住我的胸部。大家看，他现在的手是立起来的，这样腕已经折了。我都不用怎样去打他，只要我一折叠腰，我的胸部往前一动，他的手立马就撅了。大家再看，我这种勾手的动作，现在我的腕是塌的，他无论怎么用力都拿不住我的腕。所以，腕永远要塌，千万不能折。

桩功概论

> **随问随答**

问：在日常生活中如何注意做到塌腕呢？

答：在工作和生活中，当用手的时候，要寻求塌腕之意，做到塌腕之意永远不能丢，使腕塌常态化。因为不仅练太极拳腕要塌，而且做其他事情也需要塌腕。你的腕塌了，手就会很灵活，手指也有力度。

9.展指

> **功法释义**

展指，展是舒展、展开，即手指有自然伸展之意。

拳论所言"形于手指"，是指周身松通时，太极劲由脚、而腰、而肩、而肘、而腕，最后到手指。特别是上肢，其根节肩要挂、中节肘要垂、梢节腕要塌、指要自然舒展。若指不伸展，则太极内劲就不能"形于手指"。可见，指不展，功不显。

在现实生活中，人们大多数的动作都是表现在手上，而最终展示手的是指。通常说，这人的手真巧。其实，准确地说最灵巧的是手指。手指通过不同的组合来完成不同的动作，如拿针、拿笔、拿筷子等都是手指的不同组合。内功所言气的运行、内劲的运行，最终也都要在手指上表现出来。所谓"气达四梢"，就是内气的运行周流不殆，达到人体的梢节。在传统武术中，人体梢节有两种说法，一种是筋骨血肉，另一种是手指和脚趾。内气要通到手指尖，有两个关键环节，一个是腕要塌落，另一个是手指要舒展。如果内气到达不了梢节，就说明有的地方被截住了。内气能否行达至梢节，这是检验全身每个环节是否松通的一个重要标志。我看过有些太极拳家打拳的视频和照片，那手指非常用力，手臂乃至全身都很僵硬，这样的状态内气怎么能通过来？可是他们却以为这样带劲，其实只要用上力了，内气就不通了，就不是真正意义上的太极拳了。

手指应该总是自然地舒展，内气才能始终通达指尖。手指的形态是分而合，要有往回握东西之感，但又不能握死，要既外展又回收。怎么个握法呢？如同腋下夹球、脚心的涌泉穴含着球一样，手心的劳宫穴处似握着球。在拳修中，日常须做到"手手不空"，手里确实没有任何东西，是空的，但是，又有握着一个球的感觉。这样一来，虽然手是空的，但是意却不空。手手不空的意思，就是空手不空意，手里面老要有这个意，并形成这样一个习惯。

大家做任何事情用手的时候，都不要忽略手中要有球意。在现实当中，有的学员往往在站桩的时候手里还有球，一收功就把手中的球扔了，更别说在生活中，球早就没有了。拳修者必须逐渐强化这样一种意识，自己两只手

桩功概论

不是握着两个普通的球，而是握着两个金疙瘩，这样你还舍得扔吗？我父亲当年就对我说，手里要拿着两个金疙瘩。拳修实践证明，只有不空意，才能意到气到，求的就是这个意。不要管气，只管求意，意就是气的流动。只要意过去了，气就过去了。

功法试手体验 ❶

下面，请过来一位同学试手体验一下展指的含义。

你攥住我的两个手腕，因为攥手腕体会比较明显。你用力攥住我，现在我的劲只到了手腕，没有到手指，你就能挡住我。你再感觉，现在我展指了，劲到手指了，梢节也通过去了，这样你就挡不住了。所以，劲能不能到指端，这是全身能不能完整一气的重要标志。内气通与不通不是一句空话，当气贯梢节的时候，不但能到指尖，还能到脚尖，因为脚尖与指尖是一样的，是同时通过去的，这时候内气的运行才是气遍全身的。

功法释义

我的小孙女曾问我："爷爷，老师教弹琴的时候，要求我们手背上似有一个小包包，这是为什么？"所谓小包包，就是手心要像握着东西一样。为什么要这样？因为只有意到了，气才能到。当气到指尖以后，弹琴才有力度，才能弹出韵味。所有这些意的要求，最终都是为了内气能够通达无碍，在身体里面形成一个一气周流、生生不息的内环境，这样才能精气神十足。同时，太极拳的防身技击用的也是它。

通常讲意到气到，气到劲到。那劲是什么？就是气力。我们形容一个人有劲，说他气力十足。气力就是这个意思。气一通以后，劲就出来了。在桩功修习中，要对肩、肘、腕、指这四个具体部位去认真地体会意到气到的感觉，因为意气到不到，结果完全不一样。

那么，怎样深入理解展指的真切含义呢？还是离不开展与收"此两者同出而异"。人的手有劳宫穴，分内劳宫和外劳宫。当塌腕、展指时，内劳宫要有下落、松落之意。有落就要有提。在手背上与内劳宫相对的一点是外劳宫。只要内劳宫有落，那外劳宫必须有提，两者虽然不一样，但是要同出。当有落有提、内外全有以后，手指就有了一个回收之意。有了回收之意的同时还要展指，指在伸展当中仍有回收之意，这就是展与收同出而异。所以，不要小看这个展指，如果就展指去展指，就违背了太极拳的真义。太极内涵就是两个对立的东西同时存在。表现在手上，就是内劳宫与外劳宫落提相间而使手指有既展又收之意，这样又收又展，收而难收，展而难展，一内一外，一前一后，两个对立的东西便统一在手指上了。以前我父亲

☯ 桩功概论

跟我讲：挥手一太极。手在不挥时是太极，一挥手还是太极，总是太极，处处不离太极。为什么呢？因为太极之手时时处处都存在着一落一提、一展一收，这两个对立的东西始终同时存在。

两个对立的东西分而相合是什么结果呢？出现了虚空。有的学员可能知道太极拳修炼是求空求无，但是恐怕不知道这个虚空、空无是怎么来的。为什么对立的东西一合就出现空无？道理何在？对刚接触太极拳修炼的学员来说，必须先明白这个理。打个比方，如果上提是阳，用正来代表，那么下落则是阴，用负来表示。正和负，假如是+5和-5，将两个一合，即加在一起等于0了。0就是空，空就是这么来的。老子在几千年前的《道德经》中就告诉我们，正负相加以后就是0，0就是空，空是本原。所以，求空是求本原，就是把两个对立的东西加在一起、合在一起。在与人交手中，当一方摸到我的时候，他会有个空的感觉。但是，这个空不是什么都没有。如果空是什么都没有，那这个空就没有用。空还要空出来一个有。正因为空里面有了有，对方才摁不住我，他越用力摁我，反而自己越被打起来了，表面看起来是我把他打起来了，实质上是他自己把自己摁起来的，因为他摁到了我的空上。为什么在双方的交手中我不用力对方用力反而被打出去了？就是这个道理。

老子告诉我们"多言数穷，不如守中"。当（+5）+（−5）=0时就有了中。中就是空、是圆。但是，有没有绝对的中呢？太极拳老前辈有一个很形象的说法，"一阴九阳跟头棍，二阴八阳是散手，三阴七阳是好手，四阴六阳是高手，五阴五阳是妙手"。阴阳两个分开了，一负一正。在现实当中，当分别是−3和+7时，就算是好手了。如果是−4和+6，能分到四阴六阳，那就是高手了。五阴对五阳时，才是妙手。成为妙手时，就是一手一太极。但是，现实中没有绝对的五阴五阳，再高的手也只能是趋近于它。世上有没有道？有没有佛？说有也没有，说没有也有。如果说有，谁见过？如果说没有，那我们修什么、求什么？正因为看不见，才去修，才去求。我们要把道当作一个理想不断地去趋近它，如此就能越来越完善自己。所以，五阴五阳是妙手，是相对而言的，是一个目标，但是恐怕永远实现不了。一个人一辈子的修为，只能是趋近于目标。事物真正发展的动力是差，有了差才有势能。太极拳有一句至理名言"得机得势"。讲到势，切记不要把太极十三势理解为十三个招式。

得机得势的意思是让我们自己成为水库，蓄满水才能放水。水库有落差，水积蓄出来一个差，这就是势。根据需要选择什么时候开闸，什么时候放水，什么时候放是时机，多了放、少了蓄，这才是太极拳的得机得势。很多人

桩功概论

练了一辈子太极拳也没领悟到"得机得势"这四个字。那他们得到什么了？得到二十四式、四十八式。所以，拳修要理解势，有势才有能，才产生内在的能量。要层层分，这里面有很多需要我们不断认识的东西，就把五阴五阳设定为一种平衡的状态和滋味，把它作为一个理想来寻求，这种合适的状态就是中。对于中的正确理解应该把握两点，一是它是一种很好的状态，五阴五阳是妙手；二是没有绝对的中，用纳米技术也无法求得绝对的真空。

再回到展指功法这个题目上来，以后抬手的时候，不要再像原来那样随便一挥手，要寻求展与收二合一之意。拳论讲"空手不空意"。"空手"其字面含义不难理解，难理解把握的是那"不空意"。究竟怎样是不空意？很多人练了半辈子也不明白。拳论讲的是结论，要想体会到这个结论，必须在二合一上找感觉，手一动，内外劳宫穴就要有落有提，手指就要有去有回，手心就要像握着一个金疙瘩，这样手中求出虚空的感觉。在与对方交手中，要做到"四梢空接手"，手就要空，但又空而不空，是空出来一个真意，用的就是这个空而不空的真意。正所谓：空是体，意是用。

简述展指功法的基本要领，五指寻求自然伸展之意，但要分而合，有展有收，展而难展，收而难收，两个对立的东西统一到手上，做到"空手不空意"。

功法试手体验 ❷

请过来一位同学体会一下身体各部位平衡用力的滋味。

你双手推住我的一只胳膊。大家注意看，我这是一边用力，现在我变成两只胳膊都用力，这样就把对方推我的力分过来了，我的两只胳膊要找平衡，找一样的感觉。当我一只胳膊用力的时候，他能很明显地感觉到我用力的方向，但当我找到平衡以后，他就找不到方向了，因为我全身均匀了，没有的地方都有了，而真有的地方反而没有了。

功法试手体验 ❸

请再过来一位同学体会一下前面讲的几个功法的含义。

你攥住我的两只手。现在我把前面讲的上肢的几个部位综合起来做，你体会一下。挂肩、垂肘、塌腕、展指缺一不可。我这里在挂肩、又垂肘、再塌腕，现在我还没有展指，所以他仍然能把我顶住了。大家看，这时我一展指，他马上就挡不住了。虽然他攥住了我的手，但是攥不住里面的通路。大家再看，他现在攥住我的手腕，如果我是用手腕之力，那就过不去。现在我通到指尖了，就过去了，他就挡不住了。这是因为意过去了，气也就过去了，所以劲就过去了。

功法试手体验 ❹

下面，再请一位同学过来体验一下。

桩功概论

来，你用力按住我的手，现在我没有展指，你会牢牢地按住我的手，使我的手抬不起来。下面，我展指了，手指展中有收，收中有展，你看，你按不住了吧？！你越用力按，你自己就出去了。就这么简单。

(随问随答)

问：李老师，您前面讲展指功法最终目的是找到手虚空的感觉，那怎样才能求得"虚空"？

答：要解决这个问题，必须先从理上搞明白。前面已经打比方讲过，展指有提有落，假设"提"是阳，用数学概念是"正"；落是阴，用数学概念是"负"。又设这个"正"为+5，设这个"负"为-5，这一阳一阴相合为中，一正一负相加为0。结论是0为中，中为空，空为本原。老子言："多言数穷，不如守中。"老子不仅是一位伟大的思想家，而且是一位伟大的数学家，他教给我们把两个对立的东西合在一起来求这个0，求这个中，求这个事物的本原。所以，展指那种虚空的感觉，就是在两个对立的东西当中去寻求，去体会那个"中"的滋味，那个感觉也是人体平衡、松通的状态。

问：那展指的状态，是常态，还是需要发劲时才有？

答：通过桩功修习，当已经形成一种新的习惯了，就可以随时这样做，也可以不这样做。但在需要的时候能够随时做出来。这里有一个重要的问题，不管是想这样做还是不想做，都必须将桩功所求十八个部位的意在日常生活中形成一种新的习惯。不是想起了挂肩才去挂肩，而是平时就要注意挂肩，要随时检查。我有一个学生，他的母亲七十多岁了，学生让他母亲也来听听我讲无极桩功课。后来这位老太太感受特别深，她讲自己有两大收获，第一是原来每天去超市买菜的时候提着包很累，听完课以后就不是用力拽着包，而是包拽着她了，感觉很轻松；第二是寻求平衡，没有也要像有一样。过去往往这只手提包的时候，另一只手在空着。从听课以后，当这只手提包的时候，那只手也找到同样的感觉，在自己被包拽的基础上找到一种平衡的感觉。这就不一样了，因为通过来了。其实，应该让身体总是处在这样平衡的状态。否则，一直处在那种单手提包的局部不平衡状态，长此以往，身体内部系统的运转就会出问题。所以，要在日常生活中注意建立一套新的平衡系统。

问：李老师，您讲这只手提包的时候，那只手也要想象提着，就是说两边的力要一起用？

答：其实太极拳是很符合科学原理的。当对方的力打到我身上的时候，因为我经过这种平衡的训练，全身是畅通的，所以他的力就被分散了，被均匀分散到我的全身。同样是一百斤的力，如果集中在一点上，那就像钉子一样一下子就打进去了。如果分散到全身所有的部位，则寥寥无几。这一点是非常非常重要的，我们就是要找到身体内外的这种平衡关系。

10.含胸

功法释义

含胸，即桩功修炼在胸部所寻之意是含。

中国武术大多数流派的拳种都有含胸之说。关键问题在于如何正确理解和把握含胸之含。一般情况下，不少人是从形体上去含胸，即胸部向内凹一点儿。太极拳是内家拳，是以内在的意为主。外形要不要，当然要。但大不如小，小不如无。胸含得太大了就成了驼背，就影响了中正。含胸的形尽量小一点儿，有含之意就行。就是说，含胸之含重在意。但是要注意，这个含胸之意，可不是空想的。如果把意仅理解成是想象、空想，那就不用修炼了，天天坐在家里空想就行了。一想含，这个含就来了吗？不是，它是需要下功夫的，不仅需要把这个意真实了，而且要把所含之意做出来。

那么，含的真意是什么？含，即不吞也不吐。或者说，既吞又吐，就是含。含是吞与吐两者异而同、分而合出的那个点。比如说口里有一块糖，只有吞便将糖咽下去，就没有了含。反之，张嘴一说话把糖吐出口外，也不存在含。只有将口中之糖既不吞也不吐，或吞中有吐、吐中有吞，才能将糖含在嘴里。照此"含"之义去理解、把握含胸，乃是无极桩功含胸的真意。

如前所述，含胸之含，是包括吞与吐两个对立的东西，此两者异而同，这就又回到了阴与阳辩证关系的根本上来。吞和吐是相反的，但是它们又要相成，把相反的两个东西相成以后，吞吐相间谓之含，就合了太极。可见"含"之义，最典型地展示了太极阴阳之理。一定要注意，含胸是用胸这个部位去理解和寻求含，但是拳修之含不只是胸这个位置。含既然体现了是太极之理，那么，就应该身体处处都是含，无处不含。这样理解含，才是在寻求太极真意。

功法试手体验❶

道理听明白了还要体验一下。让身体感知和尝到那个含的滋味后就有遵循了。下面，请过来一位同学与我试手体验这含的感觉。

就先从胸这里来体会。大家看，他来推我的胸，他一加力，我就向后面缩，这是吞了；他再加力，我把他的力顶着，这是吐了。刚才我分别做的吞和吐，这都不是含。

再体会，大家仔细看，我这次不吞不吐，而是含着，吞和吐同时存在。这时候他的感觉是什么呢？进也进不来，跑也跑不了，他在我这个地方好像是被粘上了，两个人合为一体了。当只有一个方面，他就好办了，如我只有吐，他就会顶着不让我吐；若我只有吞，他就跟着往里追。只有当吞和吐一叠加，他感觉不到了，也就摸不到了。我这吞与吐越叠加，身体就会越空虚，他好像摸着了，但又什么也摸不着，既摸不着吞，也摸不着吐。我的身体虚空了，反而实有了，出来这样一种状态。这种状态是由吞和吐相叠加、相合、相济而成的。所以，吞吐合在一起就是含了，就有用了。从这点上来看，"含"就是太极。

功法释义

怎样才能做到既不吞也不吐呢？其实是既吞又吐，是吞多少就吐多少，最后的结果是既不吞也不吐。这种结果，绝不是什么也不做，是在动态当中通过又吞又吐来调整自己，即对方来多少我吞多少，我吞多少还要吐多少。在实践中往往是只练吞好练，或者只练吐也好练，难就难在又吞又吐。总之，其核心是在调整自己的内动，不断地吞吐、吞吐、吞吐。这样才出现既不吞也不吐的结果，也就是"含"的那种状态。这种状态就是含胸之真意。

从本质上来看，既不吞又不吐是一种内平衡的结果，它是靠练习又吞又吐得到的结果。吞吐相间才是含。所以，大家一定要注意，太极是在动态当中求内平衡，是动中求静。静是在动当中调出来的，而不是固定死的。只有动中求静，静才有活的灵魂，才有生命力。很多练太极拳或练其他内功的人，往往在那儿死练，最后练得固死了，跟机器人一样，没有活的灵魂，看似拳架很活，其实是死的。活的灵魂，一定是总处在动态的平衡之中，是在变中保持了一个不变的东西。

在自然界，我们的宇宙空间没有一刻是不变的，在我说话的这么一刻工夫，已经不知变化了多少，前一秒已经过去，这一秒已经不是前一秒了，它总是在不断地变化。我们无法让它不变化，但是要在变中找到一个不变的东西，它是在两个变当中调整出来的结果。太极拳练的是什么？是变。变，才是太极核心的灵魂，是宇宙的真实状态。人想不老行吗？你现在就比刚才过去的一分钟变老了，只是在渐变过程中，自己无法感觉到这种内在的变化，但是它却是真实地发生着变化。如果不变老，孩子怎么长大呢？你只看到孩子在不断地长大，实际上在他长大的过程中你也在随着变老。自然界任何事物就是这样不断地循环往复、生生不息。

当我们认识到了这个变的宇宙之道，就要在自己身上

> 桩功概论

找到与它相应的人之道,也就是平衡之道。我们要用太极内功在自己身上寻求这种平衡状态,在不断的变化当中,平衡出一种相对不变的状态,并细细地体会这种平衡状态的滋味。

在"含胸"功法练习中,按照"假修真"之心法,意想在胸中有一个球,对方推我的时候就推在了这个球上(如下图所示)。当外力作用在球的一侧的时候,就推动这球产生了转动。这个球是什么?是太极。它由阴和阳两部分组成,有一个下就有一个上。对方虽然推到了一个东西,但是它随着推而发生了转动。拳论讲"触之即旋",就是这个意思,太极球一碰就转。

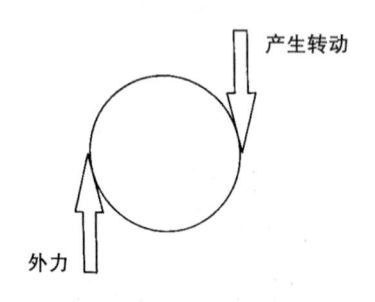

触之即旋示意图

现在社会上不少练太极拳的已经不练内功了,比如很多人练太极推手,对方一碰自己就转动身体,自以为这就是化,就是拳论讲的"触之即旋"。其实,这不是太极内功,是练形体动作而已,只是练了一个身体的灵活。要练内功，必须是球在心中，当对方触到身体外边的时候，意将自身里边的球触动了，而不只是身体转动的灵活，这与练太极操是有根本区别的。当然，当人体遇到外力时，外形会有变化，但绝不是为了外形的变化而变化。自身外形的变化是随着内里球的变化而变化的，是由内主宰着外，这才是太极拳修炼的内在核心。

实际上，练太极拳就是练平衡点，也可以说，这个平衡点就是太极。当对方摸到了我的平衡点上，只要我的秤砣稍许一偏移，秤杆一下子就打起来了，这就是通常讲的四两拨千斤。练太极拳关键看能不能找到这个平衡点。杨班侯大师讲"发落点对即成功"。什么时候我能发对方？就是当找到平衡点的时候，只不过我现在不发，含住他就行了。我体内的球本来在那儿待的好好的，是对方来力推我把球触动了，它受力即转。我们修炼就是找这个球、练这个球，并且随时触之可旋。这样的话，不管对方有多大力，都在我这里使不出来，像捕风捉影一样。太极拳修炼是把自己的胜利定位在谁也打不败我，而不是我去把天下人都打败。换言之，太极拳不是练打败天下人的功夫，而是练谁也打败不了自己的功夫。并且，既能使对方打败不了自己，又能使自己与对方最后成为好朋友，因为自己根本不主动去打对方，这是太极拳修炼的基本理念。

太极拳修炼内功，是以内修为主。用的时候，也是

桩功概论

用内，具体来说，是用球不用手。杨澄甫师祖有一句至理名言："练太极拳者不动手，动手便非太极拳。"当对方推我的时候，我不是用手解决问题，而是用这个球解决问题。这样不管有手没手都是一回事，所以称之为太极无手。我虽然没用手，可是谁也推不了我。从这个角度来看，又可称为太极浑身皆是手。太极所言之手，并非有形的手。俗话说，这个人真有两手。这里所说的手，才是太极所言之手。从太极拳修炼的角度来看，健康长寿靠这个球，防身技击也靠这个球，我们日常的行立坐卧，包括做人做事的成功也离不开这个球。

拳修所追求的这个球，就是太极，道家称为丹。道家所求的丹有两种：一种是外药，用真架炉子炼；另一种是内丹。我不太了解道家方面内在的东西，但是从太极内功角度来看，我认为太极拳练的体内球同道家练的内丹是一回事。尽管道家是那种练法，太极拳是这种练法，但最后追求的结果一样，我们叫练出太极球，道家叫结丹，其实内在的是一个东西。这个内修的东西，现在人们很难得到它了，大都追求的往往是虚有其名了。所以，我们要一起努力，共同修为，把老祖宗传下来的这个宝贵东西继续传承下去，这样既对得起祖宗，也对得起后人。

综上所述，含胸所求含之真意，就是要找到吞吐相间的滋味，也就是达到既不吞也不吐的平衡状态。当这种思维变成我们的一种真实感受以后，在为人处世的时候，我们就会从两个方面去考虑问题寻找平衡点，而不会偏执于一方出不来。找到了这个平衡点以后，在生活和事业上，做老板的要想让员工真的努力工作，就要替员工考虑，看看他们需要什么；做家长的就不要用自己的主观想法去管束孩子，要想想孩子需要什么；先生要想想太太需要自己做什么，太太要想想先生对自己有什么要求，这样总是在两个对立的东西中去寻求一种平衡的状态。

我原来一直是做生意的，下海经商比较早，1984年成立公司，到2006年把自办的公司全部关掉。我的体会是做生意真的需要用太极思维。买和卖没法强买强卖，你想卖给人家，可是人家不买，因为你卖的不是他想要的。要想卖，就要想想人家需要什么，我卖的一定是他想要的。所以，不要在宣扬自己的产品如何好上下功夫，而要把功夫下在研究对方需要什么，这样的买卖就容易成功了。如果人家需要的只在我这里有，那他不上我这里来买还能到哪儿去？所以，所有的事情都是一个"含"字，掌握了它，就掌握了制胜的法宝。

大家要学会用阴阳理论和太极内功学说慢慢地理解太极的内涵。因为它同拳击等其他门类的东西是相反的，只有反向求，才容易练进去，逐步得到这个东西。例如，平时自己练的时候，没有要当有来练，将无练出有来，当面对真的敌人的时候,又如入无人之境,跟没有敌人一样。

简述"含胸"功法的基本要领,以内在之意,寻求胸部含的真意;以胸部之含,体会全身处处是含、无处不含的滋味。含是既吞又吐,吞吐相间,吞与吐叠加而成。含是平衡点,含是体内球,含就是太极。含得越好,身体会越虚空。身体的虚空程度,体现的就是太极功夫。

功法试手体验 ❷

下面,请过来一位同学与我体会一下有人似无人的感觉。

你推着我。大家注意看,这时候我如果眼睛里有他,那我就和他顶起来了。现在我眼里没有了他,我的意在他后面呢,他就挡不住了,我可以随意推着他走。怎么样才能做到有他跟没有他一样呢?就要在平时练习中虽然没有人,但却如同有人一样。

功法试手体验 ❸

请再过来一位同学体会一下这吞吐含的感觉。

你一只手推住我的胸部。大家看,他有一个力加到我的胸部。如果我只有吐,他就会感觉到我的这个力在顶住他了。如果我只有吞,他的力就会跟进来,我就不得不后退。现在,我在吐当中加吞,这样就越来越平衡了,这时候他就顶不住了。他摸到了一个空的东西，他就没法使力了，是掉进了我的含当中，也就是我把他含住了。这时候，我想把他打出去都是随心所欲的事情。所以"含"不是一句空话，要在自己身上做出来，它是由吞与吐两个不同的东西调出来的。

功法试手体验 ❹

下面，再请一位同学过来与我试手体会一下。

现在，我是吞吐相间，老是用吞来平衡吐，于是他摸到的就是一个平衡点。如果我的吞一多，他就摸到了。如果我的吐一多，他也会摸到。只有当我平衡的时候他就摸不到点了，这时候他完全被我含住了，我想怎么打他都可以。因为他变成了我胸部的这个点了，而不是我们俩在这里拼力。

随问随答

问：如果对手不跟我接触，他不挨着我的身体，那我怎么含呢？

答：太极拳修炼应该保持什么样的状态呢？应该是对手挨着我，我是含的状态；对手不挨着我，我还是含的状态，自身跟对手是否挨着没有关系。换言之，他不挨着我的时候，我中正安舒，他挨着我的时候，我还是中正安舒。对我自身来说，对方不挨着或挨着都是一回事。修炼

桩功概论

寻求的就是不挨着和挨着是一样的。比方说，当我遇到手无缚鸡之力的对手时是中正、中和的状态，当我遇到体重二百斤的大力士时，我还是这种状态，对方力大力小都不影响自己的状态。我自身根本不受对方状态的影响，不因为他挨着我就含，他一撤走我就不含了。老子说"生而不有，为而不恃"。"恃"是依赖、依靠的意思，天和地我都不依靠，我站在这里，脚底下不是大地，而是冰，要如履薄冰，但自己却能顶天立地，这样才是太极状态。

问：含胸是否可以理解为一边往前，一边往后？

答：请不要单纯在外形上去理解。我刚才与那位同学试手推着他走，是为了让大家看见在含的状态下怎样动起来。实际上是先有了含才能动起来，而不是通过动起来才能做到含，这又吞又吐完全是里面的变化。

我们所讲的每个功法，都是"凡此皆是意"，完全是意的变化，是从里面产生一种吞吐的感觉，而不是形体前后的变化。里面的变化是什么呢？当站桩的时候，我要找到像刚才一样有一个人推着我这里的感觉，要找到里面吞吐的变化。这种感觉是用意找虚实的变化，在内不在外。拳论讲"变转虚实须留意"。虚实的变化都是意上的问题，如果不能在意上解决问题，只是在身体上做文章，那就不是我们所说的太极内功了。这一点很重要。

问：当对方用手推我胸部时，我只是在胸腔这个部位找"含"吗？

答：含是自身整体的一种意念，当有了这种意念以后，就会在自身任何部位产生吞吐的作用。这个作用是真实的，而不是空想的，只在那里空想肯定是不行的。想象想象，想必须要成象，这是关键。

问：如果对方的力用在我胸部，我的意一直在胸部吞和吐，那身体其他地方是不是就没有顾及了呢？

答：这样恰恰是全顾及了。因为虽然是在这一个点上产生变化，但可以说全身就缩在这一个点上。其实，太极拳可以很大，也可以很小，小到变成一个点。有的时候一根手指头就是我，就在一根手指头上发生虚实的变化。所以，太极拳是最高效的，能在一个点上发生虚实变化时，就不会去用"高射炮打蚊子"。前提条件是能让自己的身体"其大无外，其小无内"。那样，太极拳只用一个大拇指就能把人打出去。因为这个大拇指就是我的整体，是我整体的凝聚。反之，当我舒展到很大的时候，依然还是这个。当内气能够阴阳相合产生鼓荡以后，再与天地之气合成一气，我们既可以很大很大，又可以很小很小，小到一个点。要想变成一个点，首先身体要能松通，能鼓荡，这

☯ 桩功概论

需要其他一些功法练习，不是现在就能解决的问题。为什么我们讲层层分？是不是到了纳米级就是最小了？不是，只是我们的科技手段还无法证实它。我们老祖宗早就讲了，阴阳这两者无限可分。我的很多学生是学理工科的，他们问我，你怎么证明太极内功是科学的？我讲，你们恰恰说反了，是现在的科学不断地验证老祖宗的阴阳理论，证实了内功现象是客观存在的。

问：您讲拳修的一种心法是"假修真"，在站桩时，找胸含之意是假想一个人在推我胸部，是这样体会含胸的吗？

答：是的。无极桩功是意在身内的假修真，要把十八个部位的意虚而实，通过功法修习，都要找到真实的感觉。浑圆桩功是把意放在身外的假修真，当我往这里一站的时候，意想四面八方全是敌人，而不是只在真看见敌人的时候才有这种状态。我往这里一站，前面有一只老虎，后面是一只狼，左面有一只豹，右面是一只狮子，我要准备随时与它们的袭击来搏斗。因为，这种状态就是中定，四面八方全在我的掌控之下，是随时可以出手的状态。太极拳修炼，所有的行动都是在中定状态的前进、后退、左顾、右盼，而不是顾前不顾后，顾左不顾右。那拳与桩是什么关系呢？桩是拳的基础，拳是动起来的桩。现在，有不少人练的拳架被称作太极操，就是因为只有外形动作，没有桩的内涵。当练拳或者随意动起来的时候，仍然能够保持那个桩态，才是真正的太极拳。所以，太极拳道修炼必须从桩功开始。

11.拔背

【功法释义】

拔背，即背有张拔之意，是拳修对背的要求。

胸与背，在人体一前一后的位置，两者相互关联。前面讲了含胸，实则在胸含之时背会随之自然拔起来，所以，含胸必拔背。含胸是意，意中有吞有吐，两个肩胛兼有向内扣合之意，内合之意一出，背部就出现自然之拔。

拔背依然是意，是张拔之意。拔背也是由两个对立的东西合一出来的。从形上看，胸不能挺，要略微有内含之意，此时背部自然就有张拔之意。就是说，拔背不是从形体上去找，不是弓背，关键是意拔，也是以吞、吐相间之意为核心，体会拔背的感觉。

含胸拔背之后，人体自然形成了一张弓。太极拳就是用身体这张弓来发放人，当有吞有吐时，这张弓就有作用了。自身是弓，对手是这张弓上的箭，我把对手这支箭搭在自身这张弓上，随着一吞一吐蓄上势，发而未发。这张弓为什么能发人呢？因为含胸拔背后，身体就成为这张弓的弓背，人体的虚中线就是弓弦，之所以能把人发出去，是由于弓背和弓弦的内在伸张变化产生的作用，而不是靠外形，一定是里面的变化。

含胸拔背，实则两个说的是一回事。有胸则有背，要想含胸，自然要拔背，两者是不可分割的。切记不可将拔背理解为向后弓，而是在胸部吞吐相间的时候，背部自然有一个张拔之意。

含胸章节讲过，两个肩尖要同两个足尖一样，要有向内扣合之意，但这只是在意上找，而不是在形上扣。实际上，拳修要求人体所有两两相对而分的部位，都要有一个向内、向中的扣合之意，例如，左眼右眼、左耳右耳、左鼻孔右鼻孔、左肩右肩、左手右手、左胯右胯等。既然有分，就须有合。左和右两边一定要有一个向着中线分而合的意念。分而不合就散了，合而不分就死了。在拳修中，要用意由虚中线把所有左和右的部位都控制着，每个部位都可以各自运动，但都不能脱离中线的控制。当某个部位要离开中线控制范围的时候，必须马上把它抓回来。如同放风筝一样，风筝在天上可以展现各种各样的动作，实际上都是在风筝线的控制下，如果这条线断了，风筝或者飞不起来，或者飞没了。同样，修为就是让自己的身体既能非常自由、灵活地运动，又要在中的位置上得到相应的控制。所谓调整身体，就是既要解放它，又要控制它；既不能无边地解放，又不能死死地捆住。在现实生活中，如家庭、企业、国家、民族也是如此,要自由,但是不能没有控制,否则就乱套了。

功法试手体验

下面,请一位同学与我试手,体验一下含胸与拔背的滋味。

来,你用力攥住我的胳膊推我。你看,我这是没有拔背来接你的力,我推不过你。再看,我这又是没含胸,只弓背,这样也不行。好了,现在我从含胸的吞与吐相间中出来拔背之意,你就顶不住了,是吧?

功法释义

到现在,无极桩功已经讲了十一个部位,这十一个部位的意各有不同,而且,部位与部位之间还互相关联,有的学员感觉有些分不太清楚。针对这种情况,我建议大家在功法修习中,对出现的问题可以去想,但是不要过于执着,因为所出现的问题需要逐步解决。对新学员来说,首要的问题是重点分别体会十八个部位的意,让每个部位的意逐步得到一个真正的落实,这样一步一步地修习,不断地去解决出现的每个问题。刚开始时,肯定会有很多的疑问和想法,这很正常,不限制出现这些想法,但是又不能太在意,需要细细地体会桩功功法每个部位的意。我当

桩功概论

年在练习无极桩功的时候，是一个部位一个部位去体会练习的，有时候，一个部位练了三个月都没有体会好那个"意"。那时候，我父亲每次不会给我多讲，他认为如果一次讲得多了，这个部位还没解决好就去想另一个部位的问题，那种学法不扎实。他很认真地对我说，你就老老实实地逐个部位解决问题。但是，现在大家都很忙，只能在短时间内集中把十八个部位的功法全部讲完。所以，大家来学习，听是完整地听，回去练的时候要一个部位一个部位去做，反反复复地体会每个部位的意。

总之，这个拔背的真意，须在含胸的吞吐之中去体会。当你对含胸拔背的真意体悟了以后，整个胸腔会有虚空的感觉，而不是死膛的或实实的感觉。老子讲"虚其心"。当胸腔虚空了以后，你会感觉心里特别舒服，感觉胸怀博大，能包容万物，感觉天、地、人三者合而为一，自己与天地相融合，自己变得广阔无垠，其大无碍。拳修就是要寻求这个意。

简述"拔背"功法的基本要领，拔背依然是意拔，避免以弓背等形体动作拔背；拔背依然由拔而不拔、吞吐相间两个对立的东西统一合出来的，而并非就拔而拔；拔背依然由含胸时两肩胛向内、向虚中线扣合，胸部内合之意一出，背部自然出现向外张拔之意。

第二章　太极桩功

功法集体体验

下面，大家一起来体会一下前面所讲的含胸拔背之意。

先想中正安舒，静心凝神，呼吸自然，周身松通……

接着想落足，双足如同树叶轻松地飘落在地面上。落足必提顶，提中有落，落中有提……

提顶必竖颈、叩齿、收颔……

然后，先是含胸，有吞有吐，吞吐相间，同时意将两肩胛尖向内微微扣合，含胸必拔背，背部有张拔之意……

中正安舒，静心凝神，呼吸自然，周身松通……

好，深吸一口气，复原。

随问随答

问：请问在提顶的时候是不是能把脊椎拉直了？而当含胸拔背的时候脊椎是否又弯曲一些了呢？

答：第一，提顶的时候，别忘了不是只有提顶，提的时候足下还要落。第二，当站桩的时候，应该是一个立体，不是一个平面。因为当上提下落的时候，周身还要有向四面八方横向地张开。最终形成的是一个球，而不是只有上下的开，否则人就瘪了。这时的意念是一开全开，上下、前后、左右都开。

不用着急，这需要慢慢来。刚开始站桩还照顾不到全部，在练习提顶功法的时候就重点体会提，在练习拔背功

桩功概论

法的时候就重点体会拔。刚开始学习的学员，可能在做提顶的时候其他部位就顾不上了，例如背就瘪了、不拔了，这没有关系，可以接着再找。无极桩功法在十八个部位所寻的意，不会一下子都合适了，这个意少了就补这个，补这个的时候又发现那个少了，一直在不停地补，不停地找，只有不断如此，经过一段时间以后，逐渐地就找到完整的感觉了。

问：拔背的时候能不能想象是一张横向的弓？

答：可以。肩背不只竖向是弓，横向也是弓。特别是将来修习浑圆桩功的时候，手臂与肩合在一起更是一张弓。这个阶段还只是先找体内局部的意，这是无极桩功的基础。将来到了浑圆桩功的时候，就会出来一个完整的球，所以，修炼是一层一层地练习。

12.空腹

功法释义

空腹，即在腹部寻求空之意。

空腹所求之空，乃是空而实，即腹内空而充盈，如同皮球一样，球内虽空但有气体，且有弹力。

腹部，乃下丹田所处位置。无极桩功在腹部寻意，实为下丹田的修炼。在中国传统的修炼中都有练丹田之说。

从太极内功修炼的角度来理解丹田之丹，就是田字里面十字的交叉点。这个点，是横竖相交出来的，既是横上的一点，也是竖上的一点，两条一横一竖的直线只能交出一个点，而且只有这一点，才既有横又有竖。所以，这个点是"一"，意思是唯一的一点。为此，太极拳将这横竖相交出来的点叫作丹。

那么，丹的属性是什么呢？明白了丹的属性，在桩功功法修炼中才能去体会它的滋味和感觉。简言之，丹的属性就是空。为什么横和竖交出一个点是空呢？因为，这一点，既是横也是竖，也可以说既不是横也不是竖。如果用数学坐标来表示，这一点就是原点。其实，太极内功修炼炼了半天丹，就是要找回原点。因为，人们更多习惯性关心我要往哪儿去，却很少回头去看一看我是从哪儿来，也很少去找一找原来的那个点是什么。我们无法预测，也无法体会最后走到的那个终点是什么状态，但是，我们可以找丹、找原点。因为这一点既是起点也是终点。就是说，我们可能无法去体会终点，但是可以通过修炼来体会原点，体会原点的状态是什么样子。实际上，我们最后的那个终点，也就是原来的那个起点。因此，若找到了原来起点的状态，便会清楚地体会到终点是什么状态。由此可见，太极内功的修炼，目的是在找原点，找回自己开始出发的那个原点。这个原点，就是发而未发的那一点，

桩功概论

也是前面讲的，要从这里开始但还没有开始的那一点。这一点，儒家说，就是"喜怒哀乐之未发，谓之中"。每个人所有的出发，都是从这原点开始的。所以，要找回这一原点。

找回这一原点的最大意义，不只是知道终点是什么状态，还在于认识从起点到终点运行轨迹中的每一点，同样既是终点，又是起点。所以，老子讲"为而不恃，功成而弗居"。有人问，这太极拳的功夫什么时候能学成呢？我的回答是有成也无成，不学了就成了。因为，每一个成都是下一个成的起点。每上一级台阶，都是为再迈上一级台阶打基础。我从跟父亲修炼开始到现在已经几十年了，我曾反问过自己：成了吗？其实离成还是很远很远的，估计我这辈子也没有成，因为我永远要向成迈进，最终能看到的是自己究竟能迈上几个台阶。也正因为太极内功的修炼永无成，所以这修炼才永无止境。它的乐趣就在于我们永远有所追求，那美妙的滋味就在这追求的过程当中去享受和品味。就是说，那最后的结果并不重要，重要的是在这个修炼过程中得到了身心的享受，并重新认识了自己，调控了自己，掌握了自己。因为，每迈一步都是原点的状态，不仅这一步是成功的，而且它又是下一步成功的起点。所以，我们修习太极拳，就是把那高深的理论变成身心的真实体会。这是修炼的根本所在。

第二章 太极桩功

再回到那原点上来，说到底，太极拳修炼就是去认识这个原点、找回这个原点、把握这个原点。认识了原点的属性之后，便可明白太极就是阴阳相合之理。那阴阳是什么？凡是两个相对立的东西，统称为阴阳。就是说，自然界凡是相对立的东西都属于阴阳的范畴。前面所讲原点就是用一横一竖相交来形象地展示阴阳相合。阴阳相合，不只是把阴阳简单地加在一起，而是要相交出"一"这个点。由此又可以说，这个"一"就是太极。从另一个角度来看，这个阴阳相交的点不仅是一，它还是二。因为它里面既有横又有竖，既有阴又有阳。《太极拳论》说："阴不离阳，阳不离阴；阴阳相济，方为懂劲。"太极拳修炼，能把阴阳合在一起，就是把握了原点。

在无极桩功法修习中，凡是相对立的东西都要在身上找到一个交点，在这个交点上，要品出它既有横又有竖、既有前又有后、既有上又有下的那个味道。太极拳修炼最终求得的就是这么一种状态和滋味，它也是太极内功修炼丹田的真义。也就是说，那横与竖、上与下、前与后相交以后出来的就是拳修所寻的原点，修习无极桩功，就是把自己站回原点。因为只有在原点的状态，才是发而未发的状态，也是可进可退的状态。从这一点上来看，桩功的形态是站，但不是站在那儿把自己钉死不动，而是要随时可动，动而欲出。

桩功概论

在静静地站桩状态下，能不能寓出一个欲动之势，这是验证站桩对错的一个标准。这个动势是什么呢？就像我现在站在这里，如同一只老虎，前面有一只羊，老虎准备去扑食它，这种似扑未扑的状态，就是我们所说的动势。猫扑老鼠之前也是这种状态，从形态上来看，关键是猫有一个欲扑之势，这个势表现出来的是神态。猫的这种神态，有一种无形的威力可将老鼠罩住，老鼠怎么也跑不出猫这一神态之势的范围。所以，老鼠一见到猫就跑不动了，它刚想跑，猫总比它快，因为猫的神意始终在控制着老鼠。这就是出神入化。出神，就是由这种静而动出来的动势。所以，站无极桩须站出这种欲动之势，最终会出这个神。怎么出的呢？就是静中要有动，竖中要有横，那一横一竖合出来的。神意无限，它比任何东西都快。我现在神意一想，马上就出国了，再快的交通工具也没有神意快。神意这个东西，确确实实不是虚的，只有真正练出神意来，才能明白它是真实存在的。

功法试手体验

请过来一位同学与我试手，体验一下刚才讲的内容含义。

好，现在，我们俩面对面地在这里站着，都不动手，只体会。我现在是只有静没有动势，就是这种状态。大家再注意看，虽然同样是在这里站着，但现在我静中出了动势，我有了一个要扑之势，你们看（试手学生讲："我感觉脚下站不稳了"），我的神意他感觉到了。现在，我把这个动势收回来，他就感觉不到我对他有什么影响了。可是再看，我的动势又出来了（试手学生讲："我的脚下又飘浮起来了"），所以，这种威胁是真实存在的。

　　静中有动势，就是那原点的状态。没有动势，就不是原点的状态。只要有了这动势，才能可扑而不扑。从技击的角度说，对方之所以被打出去，不是因为我打他的时候他做错了什么，而是他在原始点的时候就错了，因为他没有势，就打不了人。这种没有动势的状态能前进后退吗？根本不可能。可是一有动势就不一样了，他一抬手我就走在他前面。为什么会这样？这不是形体的问题，而是神意的问题。所以，如果神意不出来，即使练了半天动作也没有用。只有在原点上，才能出神意，所有的生命运动都是从原点孕育而出的。因此，没有原点就不能动。如果没有在原点就动，那是盲动、乱动、瞎动。尽管可能会把人打趴下，那也无非是比一比谁年轻、谁力气大，而不是内功的展示。

功法释义

　　前面所讲的内容，其目的是让大家明白，无极桩功是静与动要合在一起，静要静出动势。如果静不出动势，那

桩功概论

个静就是死静，是没有内在东西的静。站桩的时候，一定要从这个角度去理解它和寻求它，体会里面有一种自己可以感受得到的力量，尽管外形很静，"外示安逸"，但内里却如同一座将要爆发的火山，岩浆滚滚。同时，虽然里面的岩浆有喷薄而出之感，但是外面却被"外示安逸"束缚着。还可以这样去体会，内里如同有一只老虎，但这只老虎不能轻易让它出笼，只有用的时候才能放出来。通过站桩来调控自身里面的状态，这是内功修炼核心的一点，一定不能在外形上去求。如果不在内里求，就把桩功站死了，"差之毫厘，谬之千里"，就完全与内功修炼没有关系了。

"空腹"这个功法的修习重点就是在下丹田。下丹田在脐下三指。有人问，这丹田到底有没有一个具体的位置？我的回答是有也没有。但是，从拳修的角度来说，需要人为地设定一个地方，以便于意念在那个固定的地方去体会。那么，把它设定在哪儿呢？假设在人体上分别画一横一竖，这一竖就是虚中线，再从两胯外向里横穿，或者从脐下三指由外向里横穿，这就是那一横，横竖相交的这个点，可作为下丹田的丹。当然这只是人为的规定。这一个横竖相交点是在里面空的地方，而且是看不见摸不着的，所以它是虚空的。太极拳的修炼，恰恰就是把虚的要变实了。衡量自身内功有没有上一个台阶，其中一个重要标准就是能不能做到虚而实之。如果将这虚空的丹在腹内有一个真实的感觉，即虚而实之了，那你的内功就会真的起作用了。

内功修炼所说的意念，不单纯是"想"，还必须要成"象"。我们经常说"想象"这个词，虽然"想"是大脑的思维活动，但是想的那个意是不是真实了，关键在于出没出"象"，要把这"象"真实地感受到。就像齐白石画的虾，越看越觉得这虾是活的。当读一篇好作品的时候，你之所以能流泪，能感慨万分，能和主人公的命运相交，这不是文字本身的作用，而是文字所表现的内在之意与你产生了共鸣，它在你的脑海中已经成"象"了。所以，只有把意练真实，才能产生真实的作用。

无极桩功所求腹之意是"空"，腹一定要空。有的学生问，老子讲"虚其心，实其腹"，您怎么讲空其腹呢？实腹和空腹，这两者之间到底是什么关系？区别在哪儿呢？我认为，实腹与空腹，其实是一回事。老子是把实腹的结论摆在这里，无非他没讲怎样去实腹。我所讲的空腹是个过程，是讲怎样做才能实其腹。腹要先空，空了以后才会有实。比如一个倒满水的茶杯，它实不实？实，因为里面有水。杯子为什么能倒进水？因为它原来是空的。杯子如果已经满了，那水就倒不进去了，一倒就全流出来了。所以要先空，不能先满。同样道理，人说话不能说

桩功概论

满，做事也不能做满，更不能做绝。若不给别人留空间，实际上就是不给自己留空间。满则溢，物极必反，这就是道。所以，腹若要实，必先要空，腹是空而实。太极拳就是练空，是体会空而实。空才能有实，实了还要再空。空与实是对立的，但要往一块找，找空而实。任何物体都是这样，空而实才有用。例如，房间空了才可住，水库空了才可蓄水，等等。我小时候母亲对我讲，再好吃的东西也别吃多了，只吃八成饱，留有余地。所以说，空为体，实为用，就是这个道理。无极桩功法，在腹部就是找空而实的感觉，体会那种既空又实、既实又空的感觉，依然是空与实异而同出。

天有三宝日月星，人有三宝精气神。道家讲："炼精化气，炼气化神，炼神还虚。"我们且不去研究道家对这"三炼"的释义，仅从太极修炼来看，这"三炼"非常有道理，而且并不是什么神秘的事情。下丹田，是人的元精所在之地，生命的能量就在这个部位。人的生命运转，靠的就是炼精化气、炼气化神、炼神还虚。我认为，这"三炼"既是道家养生的手段，也是太极拳修炼的三个阶段。太极拳修炼，就是让精气神之间一生二、二生三、三生万物，最后合成一个圆，这样才圆满。

由上述可见，不论是道家养生，还是太极拳修炼，下丹田都有着无可替代的重要作用。腹部如同一口锅，也就是古人所称的釜。腹者，釜也。精化气，就是在这里完成的。在太极内功中，将下丹田称为气机，它就是全身内气产生的地方。因为，气不是以气的形式永远存在，内气之来源是由精转化来的，因而称作炼精化气。如同汽车发动机产生的压缩气体，是由汽油转化来的，而不是提前存一大堆气在车里。这腹就像一台汽车的发动机，我们人体的元精就像油箱中的油。汽车发动是由泵把油箱里面的油打到发动机去，然后点火，油燃烧产生气，气产生压力，经过冲程压缩，形成供给汽车的动力。人体也一样，腹部要炼精，炼精产生内气。所以，腹只有空了，才能给炼精化气腾出空间，给内气留出空间。因此，腹要找出空而实的感觉，要在转化气的过程中让这个地方发热。站桩的时候，在下丹田这个地方要有炼精化气的意念，逐渐地会感知到下丹田处微微发热。当出现微微发热的感觉，就说明炼精化气实现了，并且小腹会有一种充气的感觉。所以，腹部这个地方不能像填满了石头一样硬邦邦的。很多健身的人练腹部六块肌肉，结果练得下丹田这里死死的、硬硬的。桩功修习不去管那六块肌肉，而要寻求里面是否有弹性，有没有空而实的感觉，这是关键。初学者现在的问题，一是没有这种空而实的意识，二是由于多年的积累，腹部里面已经不空了。所以，要通过桩功修习空腹功法，让腹部空出一个真实来，产生一种气感。

桩功概论

初学者可以从站桩当中去慢慢地体会。据我所知，有不少人站桩站了一段时间后，腹部就会有微微发热的感觉，其原因是站桩全身松通以后，就会产生腾升而鼓荡的气感，小腹微热而充盈。很多人练气沉丹田，使劲呼吸把气往下压，结果那个气总是到不了丹田，反而把肚子越压越大，大腹便便，气没出来肚子倒鼓起来了。太极内功所说气沉丹田，不是用那种方法沉出来的，而是通过炼精化气出来的。

拳修实践证明，只要腹部练出了热感，充盈了，那就是气沉丹田。腹部这个地方，不但要通过修炼让它热起来，而且还要注意保暖，特别是季节变化的时候。无论是拳修还是养生，都不提倡肚脐总在外面露着，现在有不少姑娘穿露脐装，这是很不好的。我小时候夏天在家里睡觉，天气非常热，洗完澡以后什么都不穿，但是我母亲会在我腹部盖一个毛巾被，这个地方一定要保暖。

腹部炼精化气，使生命的内气在这里充盈起来。炼精化气以后，气向上升腾，升到中焦后两气相交换，一个升腾一个下降。交换以后，气上升到胸部变温暖，气再往上升到头部变凉，人的健康和精气神就在这里体现出来。就怕颠倒过来，例如，腹部整天冰凉，气在胸部堵着下不来上不去，导致头部整天发热和昏昏沉沉，不用到医院检查就知道是病了。所以，该热的地方要热，该温的地方要温，该凉的地方要凉。

健康就是平衡，就是中。中是什么？中就是合适的状态。中了就没有病了。养生有一个六字诀：嘘、呵、吹、呬、呼、嘻。呵是什么？冬天在外面冻得伸不出手来怎么办？一呵就热了。小孩被热水烫着了，妈妈立刻用口对着热水烫的部位一吹就凉了。这都说明气在身体里是可以调整冷热变化的。当我们有热症的时候，想散发就要呵。比如上火了牙疼时，就没有用吹的，都是用呵，一呵就觉得舒服多了。有寒症的时候，身体一冷一热，此时用嘻，牙齿相合、嘴唇微闭，就会感到这个气是不冷不热的。六字诀的本质就是自己调整体内气的冷热平衡。

太极拳修炼，每天都可以自己检查自己的身体状况，不一定非要去医院找医生。对于自己的身体，最好的医生就是自己。因为在病象、疼痛等还没有出来之前，实际上那病的苗头已经有了。这个苗头是现在所有的仪器无法检测到的，仪器是滞后的。老子在《道德经》中讲，天地之间有一气，它动而欲出。后来科学家发明了气体分析仪，分析出空气里面有氧、氮、氢、氦等成分，其实能够检验出的这些成分只是很少的一部分，科学还没有到那个程度。为什么人工合成的中药起不到那么大的作用？就是因为现在的检测手段很多成分是检测不出来的。还是相信自己吧！因为只有自己才知道自身内在的感觉，在病的苗头没有出来之前自己的感觉是最真实的，要学会善于捕捉它。只有回到原点以后，才能捕捉到那个唯你独知的信息。检查的方法很简单，每天站无极桩的时候，要能站出下丹田是温热而充盈的，中丹田是温和而通畅的，上丹田是清凉而轻灵的，三个丹田处于这种状态，人的精气神三者合一，上下自然畅通一气，这便是人体最佳状态，也是最舒适的自然状态。如果下丹田是冰凉的，中丹田是堵的、不通畅的，上丹田是热的、头昏眼花的，那身体就已经发出信号了。所以，当明白功法之理以后就可以自己运用它。这些道理不是随便说的，是身体里面内气的运转规律告诉我们的。

简述"空腹"功法的基本要领，空腹功法修习实则是下丹田的修习；下丹田修习实则是阴阳合一找原点，是以丹田炼精化气；炼精化气是外示安逸，内出动势。这样，腹部先空后实、既空又实，实出丹田温热而充盈的感觉来。

功法集体体验

下面，我做提示，大家集体体验一下空腹功法的含义。

首先，意想中正安舒，静心凝神，呼吸自然，周身松通。然后，意想腹部是空的，这空是空而实，这实了还要空，空中有实，实中有空，寻求这样一种滋味，体会下丹田处充盈饱满及微热的感觉。接着，再体会下丹田微热之气沿着虚中线向上升腾，升至中丹田处感觉虚空通畅，此处两气相交换，上升之气变温暖，再上行到上丹田，上升之气变凉，使上丹田出现清凉轻灵的感觉。

好，大家深吸一口气，复原。

(随问随答)

问：练丹田就是练习腹式呼吸吗？

答：不是练腹式呼吸鼓肚子，是从意上练。为什么叫空而实呢？首先要有空的感觉，比如我拿的这个水杯一定先是空的，然后里面装水了，这样才会有实的东西出来。如果是一个木头做的假杯子，虽然看起来是杯子，但里面是实的，那就不行。一定先要空，只有空的里面才能转化出实。

问：李老师，您讲这腹部要空而实，这实是代表实物吗？

答：实是指最后出来了一个真实的感觉。虽然这腹是空的，但经过炼精化气以后，最后要落实在里面有一个真实的感觉，就像充满了气一样，而且是暖暖的滋味。空腹功法所求之实，最后要落实在下丹田充盈和温暖上，而且它是有弹性的。这个实，是指确实和真实的感觉，而不是练肌肉硬邦邦的那个实。人随着年岁的增长，丹田有充盈和弹性的感觉会越来越弱。如果你到了七八十岁，腹部还能有充盈和弹性的感觉，那就说明你非常健康。

问：在日常生活中，空腹是指没有吃早饭，无极桩功的空腹只是意吧？

答：你讲得对。空腹，是因为你不空，所以才要空它。比如过节的时候吃得多了，我就靠站桩帮助蠕动和消化。我们讲的所有的东西都是内动，外边的任何动作都是由内而发的。比如有人平时累了就去找按摩师，按摩一下全身就放松了。但是里面的五脏六腑怎么按摩呢？人感觉累，不只是皮肉累，里面的五脏六腑也累，不可能让外科医生将身体划开以后按摩一下再缝上。所以，我们要靠内动把里面按摩起来。站桩，就是要站出意的内动和气的内动，自己给自己不断地按摩。有句话讲"内不动外不行"，必须里边动外边才能动。

13. 活腰

（功法释义）

活腰，即在腰部寻求活之意。

腰是人体之中，处于人的上下中间，是中位，是一个重要的枢纽，是人体之主宰。腰在人体承上启下，起着调整两头平衡的作用。腰一活，两头全活；腰一死，两头全死。

从拳修的角度来看，要做到中正安舒，腰必须活。腰活全身活，腰死全身死。所以，拳论讲"腰为主宰"。在传统武术中，腰被作为旗，就像是战场上的战旗，腰往这边一挥身体就后退，往那边一挥身体就前进，它起到的是总指挥的作用。

打个比方说，一辆汽车不管是四个缸、六个缸还是八个缸，最后都要把发动机产生的动力传递到变速箱，发动机只管发动，真正控制和调整汽车动力的是变速箱的功能。在拳修中，如果说腹部是发动机，那么，变速箱在哪儿呢？是腰。腰作为变速箱直接控制和调整着人的每个动作，如前进、后退、左行、右转等。腰主宰着人的所有运动。因此，腰必须要像变速箱一样灵活运转。拳修所有对腰的要求都是活腰。腰如果一死，就如同变速箱一下子转不动了，尽管发动机还在运转，但是汽车却走不动了。如果与人交手，谁的腰活谁就能取胜。我的腰如果被对方拿死了，那我就被人所制。所以，任何时候都要把腰放在所有动作的主宰位置上，要随时随地保持它的灵活性。

其实，我们在日常生活中都有体会，不管是走路，还是做各种运动，关键都在腰。腰如果一坏，就什么运动都不能做了。腰要活，活腰的关键在于两个命门。命门如

❾ 桩功概论

同变速箱里面的两个齿轮，它们互相咬合转动，把发动机产生的动力通过主轴传到前后轮的驱动装置上去。所以，腰活不活，就在于一左一右两个命门。在桩功的修习中，意要在两个命门上去体会它们灵活转动的感觉和滋味。杨氏太极拳老谱《太极平准腰顶解》中很清楚地告诉我们，"有准顶头悬，腰之根下株。上下一条线，全凭两手转。变换取分毫，尺寸自己辨。车轮两命门，一纛摇又转"。其含义是命门就像两只轮子一样，腰就如同纛。古代两军交战，不像现在这样发号施令，那时候全靠摇旗，旗往前一摇，军队就向前冲，往后一摇，军队就后撤，纛就是指挥前进后退的那个东西。所以拳论讲"腰为纛"，重点强调这两个命门的作用。

汽车发动机产生的动力经过变速箱出来以后，还要经过一个主轴，然后通向前后驱动，也就是前轮和后轮。人也一样，两个命门之中有一根主轴，就是我们的脊椎。这条大椎就相当于汽车的主传动轴。动力由腹部产生，经过腰的变速，把动力传递给了大椎，由大椎再驱动四肢。两只胳膊就是前驱动，两条腿就是后驱动。这个比喻，让我们很清楚地认识了自己，动力源在腹，变速在腰，传递在大椎，驱动到四肢。

汽车轮子自己没有动力，是由发动机提供，然后通过变速箱传递来的，它完全听命于变速箱的变化。这就是说，轮子不会自己乱转，因为它没有思想，不给它动力就不会动。可是人就不一样了，老是自以为是，四肢经常不听命，不受"变速箱"的控制。我们现在从桩功开始修炼，就是要让自己的四肢受"变速箱"的控制，使其所有的运动都受命于腰的指挥。拳论讲"主宰于腰而行于手指"。动力不在手本身，要想让手这个轮子能转，一定是由腹部发动，然后经过腰这个"变速箱"高效率地传递，最后到手。手只是表象，实质在腰。腰这个人体的"变速箱"一定要能灵活运转。变速箱里面要有润滑油，使它能得到充分润滑，这样齿轮运转起来的时候才能非常灵活。如果齿轮不能灵活运转，而是卡住了，那动力就不可能传递到轮子上。

人体大椎，俗称大龙，它是传递动力的主轴。要想大椎把来源于腹部气机产生的动力、经由腰部两个命门"变速箱"的转换、然后顺利地传递到四肢上，关键在大椎上的"三关"。这三关是尾闾关、夹脊关、玉枕关，它们分布在人体的主轴上，"三关"控制着大椎的传递作用。其中，玉枕关在大椎的顶点，夹脊关正好对应着膻中穴，尾闾关就是尾巴骨。大椎作为主轴要想高效地传递动力，腰作为变速箱必须灵活，"三关"必须开合自如。太极内劲在用的时候从哪里出来呢？拳论讲"力由脊发"，动力就是经由这条大椎传递出来的，而不是胳膊或大腿的力量。

☯ 桩功概论

老子讲："道生一，一生二，二生三，三生万物。"我们讲无极桩功功法，大家会发现都是三，人体分三盘是三，分九节是三乘三，分十八个部位是三乘六，还有三穴、三丹田，现在又出来三关，所以处处不离三。

从养生方面来看，人要提高生命的效率，腹要空而实，腰须灵活地运转，使腹部产生的内气无滞碍地放大，传输到人体各个执行机构去。这样，人体这部机器就能正常地开动运行。就怕老牛拉破车，发动机有气无力，变速箱嘎嘎直响又缺油，齿轮缺一个也凑合着走，这就离报废不远了。在现实生活中，我们做很多事情的时候，往往不太在意腰的作用，其实腰很关键。人老了以后，腰椎就会出问题。因为，人在做任何体力劳动的时候，都离不开腰，而多数人又都不知道怎样活腰，只知道拿腰用力，这样腰就越来越僵死了。

从拳修的角度来讲，必须保持腰活，做任何动作的时候，都是由活腰而发，以活腰为主宰，这是桩功功法对腰部的基本要求。拳修经验证明，腰欲活起来，腹须空而实，没有腹的空而实，就没有腰的活；同样，没有腰的活，腹部炼精化的气就传送不出去。

简述"活腰"功法的基本要领，一是要明理，腰部同腹部一样，是人体的核心部位，也是拳修的重点部位。二是要懂方法，活腰不是形体上的转腰，而是用意活，用意找到腰部两个命门如同车轮转动的真实感觉。三是要抓重点，腰与腹二者处于相连的关系，前为腹，后为腰。腹作为发动机须空；腰作为变速箱须活；大椎作为传动轴，其所在的"三关"须开合自如。这样，才能将腹部产生的内气灵活地放大，并传输到各个执行机构去，使人体这部机器整体地开动起来。

功法试手体验 ❶

下面，请过来一位同学与我试手体验一下活腰的含义。

你用力按住我，现在把我按死了。按死的原因，是因为你把我的腰按死了。这时候，我身体其他地方都不动，只把腰活起来，就马上解套了。虽然你的大力能把我按死了，可是我的腰一活，整个身体就全活了。所以腰是主宰，一个人不能没有腰。

现在你来体会一下活腰的感觉。我按住你，顶住了，你别处不管它，只需要把腰活起来。就是这么神奇，把我打出去了。再来一次，别处不管它，就管腰，要配合起来，把它们分开，你一管别处就坏了，因为你被按死的根就在腰。

所以说太极功夫一点儿都不神奇，就这么简单。难者不会，会者不难。内功这个东西不是高不可攀，但是需要自己用身体去感受，需要遵道而行。

桩功概论

功法试手体验 ❷

请再过来一位同学体会一下。

你先用力攥住我的两只手,体会一下什么是外动,什么是内动。现在就是外动,是我的肢体在动。而现在是内动,你看见的外边的动是因为里面在动。大家注意看,只有外动我们俩就顶住了,现在,当我有了内动以后,他就顶不住了,我这里的内动就是活腰。

随问随答

问:李老师,您讲腹空而实以后下丹田处会有暖暖的感觉,那么,活腰以后腰部会有什么感觉呢?

答:当腹部有了温热而充气的感觉后,腰在意上就会有一个向后凸的感觉。当腰一撑起来,整个人体就会形成一个完整体。所以,腹部因空而实产生气感以后,腰就有被撑开的感觉,这样才是活腰。腰老是处在随时可动的状态,要找到这种感觉。

问:老师,您前面分别讲了胸、背、腹、腰,请问这四个部位有什么联系吗?

答:胸、背、腹、腰这四个部位,从大的方面看,它们都处于人体中盘的位置,也是中丹田与下丹田所处的位置。人体的中盘是生命能量的发源和传送地,对人的生命很重要。从拳修的角度看，人体这四个部位不仅很有意义，而且极其重要。无极桩功将这四个部位分开修习，分开以后还要合起来。能不能将这四个部位分好，决定了能否将人体中盘合好。所以，从基础功法修习，必须先将每个部位分好，在分当中，这个部位要与另一个部位合着找，例如，含胸当中找拔背，活腰之中找空腹。总之，分不是目的，分是为了合，要在这分与合当中体会味道。

问：腰活的关键是什么？

答：首先要松，不能紧，腰的灵活关键在于松。同时还在于腹的空，如果腹不空，那腰就不会松。所以，只有空腹而松腰，腰才能活。腰活还牵扯到后面要讲的坐胯功法，以及拔背功法，所以，活腰不是一个独立的问题，而是一个综合的结果。腰处在人体一个主宰的位置，因而，其他地方都要服从腰。可以意想腰部两个命门是两个轮子，它们在不断地转合。活腰不是外表上的转腰，而是要在里面用意找到轮子转动的真实感觉。找到以后，就能感觉到里面气充起来了，那腰就真的活了。身体活不起来的原因不在肢体上，而在腰上，只要腰一解放，全身都会活起来。

14.坐胯

功法释义

坐胯，即在站立状态下寻求胯部落坐之意。

胯，亦称大胯，是人体骨骼结构最大的地方，与中盘的腰相连。胯同腰一样，处于人体的重要位置。胯与膝、踝、足构成了下盘，胯则是下盘之根。胯关系周身能否松通轻灵。人衰老了，步履蹒跚，老态龙钟，迈不开步，这不是脚和腿的问题，而是胯提不起来了。老北京有句形容人老的话叫"拉了胯了"，就是胯不听使唤了。在人体的承重结构上，胯具有支撑的作用。在太极内劲的应用中，胯起到无可替代的重要作用。太极拳的分脚、蹬脚及提膝等，都是胯在起着根节的作用。所谓"腰击胯打"，就是腰与胯在实战中的功用。

在现实生活中，一部功能正常的汽车，不管是发动机还是变速箱，都要很稳当地放在汽车的底盘上，而且还要弹性连接，不能汽车开起来以后发动机和变速箱都哗啦哗啦地响，它们要形成一个完整体。人体也一样，我们的"发动机"和"变速箱"要想正常地工作，也要安稳地放在底盘上。人体的底盘是哪儿呢？就是胯。胯承接着人体的发动机、变速箱、大轴等重要部件，并且它还要连接前后驱动，发挥着承上启下的作用。

第二章 太极桩功

站桩能否站出中正安舒，胯是重中之重。为什么对胯的要求是坐胯？因为，只有胯坐下去人体才会稳，才能承接好人体的发动机和变速箱及大轴。坐胯以后，整个人体就松放下来了。过去在武术中有个不传之秘，看一个练功人站桩或打拳对不对，就看那胯坐下了没有。有人问，站桩本来是站着，站时的胯怎么能坐下？太极拳修炼就是这样，站桩虽然是站着，但是要想站好桩，必须反向求，站立的反向就是落坐。如果问站桩有什么奥妙的话，就是这三个字：站似坐。可以讲，这是桩功的诀窍。很多人站桩多年，由站求站，站了一辈子也没站出功夫来，其问题不在于怎么去站，而是没有坐下，胯没有松落下去，不敢坐下去，这样就找不到中正安舒的滋味。有人问，为什么您讲课能站好几个小时，而我们坐着都感觉累？我虽然外表是站着，但我内里是在坐着，诀窍就是在意上找"站似坐"的感觉。坐和站，"此两者同出而异"，它们一定是相反相成的。如果在站立中找到那落坐的滋味，说明你桩功站对了。

当年我父亲问我："你坐着打拳了吗？"我说："当然是站着，打拳怎么会坐着打呢？不可能。"父亲接着说："身体是站着打，但你必须能'坐下'！"站着像坐着一样，这样身体就完整合一了。站桩和练拳都要求稳如泰山，练出那浑厚的劲来，其诀窍就在坐胯上。站着却要

桩功概论

坐下，不是真的坐在椅子上，而是站出那种坐着的状态。如果做到了，那稳重浑厚的东西就出来了。不论你怎样灵活地转动，在灵动中这座大山一直屹立在那里。拳论讲"静如山岳，动似江河"。这"静如山岳"就是坐出来的，"动似江河"则是动出来的，二者合在一起，山水相合，这样一幅完整的山水图就出来了，太极拳的功夫也就出来了。所以，胯一定要坐下来，也就是松落下去。站桩的时候，要细细地体会并找到这个"站似坐"的意。

怎样才能在坐胯的同时还能非常灵活地动起来呢？这就要在落坐的同时，还要有一个上提之意，要始终用意提着这个落坐。自身就如同是一个沉甸甸的球，但是这个球不是落死在地上，而是悬浮起来的一个沉球。宇宙万物的本质就是这样，不管是月球、地球还是其他的星球，无论多么厚重，它们都是在浩瀚无垠的宇宙中悬浮着，因此才能不停地旋转，既公转又自转，年复一年永无止境。拳修就是要把自己的身体打造成这样一个球，一个不在地面上落死的球，一个悬浮起来的球。

太极拳修炼始终要把落与提这两个东西合起来，既有稳厚地下落之势，又有轻灵地向上悬提之意。当年白师爷跟健侯爷学拳，在白师爷要离开健侯爷的时候，健侯爷跟他讲："我最后告诉你一个东西。"他就给白师爷讲了四个字，后来白师爷又传给了我父亲。这四个字非常非常重要，就是"体似悬球"。无极桩功就是要把自己修成一个悬起来的球。这件事情是白师爷亲口告诉我的。我父亲跟白师爷学拳的时候经常带我一起去师爷家，他们老一辈的功夫我都亲眼见过，那真是了不得。

有一次，我和我父亲去白师爷家。他家就三间小房，那天他正在家里刷墙，趿拉着鞋，一手提着小桶，一手拿着刷子，在墙上刷大白。正好有一个姓周的，原来在协和医院工作，他也练拳，而且什么都练，还练过摔跤。他个子很大，将近一米九，大家都管他叫"大个周"。他一进白师爷家的门，看白师爷在刷墙，就想开个玩笑。他想：都说你有功夫，现在我从后面偷袭一下，看看你是什么反应。他就从后面悄悄走过去在白师爷后背上拍了一下，白师爷突然一回身，这个"大个周"一下子蹭蹭蹭连退三步，被摔到了后面的墙上。再看白师爷还是一手提着桶一手拿着刷子。我说："师爷，您怎么把他打出去的？"白师爷说："我跟你说啊，靠什么打人？吊起来打。"当时我不理解，但是现在理解了，确实是吊起来打人，只有把自己吊起来才能运用自然的重力。别看白师爷这么简单的一句话，过去可是不传之秘，那个时候把这个都当作秘密。其实，中国的传统文化本来是没有秘密的，这些东西都是客观存在的，只是被人为地秘密化了。

我现在传授太极拳道，就是要返璞归真，在我这里没

桩功概论

有什么秘密,我就想让更多的人知道什么才是真正的太极拳,这样做才无愧于祖宗,无愧于后人。我认为,前人开创、留下了这么好的东西,如果不传承下去,反而是对不起前辈了。我们大家都有责任和义务把老祖宗的好东西传承下去,留给后人,这样才能后浪推前浪。现在我不是不传,而是希望它能广传,让更多的有缘人得到它,并传承下去,这才是我最大的愿望。所以,修炼的结果是要把自己悬起来,既是一个沉甸甸的厚实的球,又是一个悬浮起来的球,站桩就要站出这样的状态和滋味。

"站似坐"的关键就是胯能坐得下,即落坐,要找到胯下没有椅子如同有椅子的那种滋味。如同落足功法一样,脚下没有冰但要如履薄冰,同样,胯下没有座但要似有座、能坐下。太极拳修炼心法的奥妙就在这里,有意无意是真意。拳修永远是反向求,有敌似无敌,无敌似有敌。在这种情况下,有和无、无和有,哪还有有和无?没有绝对的有和绝对的无,这才是拳修所求的境界。

简述"坐胯"功法的基本要领,胯要提得起,须从落中求,因而,胯要松落坐。站桩,包括任何时间的站立状态,都应踏踏实实地把胯部松落下去,带动周身松落下来,这样才能由胯这个枢纽把人体上、中、下三盘连接成一个完整体。如果能够体会到站着如同坐着的滋味,那就做到了中正安舒,一定是很舒服的感觉。

第二章　太极桩功

功法试手体验

来，请过来一位同学与我一起体验一下。

刚才讲的是"站似坐"，现在你体会一下"坐似站"。你坐在这椅子上，我按住你，你起不来吧！你现在把意调整为坐着如同在站着，百会穴有上提之意，这样整体地向上，你看，我按不住你啦！大家记住，整体永远大于局部，我刚才按的是局部，所以就按不住他。

功法集体体验

下面，我做提示，大家站起来体会一下。

先是中正安舒，静心凝神，呼吸自然，周身松通。

然后，分部位做：上提顶，下落足，竖颈，收颏，叩齿，挂肩，垂肘，塌腕，展指，含胸，拔背，腹空而实，腰松而活，胯松落坐。

现在重点体会胯松而落，有坐下之意，同时又有上提之意，胯一落一提，落中有提，提中有落。

最后，中正安舒，静心凝神，呼吸自然，周身松通。

放松，深吸一口气，复原。

随问随答

问：老师，您讲站着要有坐意，坐着要有站意，那这寻求的是什么啊？

> 桩功概论

答：太极拳修炼的核心是求中。求中的方法是逆向思维，反向求。不论是站桩，还是日常的行为，都要将自己过去常规的习惯颠倒过来，与习惯反着来。这样去修炼，必然出功夫。例如，你用右手端茶杯时，意放在左手上，即形是右手端，意是左手拿，这样有左有右，阴阳平衡，求出一个中，中就是原点，就是我们修炼的太极。

15.敛臀

功法释义

敛臀，即臀部要有内敛之意。

臀，由两块肌肉组成，是大胯的配重，对于身体的平衡起到十分重要的作用。臀是人体外形比较显露的部位，须有内收内敛之意。臀若不内敛，容易溜臀，俗称撅屁股，既不雅观，又影响人体中正安舒。

臀与胯，从二者所处部位看，是前后相连的关系。因而，在无极桩功修习中，敛臀与坐胯也要相系相联。坐胯必敛臀。臀部之意是敛，敛是内敛、收敛的意思。如同含胸必拔背的关系一样，要想坐胯，就必须敛臀。若臀不内敛，则胯就坐不下去。大家在站的时候，坐胯与敛臀这两个意可以放在一起去体会。

前面接连介绍了腰、胯、臀三个部位的功法修习之意，这三个部位的功法分开来说，就是活腰、坐胯、敛臀，但在具体修习中，必须是合着去找意。其中有一个部位的意找不对，就出不来那种周身松通的滋味。因为，胯不落坐腰就会僵死，臀不内敛腰也不能活。要想腰活起来，必定是坐胯又敛臀。

从功法释义的角度来说，为便于初学者理解，是对每个部位分开来讲，但在修习当中要将相应的部位合着去找意。目前，无极桩功所分的十八个部位还没全部讲完，因而在功法修习中找到的感觉肯定是不完整的。这没有关系，现在重点是体会腰、胯、臀三位一体。这三个部位是人体的主宰区域，起着承上启下的作用。这块区域一僵死，身体上下就不通了。此处若不开，两边必然截死。所以，腰、胯、臀必须三位一体地寻意，将这个区域通开。刚开始站桩时存在的主要问题是不会分而合，要么各是各的分家，要么捆在一起僵死。桩功功法的修习，就是要先能分得开，然后再合起来。就像冰箱里面冻的肉馅，必须先把它融化开，然后再将它搅在一起，这样肉馅才有用。

人体如同一部汽车，必须是没有一个地方滞碍，都能灵活地运转。从发动机到变速箱再到大轴，每个连接的地方都有轴承。学机械的同学都知道，有一种轴承叫压力轴承，上边来的力越往下压它就越转，越压越活，能将颈项来的力在这里给转化了。这个"化"字的意思，就是一横

桩功概论

一竖,竖来的要横化,横来的要竖化。腰、胯、臀就是这种轴承,一压就转。我看过一个报道,有一个小孩从五楼掉下来,下面有一个保安给接住了。小孩倒没事,但是那个保安却全身多处骨折。其实,小孩竖着掉下来的时候,下面接的人要竖来横走,横着给孩子一点儿力。如果给的力十分合适,同竖向的力平衡了,那么小孩不但摔不着,而且那保安也不会摔倒,顶多向前跑几步。所以,竖来的要横化,横来的要竖化。

简述"敛臀"功法的基本要领,臀部要有内敛之意,但敛臀要与坐胯、活腰合起来去寻意,从而使腰、胯、臀三位一体、既分又合。

说是说,做是做。功法光听明白了不行,这东西还是我的。大家要把我讲的每个功法变成自己的体会,都能做出来,必须做明白了,这样才能变成自己身上的东西。下面,进行功法体验。

功法试手体验 ❶

现在,我与这名同学试手演示一下。

我现在摁着他,大家看我把他摁住了。摁住的原因不在摁的部位,是把他的腰、胯、臀摁死了。请这位同学注意,你必须把腰、胯、臀这三个部位分而合,让它活起来,而且起到主宰。身体的主宰在腰、胯、臀,不在我摁的这部位。

再体会一下，这样也不行，你把这三个部位分家了。三个部位僵死不分不行，分了家合不起来也不行。

来，你体会我怎么做。你用力摁着我的胳膊，现在，我的腰、胯、臀这是分着，非常活，它不死，现在三个部位合起来了。合以后才有用，不合就没有用。再体会一次，请大家注意看，这是不分，这是分开了，一分一合，用上胯了，用上腰了，也用上臀部的两块肉了，都用上了，他就摁不住我了。前面讲的这部分内容大家要仔细体会。

(功法试手体验❷)

下面，再请一名学生过来与我体验一下。

来，你用力攥住我的胳膊，你看，我这不是敛臀，撅起屁股来了，我这胯也松落不下去，这样我就被你拿住了。但是，我这臀一内敛，胯马上松落下去啦，腰也活了，你这就挡不住我了！

(功法集体体验)

下面，我们大家一起三合一去找敛臀的感觉。

站桩的时候，一定要每个部位都巡查一遍，随着我提示的顺序，每个人的意要动起来，循环起来。请大家跟随我的提示做：

中正安舒，静心凝神，呼吸自然，周身松通……

桩功概论

足下平松而落，如履薄冰，涌泉穴有虚空之意，落而提、提而落……

足要落，顶要悬提，提而不提，不提而提……

提顶必竖颈……

竖颈、提顶要收颏，下巴颏有微收之意，收中要有放……

肩如挂，肩要挂而沉……

挂肩必垂肘，肘不离肋，垂肘而护肋……

腕要塌，塌腕要展指，内外劳宫穴有落而提之意，落提而虚空……

胸要有内含之意，吞吐为含，既吞又吐，不吞也不吐，吞吐而含……

含胸必拔背……

腹空而实，腰松而活，活腰必坐胯……

坐胯必敛臀，坐胯、敛臀才能活腰……

下有落，上有提，胯要坐，细细地体会站似坐的感觉……

身要静，心要静，刚才各部位的意要让它动起来，以形求意。下面，再走一遍：

足下如履薄冰而落，百会要有向上悬提之意……

提顶而竖颈，收颏、叩齿……

肩要挂，挂肩而垂肘，垂肘、塌腕而展指……

含胸必拔背，腹空而实，腰松而活……

胯似坐，坐胯而敛臀……

好，放松，缓缓地深吸一口气，复原。

(随问随答)

问：在无极桩功法修习中，为什么腰、胯、臀这三个部位既要分开，又要合起来呢？

答：可以说，腰、胯、臀是三位一体，组成人体的主宰区域，起着承上启下的作用。这一区域如果僵死了，人体的上下两端就不通了。在太极拳的修炼中，腰、胯、臀这三个部位既要分开，又要分清，在分开的基础上，再合着去找那个感觉。例如，要想活腰，必须坐胯、敛臀，要想敛臀必须坐胯、活腰，三者相互关联、互相影响。因此，必须是分而合。

16.扣膝

(功法释义)

扣膝，即双膝盖微曲、膝尖有向内扣合之意。

膝关节如同上肢肘关节一样，是下盘的中转和枢纽，起着支撑、传递、运转和控制方向的作用。

在敛臀的基础上，如果膝盖这个部位是挺直的，那胯还是坐不下来。所以，膝要微屈而内扣。即膝在微屈的基

桩功概论

础上，两膝尖要有向内扣合之意。扣是什么意思？比如衣服上一对扣子，要把它们分而合地扣在一起。两个膝盖就是这样，左右膝要找到相互扣合的感觉，这样膝部畅通、灵活，而且下盘稳固。两膝盖虽然是分为左右，但左右膝要有相连之意，二合一了，承载能力就大了。两膝扣合以后，就形成了一个完整的感觉，此时膝盖感觉不到受力，但有一种很充盈、稳固和灵活的感觉。

前面曾讲过，以人体中线为界，所有身体两边的东西都要有一个相扣之意。两耳要往一起扣，两肩要往一起扣，两肘要往一起扣，两手要往一起扣，胯的两侧要往一起扣，两足要往一起扣，等等，左右相向有一个扣合之意。但是，这个扣不是往一起用力夹。

在功法修习中要慢慢地体会，当你做到了坐胯、敛臀、活腰三位一体以后，那膝盖就会很自然地出现微屈而扣合。当膝微屈而扣合以后，你就会体会到膝部有圆和曲的感觉。大家都知道圆的承载力最大。当膝部有了曲和圆后，就会把落在膝部这个点的力给分散了。

膝微屈而扣合。那么，到底这膝屈而扣是什么滋味？膝屈到什么程度合适呢？

膝盖微屈，膝尖有向内扣合之意。但不是真的像扣子一样扣到一起，那样就不对了。只需有内扣之意，意想把两个膝尖往一块儿一扣。膝部屈到什么程度？是屈大一点还是小一点？我的体会是无可无不可，不是以大或小为标准。那么以什么为标准呢？这个标准就是一个中心，即中正安舒。中正安舒的滋味是最合适、最自然的状态。太极拳修炼，就是通过桩功返璞归真，找到最舒适、最合适的那个状态，即自自然然的状态。站桩不是为了做一个样子，站的跟死木头似的，那样就不自然了。站是为了求得既自然又舒服的状态，此时周身是通畅的，没有僵滞，内里的能量才能够有感即发。

膝扣而微屈，需要自己调整状态，每个人膝部屈的程度可以不一样，不能拿角度尺去量，屈到什么程度因人而异，找自己最舒服、最合适的那个状态就对了。但是，也不是绝对没有界限，"常有观其徼"，有形就有边，不是无边，须在一个适度范围里面来规范和寻求那个合适的点。

边是什么？膝部既然是屈，就不是挺直，就要屈出一个界限来，就有一个边。"膝不过脚尖"。膝过脚尖就叫跪膝，这样膝盖就折了，不灵活了。这就是一个界限。膝部要调整到屈而有弹性，膝挺直就没有弹性了，屈大了也没有弹性。在膝屈而不过脚尖的前提下找自己最舒服、最有弹性的状态。总之，扣膝功法所求的这种最合适、最佳的状态，需要个人在站桩时自己找、自己调。

膝部一定要灵活和畅通。膝盖是一个既很重要又很

◐ 桩功概论

薄弱的环节，如果膝部不能灵活弯曲或不能活动了，人的整个行动就受影响了。因此，膝盖既要养又要护，不能受伤。膝盖真的磨损受伤是无法恢复的，弄不好最后还要换关节。所以，医院的膝关节专家不主张中老年人过度地爬山、爬楼梯。有的中老年人将爬山活动当作锻炼身体的运动项目，实际上是一种自残行为。现今社会上有很多打太极拳的人，把膝盖打坏了，其原因是他们打太极拳架追求姿势优美和所谓的标准化，他们并不知道架式如何高、如何低。其实受伤的原因不在于拳架的高低，而在于他们不会掌握那个度。他们在打低拳架时，是把人体所有的重量压向膝盖，压得膝盖无法承受，最后就受伤了。

膝盖一定不能让它承载力。扣膝功法要求，当屈膝扣合以后，人体上边来的重力就直接通过膝盖，一直落到了脚下的涌泉穴。所以，膝盖要扣合。太极拳修炼，一定要注意这一点，保护好自己的膝盖。特别是人到了三四十岁时，就要注意膝盖问题。太极内功要求膝盖绝对不能用力。与人交手时，如果与对方一角力，脚一蹬地，那么膝盖必然会受力。膝应该是始终畅通的，无论是站着还是运动起来都应该不受力。在拳修中一定要注意这个问题。

如果掌握了无极桩功对膝盖的要求，那样打拳架时低和高都是一样的。高一点儿符合要求，低一点儿也符合要求，这样膝盖就绝不会受伤。因为膝盖没有受力，它是畅通无碍的。由此可见，太极拳修炼在没有掌握基本功的时候，绝不能先去打拳架。如同写字一样，你尚不明白怎样拿笔、怎样点点、怎样起笔顿笔的时候，就想龙飞凤舞地写字，能写出好字来吗？太极拳的修炼也如此，你不练好基础功法，上来就想表现拳架，那能行吗？

简述"扣膝"功法的基本要领，膝盖微曲，左右两膝尖有向内扣合之意，这样既分又合，形成一个完整体，膝盖一点儿不受力，有一种充盈、稳固和灵活的感觉。

功法集体体验

下面，我做提示，大家重点体验一下前面讲的扣膝之意。

先落足，足平松而落，落中有提，两足的拇趾有一个内扣内合之意。

然后，膝盖微曲，曲不能过，调整自己屈膝那种舒服的状态。在屈膝的同时，双膝盖有一个内扣内合之意。大家注意，这膝盖的内扣内合，绝不是用力去夹膝，而是双膝往下沉，一松一曲，内合之意。

好，大家深吸一口气，复原。

随问随答

问：这膝部的屈与扣有没有量化的标准？在站桩时怎样

来把握呢？

答：没有绝对量化的标准。如果非要量化不可的话，那么，屈膝不能过了脚尖及膝部不能挺直，就算是个量化标准，但没有具体的标准。微屈和扣合需要有个度，这个度是靠自己的感觉和体会去调整和把握。调整这个度的核心依然是用意。微屈和内扣的程度因人而异，没有固定的标准，通过意来调整自身的感觉，感觉膝关节不僵紧、不受力、很松通、很舒服，就可以了。

17.舒踝

功法释义

舒踝，就是在踝关节处寻求舒展、顺畅之意。

踝，俗称脚脖子，是人体骨骼结构一个重要的关节，在人体上盘和中盘与下盘脚的连接中起着不可替代的作用。若踝关节僵而堵，则上面的就通不到脚下，脚下的也返不到上面，一僵全僵，一堵全堵。所以，踝关节须舒展松通、顺畅灵活，全身上下在这里毫无滞碍。在这种状态下，太极内劲才能由脚而腿而腰完整一气地发出去。

从人体的总体结构来看，人身上有两个腕子，即手腕子和脚腕子，也有叫做手脖子和脚脖子的。说到脖子，人体共有三个脖子，除这两个脖子之外，还有一个真脖子（颈部），它们都处于人体关键的连接处。脖子连接头部，手脖子连接手，脚脖子连接脚。头、手、脚能否灵活运转全取决于这三个脖子。踝是人体最下端的一个关节，如果上边都非常地畅通，但是到了这踝关节截住了，那就前功尽弃了。所以，踝关节一定要自然地舒展通顺。

人体凡是脖子的地方，都是由细顶粗、以小担大。比如脖子细，脑袋大。如果倒过来，脑袋细，脖子粗就不行了，不仅很难看，而且不灵活。脚脖子也一样，它比腿部细，正因为细，才能运转灵活。设想脚脖子有大腿这么粗，那走路还能灵活自如吗？肯定不行。可见，人体的结构是非常科学的。上天造人的时候就造出这么一个奇妙的结构，该粗的地方粗，该细的地方细。细就要细而活，脚脖子就是人体由上到下最后一个连接脚的枢纽关节，不仅直接承载着全身的重量，而且负责将这上面的东西传递到脚下。因为它细就容易受伤，在运动中有时候崴脚，一崴脚脖子必然受伤，就会马上肿起来了。这时候脚脖子倒是粗了，可是不灵活了，动不了了。

所以，站桩求这舒踝之意，就是要让脚脖子舒展开，同手指的舒展是一样的。脚脖子里边也像装了一个压力轴承，越压越转，把自然颈项的重力在这里给转化了。实际上当坐胯、敛臀、膝屈而扣的时候，踝关节也自然会舒展开。如果踝关节不舒展开，持重了，那就不灵活了。如果踝关节是舒展开的，那脚下会自然平松而落。踝要舒展，

桩功概论

因舒而活。即全身的重量到了踝关节这里被迅速地疏散，不被截住，而是通开。所以，舒踝是为了松通而活。这样才能如拳论所说，全身做到"由脚而腿而腰总须完整一气"。

简述"舒踝"功法的基本要领，踝关节要寻求舒展、松活之意，这个部位如同安装了轴承一样，由上而下来的力，或由下而上去的力，都在此处迅速转换，使之不受力、不吃力、不截力，非常松活通畅。

【功法试手体验】

下面，请一位同学与我试手体验一下前面讲的舒踝含义。

来，你过来顶住我，现在我的踝关节这里僵死了，这样你会毫不费力地把我拿住，因为我踝关节不通畅，既卸不了你给我的力，又上不来我脚下的劲。你再体会，现在我踝关节舒展了，通畅了，你就拿不住我了，我会很轻松地把你发出去。

【功法集体体验】

无极桩功法将人体所分的十八个部位，目前已经讲了十七个部位的功法。下面，我们把已讲过的十七个部位的功法像串糖葫芦一样，一个珠一个珠地穿在一起，分而合地体会一下。

请大家跟着我的提示做：

中正安舒，静心凝神，呼吸自然，周身松通……

足下平松而落，涌泉穴在下落，脚背有上提之意，涌泉穴有虚空之感……

百会穴有向上悬提之意，提顶，颈要自然而竖……

竖颈，微收下颏，颏有收而放之意，上下齿相扣……

肩要挂，挂肩而垂肘，肘不离肋；塌腕而展指，展指、塌腕，劳宫穴有虚空之感……

含胸，含胸要吞而吐，既吞又吐，不吞不吐，吞吐而含……

含胸必拔背……

腹空而实，空而实腹……

活腰而坐胯，坐胯必敛臀，坐胯、敛臀而活腰……

膝微屈而内扣，注意微屈的程度是舒服合适的状态……

双膝微屈而扣合，踝自然舒展、舒活……

足下平松而落，如履薄冰，落似落非落，落中要有提，提中要有落……

提要提骨，落要落肉，提骨而落肉，如骨挂肉……

一提无有不提，全身骨架要提起……

皮肉一落无有不落，自然垂落，毫无僵力……

寻求站似坐的滋味……

桩功概论

凡此皆是意，再走一遍……

中正安舒，静心凝神，呼吸自然，周身松通，体会站似坐……

上有提下有落，提骨落肉……

足下平松而落，百会穴要向上悬提……

提顶、竖颈、收颔、叩齿、挂肩、垂肘、塌腕、展指……

含胸拔背，腹空而实，腰松而活，胯要松落坐，坐胯要敛臀……

膝微曲而扣合，踝要舒而展……

放松，慢慢深吸一口气，复原。

随问随答

问：请问踝与足是什么关系？

答：踝与足也是一个问题的两个方面，如同上肢的腕与指，两者相连相关。应该讲，足下的松落虚灵，离不开踝关节的舒展灵活。打个比方来说，你看那列车，每节车厢既分开又相合，这样列车才能正常行驶。人体的十八个部位犹如十八节车厢，节节相连，节节相关，节节灵活，人体的灵活运转离开任何一个部位都不行。由此可见，踝与足不仅部位相连，而且是相互依存、相互影响。

18.圆裆

功法释义

圆裆，就是在人体裆这个部位、这个虚处、这个空间，寻求圆实之意。

无极桩功将人体分为十八个部位，前十七个部位都是人之实体部位，而唯独裆部，是一个虚的空间。但是，裆这个虚设部位在拳修中却具有其特殊性及重要意义。

为什么裆所求的意是圆裆呢？有的武术门派是讲提顶吊裆。其实，吊裆也是结果。吊裆是由圆裆而来，没有圆裆就不可能吊裆。因此，拳修所求的裆要圆。裆的特殊性在于，别的部位都看得见摸得着，而裆是虚的，是一个空位。尽管裆是个空位，但在人体运动当中却发挥着其他实有部位无法替代的作用。设想一下，假如人没有裆，那就变成鱼了，只能在水里游。人因为有裆，才能够跑、跳，做各种动作，灵活自如。

裆之所以重要，就是因为它虚、空，是个空位。为什么空就重要？因为它空而不空。那么，这裆到底是空还是不空？它是空而不空，虚而真实。太极拳修炼，就是在裆的空间，空出来一个不空，空出来一个实有。

为什么要把裆这个空的地方作为一个专门的部位来修呢？因为，拳修所求的那个"单重"就在裆这里吊着。

桩功概论

什么是"单重"?"单重"就是指秤砣。秤砣决定着平衡还是不平衡。拳者,权也,这个权就是"秤砣"。假如把身体比作是一杆秤,就是过去那种由秤杆、秤盘、秤砣三部分组成的老式秤。秤为什么能称东西?当秤盘放上东西的时候,就要移动秤砣,移动到使秤杆平衡的位置,这时候显示出来的读数就是所称之物的重量。称一千斤的东西,不需要用同样重的秤砣来平衡,而是"秤砣虽小压千斤",很小的秤砣就可以称很重的东西。移动小小秤砣的位置,就可以平衡很重的重物。现在秤盘里面放了一个重物,利用称杆要把这个重物给称一下,有两个办法,一是增加秤砣的重量,二是如果只有一个秤砣,那就移动秤砣在秤杆上的位置。只要稍微移动一点,秤杆另一头的重物就打起来了。关键是能不能灵活地移动秤砣。由此可见,平衡与不平衡的关键在于那个秤砣,拳修称此为"单重之妙"。

人体也一样,也有一个秤砣在决定着身体是平衡还是不平衡。如果我们能够掌握这个秤砣,学会合理而恰当地运用它,来调整自身的平衡还是不平衡,那么身体的平衡状态便由自己掌控了。太极拳有一种很神奇的力量,一个瘦小的老头可以把一个强壮的小伙子给打出去,这不是因为那老头的力量比小伙子大,而是老头掌握了秤砣。这个秤砣在哪儿呢?有的人说在重心。我认为这个秤砣确实与重心有关系，但是这个"重心"要与"中"相伴相合，而不单纯是指运动过程中一般理解的那个重心。拳修在裆部要找的这个"单重"，它既是重心，又是经过功法和心法训练以后，那个由自己掌控的、可以调整自身平衡的重锤。什么是重锤呢？当年我父亲给我讲拳时，就是把人体这个"单重"比喻成重锤。因为过去的泥瓦匠、木匠就靠一根吊线下面吊着一个金属的圆锥形重锤，用它检验墙砌得平不平、木板锯得正不正。吊根线，坠个锤，一看就知道了。老式钟表都有一个摆，正因为有这个摆，钟才能准时准点地运行。人们通过调整钟摆的长短来校正钟表走时的快慢。

从拳修角度讲，重锤就是人体这杆秤的秤砣。我们想称出自己的分量，就要靠这个秤砣。例如两个人练太极推手，就是各自用自己的重锤互相称量，在找自身的平衡。将对方的重放到自己这杆秤上来，看看对方与自身的秤是平衡还是不平衡，如果平衡了，那我们俩就相安无事。但是，如果我利用自己的重锤破坏了与对方的这个平衡，那就会把对方打出去。我把对方打出去，不是直接去打对方，而是通过移动自己的秤砣来实现。所以，太极拳从来不想打人，不需要用力去打对方，对方被发出去完全是由于我调整自己秤砣的结果。所以，要找到自身的秤砣。这个秤砣既左右着自己是否平衡，又关系到我和我之外是否

桩功概论

能够平衡。

从太极拳修炼来看，圆裆的目的就是要圆出秤砣或重锤来。要给重锤留有空间，重锤就在会阴跟尾闾相交合的那个点上，即虚中线和实中线在身体下面相交于裆下，意想那里吊着一个重锤，交点在会阴和尾闾之间，这个重锤就挂在那个点上。找到了它，就找到了重锤，太极拳的奥妙就在于此。这个重锤不是固定在那个点上，而是吊在那里的。如果裆不圆就无法吊那个重锤，如果裆不虚空就找不到那重锤。所以，必须通过拳修找到那个吊着的重锤。重锤直指地心，不管身体怎么动，它都能保持回到直指地心的状态，也就是使身体保持平衡的状态。这个重锤控制着人体运动的方向，如同轮船的舵，舵往哪边移，船就往哪边拐，同样，身体全在于重锤来带动，就是说，身体的每一动，都是重锤在起着决定性作用。

人身是否中正，关键就在裆下的重锤，这是传统武术中的不传之秘。实际上这重锤在身上怎么找也不会找到，因为它看不见摸不着，如果没人告诉，恐怕你一辈子也找不着它。这个重锤，能够调整人体动作快慢、中正与否及方向等，人体各种动作调节的开关全在这里。

拳修不仅要找到这个重锤，而且要会用它，会用重锤来调整、控制自己的身体。很多人总以为拳架、推手、技击是在手上的功夫，其实最核心的部位是裆，是裆下的重锤。例如，打拳就是用重锤来走架子。当我们把自己体似悬球般地吊起来的时候，身体和重锤合在一起，那自然之重直指地心，发人的时候就是重锤在起作用。太极拳发人用的不是身体的力量，而是地球给我们的自然重力。用好重锤就是一，就是本。无极桩功最终要把前面所讲的十七个部位合而为一，都归属到这个重锤上，就是要通过圆裆，把裆下这个重锤真实了，将人体其他部位都虚无了。这个重锤须是活的，可以三百六十度变化。只有让它活起来，人体才能总是保持稳定平衡的状态。

在拳修中，当找到重锤后，剩下的功夫就是不断地调整它的精度。《太极拳论》说"立如平准"，平是秤，准是精度、准确度。衡量秤的精确度就在秤砣上，如果称黄金用称水果的秤砣就不对了，误差就大了。必须能够根据实际情况，称什么东西，秤砣就要对应地进行调整，调整其精确度，它不是死的。秤砣到底放在哪儿合适？秤杆有多长？这是无可无不可的，在哪儿都可以，秤砣是可调的，其核心是因敌而变。

功法试手体验 ❶

请过来一位同学与我试手体会一下前面讲的内容。

我们两人，他比我强壮，当他推我的时候，如果我把自己的重心放在身体任何一个实的部位，我不管怎么躲，那他

桩功概论

都能推着我。可如果我把重心放在虚的裆这个地方以后，他就推不着了，而且我用的时候才有它。我不是用胳膊发人，是从重锤这里发出来的，我的重锤完全可以左右对方的方向，不管是向前、向后、向左、向右。当对方摸着我实有的身体时，我恰恰就让那实的地方虚了。好，现在你顶住我，我这样就是实碰实，也叫"双重"。可是我这时马上让它虚了，你就摸不着了。虚实的转换就在这个点上，就在这个地方。你看，你的劲驻在这里了，你是在实处找，不要在实处找，那样不对。所以说，太极拳最终就是阴阳虚实的转换，把实的虚了，虚的实了。

功法释义

讲到这里，大家就会明白十八个部位最后都合到裆下面，原因是重锤就吊在这里。而且，只有圆裆以后，重锤才能吊在这里，并可以三百六十度移动和变化。

怎样才能圆裆呢？要想圆裆，胯必须松落坐，要敢于坐下来。怎样才能坐下来？主要是体会裆下有个球，胯是坐在一个球上。我讲课总是站着讲，但从不感觉累，原因是我的意是在坐着。因为，我这裆下有一个球，我就坐在球上呢，我把自己和这个球合在了一起，就是把有形的身体和虚的球完全地抱合在一起。不只是胯要坐下来，还有一层意思是膝盖要有一个圆的感觉，那膝除了微屈之外还有内扣之意，这样裆才能圆。当膝微屈内扣的时候，胯松落坐，臀向里收，决不能撅着臀，撅着就坐不下来了，一定是敛回去的。只有胯、臀、膝等几个部位都合起来以后，裆才能圆起来。

需要特别强调的是，能否找到裆下的球并且放心大胆地坐在球上，这是圆裆的关键。由此可见，无极桩功一直没有离开球，脚下的涌泉穴要含着球，手里的劳宫穴要握着球，腋下要夹着球，胯下要坐着球，把整个身体都合在了裆下这个大球上。拳修就是通过"假修真"的心法，用意念把球修真实了，找到一个真实的感觉，这样身体才会形成一个完整体。

拳修实践证明，只要在裆这个虚空的地方找到了那个吊着的重锤，全身会非常轻松，没有一点儿僵滞的地方，唯一的一个重就是裆下这个重锤。太极拳修炼，就是要把有形的身体练轻了、练虚了、练无了，而不是练重了、练实了、练有了。修炼的意念只有一个重，这个重就重在了虚空的裆这里。站桩最终要寻求到这样一个结果，实的有形的身体虚了，裆这个虚空的地方实有了。这实有的含义，是指在裆这个空的地方确确实实地找到真实的感觉，真的有一个能够掌握平衡的重锤。这个重锤控制着、左右着人体所有的平衡，调整着身体的中与不中。

据说，有的人是这样讲太极拳的重心："当重心在

桩功概论

左脚的时候，是左脚实、右脚虚。然后调整重心，把重心调到右脚，变成右脚实、左脚虚。"我认为，这种说法是把虚实和重心相互混淆了。将实的当作重，将虚的当作是轻，这个概念是不对的。虚实不对应于任何一个方面。虚的可以是重的，也可以是轻的；实的可以是轻的，也可以是重的。虚实的转换和调整与我们所说的重心有直接关系，但不是仅仅表现在实脚和虚脚上。我们所传承的太极拳，不论是推手、内功八法，还是练拳架，就有虚实的转换，在各种功法练习中出现的虚实转换和调整，即在形体上由这条实腿向那条虚腿转换的时候，并不是把重心由这条腿挪到那条腿，而是调整裆下的重锤。如果仅是从形体上去调整重心，那就把重心落在了实的地方，这样对方就可以在实的地方拿到你的重心。而如果重心不在有形的身体上，而是在裆这个虚的地方，对方无论怎样拿，他抓到的总是个空。重锤只对自己是实的，自己能通过重锤调整身体的平衡，这就够了。我们绝不能把自己的中心和重心交给对方。如果被对方拿住重心以后，自己就控制不了自身了，而是完全被对方所控制。如果自己在任何情况下都能通过调整重锤来保持自身不丢中，保持自身的平衡，那就可以无敌于天下。当年杨露禅之所以在京城获得"杨无敌"的称号，一个重要的诀窍就是谁也拿不着他的重锤，也就是拿不住他的重心。练外家拳的武林高手都是通过有形的身体去搏斗，但是谁也没想到杨露禅能把自己的重心放在别人想不到的裆下这个虚空的地方。

功法试手体验 ❷

下面，请过来一位同学与我一起体验一下圆裆。

好，你来推我，我这裆如果圆不起来，你就能推着我走。你再体会，我现在把裆圆了，把裆这个虚处实了，挂着重锤呢，你推不动我了吧！要知道，找到这个重锤就好办啦！有的人认为太极推手、技击是在手上，其实最关键的地方是裆，是裆下这个重锤。这个重锤是"一"，是本。前面功法释义中讲过，这十七个部位都要合到这个"一"上，合到这个重锤上。

功法试手体验 ❸

请再来一位同学体会一下。

你双手用力推住我。大家看，现在我被他推住了，因为我的重锤没有起作用。现在我用意念把重锤活起来，他就顶不住了。这完全不是靠身体的力量。如果我用身体之力想动起来，他就能推住我。可是现在我的重锤动起来以后，身体就有弹性了，那么他就挡不住了。也就是说身体的动是由重锤带动的，是虚的重锤把实的身体带起来了。要想做到这一点，身体就必须虚了，能够周身松通，这样才能被重锤带

桩功概论

动。而重锤要想带动身体，重锤必须实了。所以要在裆下虚而实之，最后合出一个"重"来。身体唯一的"重"就在裆这里，传统武术称之为"单重"，我们管它叫重锤。

功法释义

真正贵重的东西一定是虚的，要想得到它，必须在虚处求。不管你有多少财富，放在哪里都不安全，比如放在保险柜，小偷会连保险柜一起运走，或者放在银行，有可能银行倒闭了。只有把财富放在让自己身心健康、精神得到一种用钱买不到的境界，这才是谁也拿不走的。因为它是用有形的物质无法获得的。我们拳修最终求的就是这个东西，它能让我们身心愉悦、健康，人生快乐而充实；并且除了这些好处之外，偶尔遇上"该出手就出手"的时候，这个功夫还真能用得上。拳修的目的不是为了与人搏击，但是一旦需要的时候，你就会有一种自然的反应，那功夫就用上了。

无极桩功在其他十七个部位的功法修炼，都是在身体内由形求意，最后又都合到裆这个虚空处，并在这个虚空处求出一个真实的重锤。站桩的时候能不能把重锤站真实了，是衡量内功是不是有了感悟的重要尺度。太极内功的修炼是可以检验的，太极拳不是"觉得"，而是能够真实地实践出来。

功法试手体验 ❹

请再过来一位同学与我试手体会一下。

你用力顶住我。现在我的重心落在右脚上了，而你的重心落在你前边这只脚了，你后边那只脚在蹬地。这时候你推我就通过实的把我的重心拿住了。当我想把重心从这右脚移到那左脚的时候，你就能感觉到我要倒换，就会用力堵住不让我倒换。有的人会用形变的方法来躲对方对自己的堵，如果经常练习，动作就会很快，当对方跟不上时就躲开了。而我们不是这样，根本就不会把重心让对方拿到。大家注意看，现在我的重心不在身上，而在裆这里，这样他就拿不住了，反而被我发出去了。虚实的转换就在这里。这时候我完全掌握了自己的平衡，也掌握了我和他之间的平衡和不平衡，于是他就出去了。其实这就是一杆秤的作用。

功法释义

据我所知，过去武林高手之间的交往从来都很谦虚，相互试手时不需要动手动脚，比出你高我低。下面，给大家讲一个我亲眼所见的故事。我白师爷有一个师兄叫王芗斋，他俩关系非常好，交往十分密切。（20世纪）50年代的时候，王芗斋在北京的中山公园教拳。那时候我还很小，十岁左右，我父亲去那儿我就经常跟着。有一次白师爷带着我们一起去中山公园踏青，就到了王芗斋教拳的地

🜉 桩功概论

方,中山公园的"来今雨轩"。门外的石滩上铺着一块毯子,旁边放着茶壶,王芗斋就坐在那里。他看见我白师爷过来了,两个人就互相打招呼,聊一会儿天。由于我一直想看看老前辈他们比比武,看看高手到底是怎么比武的,这是很难见到的,我就在旁边想尽办法让他们比比看。王芗斋就跟白师爷说,今天就让这小子见见。王芗斋就让徒弟去旁边的柳树上撅两根新发芽的树枝来,一根给了白师爷,一根自己拿着。王芗斋盘腿坐在毯子上,白师爷则盘腿坐在对面,两个人开始比武搭手。怎么搭呢?两根柳树枝互相交叉搭在一起,搭了一会儿以后,两个人哈哈一笑就完了。

我觉得特别不过瘾,什么也没看见。回来的路上我问白师爷:"师爷,你们俩比了吗?"白师爷说:"比完了。"就是说两个人用很轻的东西就称出来了互相之间平衡的分寸和火候。所以很难看见高手之间打得鼻青脸肿、你死我活的。

太极拳修炼,不管下多大功夫,就是练那筋劲火候,越练越精,越练越入内,越练这杆秤的精度越高,最后不仅可以称原子,还能称更小的粒子。拳修就是在找这杆秤,找到那个调整自己平衡的秤砣,这样就掌握了自己生命平衡的奥妙。但是大家刚开始时不要着急,任何人都不会听我讲完课他的重锤就在裆里吊着了。但有一点请大家坚信，我不比任何人聪明，你们也不比我差任何东西，只要你真的去理解这个东西，一层一层、一步一步认真地去做，不去管会出现什么，只管自己是不是在认真地做，经过一段时间，功夫就会自然上身。

老子说："不贵难得之货，使民不为盗。"人体这个秤砣不怕偷，这么宝贝的东西是盗不走的。所谓天机都是糊弄人的，根本没有什么天机。天机给你，你都拿不走，还怕盗吗？重锤有没有？真有，可是看不见，它在虚空处。宝贝一定要藏在虚空处。通过拳修，把真正可贵的东西都虚化了，变成一种精神，变成了神意，谁还能拿走呢？太极拳不贵肉体，贵在神意，这就是太极拳修炼的真意。

拳者，全也；拳者，权也。拳修所求的全和权，最后都归结到裆下这个重锤上。十八个部位由分而合，合出来一个重锤，如果能做到，那就不一样了。在武术中，身体其他地方都能拿得着，裆下是唯一拿不着的地方，那个权恰恰就在这里，而不在别处。在拳修中，很神奇的地方就在这里，不要在别处求，求别处不管用。通过拳修，非要求得那个权、用那个权不可。这个权可长可短、可大可小、可内可外、可左可右、可上可下，随意可调，非常灵活实用。

"求中"和求"单重"是一回事，有了这个重锤，也就求到"中"了。

把圆裆放在最后讲，这是把天机给泄露了。不论是谁，是拿得着还是拿不着这个重锤，都是自己的事情。太极拳就摆在这里，谁有本事就把裆下这个权拿到，这样就全了，就得到拳了。

简述"圆裆"功法的基本要领，圆裆就是通过坐胯、敛臀、扣膝使裆下这个空位处圆出一个真实的感觉。这个真实，一是胯下坐着一个球，二是人体虚中线与实中线在会阴的交点处挂着一个重锤。这个重锤，是无极桩功将人体各个部位由分而合，合出来一个"单重"，这个"单重"是活的、可调的、有用的。

(随问随答)

问：如果两个人交手时都用重锤，那会出现怎样的结果？

答：这是很正常的。比如我是一杆精度不高的秤，是用来称白菜的，而你是称黄金的秤。我这杆秤是称一千斤的东西，差一百斤都不算误差。而你给人家称黄金，差一克人家也不干。这种情况就是比谁的精度高了。你用的是称黄金的称，精度比我高，那我肯定甘拜下风。有人会说，两个人的精度一样高怎么办？如果世界上真的有两个人精度完全一样，那他们就握一握手，一起去喝酒就行了。

问：您讲圆裆时如同坐在一个球上，那是多大的球呢？球是悬空的吗？

答：圆裆的时候，只要能将裆下的球真实了，有了坐在球上的感觉就可以了，没有尺寸要求。可以是一个悬空的球，也可以是一个落地的球，都没有关系，因为修习这个意的目的，是让自己的虚裆实起来，裆能圆起来，胯能坐下来。

问：裆下这个球的下面再吊一个重锤吗？

答：球和重锤不矛盾。你可以想象吊重锤的绳子是穿过球的，重锤在球底下吊着。这些都是假想，只是一种意念，不要过于在意。我所讲的虚处求真实是指那种真实的感觉，而不是这个东西真的是怎么样的。意的目的主要是让你体会到能坐下来，因为你没有这个球的意，裆下空的地方你是不敢坐的。想象着裆下有一个球了，你就敢坐下来了。

问：在无极桩功开始这个阶段，可不可以只体会裆下的球，先不去管重锤，这样做对吗？

答：对。桩功修炼需要一步一步来。前面讲过，这十八个部位的意现在一起都讲了，但是你回去站桩的时候，不可能全都能一下子找出来。站的时候想着下面有一个球，这球是悬着还是落地呢，还没等想明白呢，又要想球下面还要吊着一个重锤，那你就越想越乱了。你就只想一件事，最好是先想球，先不要管重锤。在想球的时候要想着胯要落坐，裆要圆，膝要微屈而扣，臀要内敛，这些部位最后都合到裆上来。当胯能坐下了，裆能圆起来，你再想裆下吊着一个重锤。

问：拳修是把人体的重心放在裆下这个重锤上吗？

答：对。比如大家看我现在，一条腿抬起来了，另一条腿在支撑着站立，这时我的重心不在这条支撑腿上，而是在裆下重锤上。重心如果放在支撑腿上身体就不稳了。所以，不要把重心放在实腿上。你们看，当我把重心放在重锤上的时候，抬起来的这条腿才可以随意动，而身体不会站立不稳。因为重锤在调整身体的平衡。

三、无极桩功释疑解惑

1. 初学者常提出这样的问题：站无极桩功，每天什么时间站最好？有没有具体的时间要求？

解答：每天什么时间站桩以及站多长时间，都没有硬性规定，随时可练。对于初学者，最好是坚持每天早晚两次，一次不需要站很长的时间。从拳修的角度讲，对无极桩功的要领熟练了以后，每天可以见缝插针地站很多次，每次几分钟、十几分钟，日久必见功效。

站桩有两个时间不宜站。一是饭前半小时，二是饭后半小时。站桩，不是坚持的时间越长越好。我们不提倡在身体已经站得不舒服了、很僵紧了甚至很累了，还要坚持站，误认为功夫是坚持出来的。其实，这样做是错的。因为，在那种状态下身体已经不松通了，如果再坚持站，身体会越站越僵、越站越紧。刚开始只能站十分钟也没有关系，过一段你就能站十五分钟，再过一段就能不知不觉地站半个小时，以至一个小时、几个小时，但是都必须是在中正安舒的状态下站。说到底，看你能站多长时间，首要的是看你能否保持中正安舒的状态，在此基础上累计时间，而不是靠硬坚持出来的，这一点很重要。

2. 有失眠的学员曾经问过这样一个问题：有时晚上睡不着觉可以站桩吗？

解答：睡不着觉可以站桩。但是，如果站的时候不能做到静心凝神、呼吸自然、周身松通，就不要站了，那样更睡不着觉。如果能够做到桩功所要求的一个中心、三个基本点，这时候心能静下来，呼吸自然，周身非常地松通，此时的状态就是非常忘我的状态。这样坚持日久，有利于改善睡眠质量。

桩功概论

3. 有人总觉得现在每天工作很忙，空闲时间少，无法坚持练桩功，这怎么处理呢？

解答：这里有两个方面的问题。

第一，认识问题。首先，健康的重要性已经成为现代人的共识，没有一个健康的身体，其他一切都归零。如果能认识到健康在生活中排第一位，那么，再忙也一定能抽出时间来。其次，工作不应该成为一个人生活的全部，工作只是为幸福生活提供一份物质基础，所以在工作之外一定要有自己的兴趣爱好，最好是艺术方面的爱好，它能为自己的心灵找到一个落脚点，使人生活充实、安逸。

第二，方法问题。现代人相对于古人来说，日常比较忙碌，确实有练功时间少的问题，解决的方法就是练功生活化。平时生活中，应按照桩功的要求来做，改变以前不良的用力习惯。比如乘公交车、坐地铁时，可以放松地站；走路时，腰胯要松开等。只要自己处处留心，修为一定会稳步前行，"全凭心意用功夫"。

4. 无极桩功需要多长时间才能学会？

解答：这是一个很难回答的问题，每个人的情况不一样，因人而异。现代人往往追求太多，习惯在生活中做加法，不断地往自己身上加东西。而站桩的目的正好相反，是在自己身上做减法，不断地减损自己，身上的东西就会越来越少，最后求得身松心静。无极桩功的修为，是一个让自己的身体逐渐趋近于"无"的过程。生活中都会经历各种风吹雨打，不会是一帆风顺的。而无极桩功让人从思维到行为都是减损，损之又损，乃至接近于无。我认为，桩功的修为是一辈子的事情。作为初学者，只要认真领会，勤加练习，就会很快掌握基本要领，并在自己的身体上有所体验。传统文化的学习应该具有"只管耕耘，不问收获"的态度。最终的结果不是求来的，而是自然地瓜熟蒂落。

5. 有人刚开始站桩感到身体有点紧，不知道出现这种情况怎么办？

解答：站桩时要坚持以舒服为原则，不断地自我调整。可从三个方面入手：一是调形。身静不是像木桩一样不动，当不舒服时身体可微微动动，调一调。开始时，动的幅度会大一些，慢慢地就会变小，最后变成微动。二是调呼吸。怎么调呢？不要把意放在呼吸上，要把它转移走，恢复自然呼吸。如果越想呼吸，呼吸就越不自然。三是调意。调意的关键是意的转移。意的转移非常重要，哪个地方僵紧了，不是就调那个地方，而是用意调别的地方。比如现在膝盖紧了，调哪里呢？要调膝盖的两头，上调胯，下调踝，把意转移到胯和踝，这样膝盖就活了。

6. 有的初学者站桩一段时间之后，会感到腰酸背疼，这是什么原因？

解答：这是正常现象，是太极之旅的初期所见到的沿途风景，逐渐会过去的，不必太在意。由于人从小到大养成的不正确的用力习惯，使自己的身体变得非常僵硬。当按照功法要求开始站桩后，那些僵紧的地方不能放松，导致肌肉紧张，气血流通不畅，就会出现诸如肌肉酸疼等现象。站桩的时候，一是身体各个部位尽可能用意不用力，肌肉尽量放松；二是意不要执着于某个地方，要让意流动起来，在身体各个部位之间周而复始地流转。这样日久功深，身体就会逐渐松通，酸疼症状也就逐渐消失了。

站桩当中是需要调的，切忌站死桩，要把自己站活了。怎么才能活呢？外形看似不动，但内里一直在调，或者调意念，或者微调身体，动一动、找一找，这都是正常的。就是不要站死不动，如果站死桩，站得不舒服了还在那里站，大汗淋漓了还在坚持，那样越坚持身体越僵硬，这就有问题了。如果放松地站，自己不断地微调，就没问题。因为你不松通，所以才不舒服，只有舒服了你才会松通。不要刻意地去走那站桩的过程，主要是找那个舒服的滋味。

7. 站桩没有老师指导，自学能不能学会？

解答：如果想要修出深层次的功夫，光靠看书自学肯定是不行的。我传承的太极拳的修习方法是"看、听、摸、悟"，必须要有老师的言传和身教。但是，如果只是以健身为目的，自学也是可以的。

8. 在太极拳修炼过程中，有哪些好的方法和捷径可走？

解答：在学习的过程中一定要记好读书笔记和练功笔记，这一点很重要。因为太极拳的学习重要的是需要体悟，如果身体上没有感受和体会，很多东西是无法深入理解的。太极拳是一门优秀的传统艺术，是对自己身体的精雕细刻，有着极其深刻的内涵，绝不仅仅只是一门技艺。学习时，我认为没有什么捷径可走，只能像研究学术那样，多思考、多练习、多总结、多体悟，不断地提高效率，争取早日打开太极之门。

9. 太极拳的门派很多，有人将不同门派的功法一起练，请问这种练法行不行？

解答：原则上最好不这样做。因为人体只有一个，不管是何种门派，其最高层次的理都是一样的。山顶只有一个，但通向山顶的路却有很多条，每个门派选择的路不可

桩功概论

能一样。虽然路径不同，但是每一种功法都是先贤心血的结晶。我们要完全掌握其精义，吃透其内涵，需要下很大的功夫。人的精力是有限的，不太可能同时深入修炼多个门派的东西。如果非要修炼，可以在专心修习一个门派功法的同时，参考其他门派的拳理和功法，以开阔视野，加深对本门派功法的理解。

10. 有人在开始站桩时，经常会感觉到体内有东西在窜，一会儿在这儿，一会儿又跑到那儿，不知道这种现象好不好？

解答：这是好现象，不用管它，让它去窜，最后就舒服了。在站桩的过程中，不同阶段会有不同的感觉和反应。有的人站了三天后，觉得自己的胳膊没有了。对不对？对也不对。因为这是一种虚幻的感觉，是初层次地感觉到了"没有"。如果真正地站出"没有"，你会感觉到这个"没有"还不是真实的"没有"。刚站桩时，会出现各种各样的真实反应。但是，不管你有什么样的感觉，一定要做到松落，并且有提之意。在这个基础上，产生的各种感觉都属正常反应。

11. 有人在习练无极桩功时，找不到气沉丹田的感觉怎么办？

解答：不用管它，气的问题说简单很简单，说复杂又很复杂。我们所说的气,与呼吸的气有些关系,但不划等号。可以这样理解,气是人生命中内在的一种元素,它能够提供给人以生命的能量。气沉丹田绝不是吸一口气,把气沉在丹田。气如果真沉下来就不好了。气沉丹田是当你调节自身以后,出现的一种真实感觉和存在,丹田里面是充盈的。无极桩功站到一定程度就会出现一种流动的感觉,自然舒适是它的本质,自己不用刻意去设计它。

12. 有人感觉在站桩的时候,右脚底是热的,左脚底是凉的,是不是自己松得不够好?

解答:这个很正常。每个人的反应各不一样,只要是自己的真实体会,就没有对和错。你感觉调得舒服了就是对的。只是在这个过程中有很多问题会反映出来,或者是感觉左边明显比右边弱,或者是上面弱比下面明显,一切都是正常。但是需要慢慢调整它、解决它,让它两边趋于平衡。因为我们平时的习惯好比是半身不遂,习惯执着地一边用力,这样就失衡了。腰的伤害往往就是一边,因为人习惯用一边。不管是骨骼还是肌肉,在不平衡的状态下必定受伤,原因在一边过分地吃力。实质上我们调整自己,就是寻求平衡的状态,这种状态是最自然、最舒服的状态。

总之,在站桩的时候出现的不同感觉和现象,不要特

☯ 桩功概论

别在意，也不要限制它。但是，如果这边有了好的感觉，而另一边没有，自己就会明显感觉到不舒服，这就需要通过调整找到好的感觉，两边都舒服了，就通了。这个舒服是有层次的，这几天你觉得舒服了，通了，可能再过几天你站得更舒服了。

13. 有人对站桩时是睁开眼睛还是闭上眼睛不知所措，认为睁着眼睛静不下心，闭着眼睛怕影响练功效果，怎么办？

解答：睁着眼睛和闭着眼睛都可以。但是，我提倡站桩初期，眼睛应以似睁似闭为宜。我站桩的时候，是睁着眼睛。为什么呢？因为我已经形成了习惯，能够控制自己做到视而不见。有人为了练静就戴上眼罩，堵上耳朵。这种做法我不赞同。我们要做到什么呢？静心凝神。静到能视而不见，听而不闻。如果心真正静下来了，地上掉一根针你都能知道。因为此时你既不是靠眼睛看，也不是用耳朵听，是一种灵性，是智慧。站桩修习的不是眼睛和耳朵，修的是内。所以，站桩时我提倡眼睛似睁似闭。

实际上太极拳修习最终求的就是那种似是而非。是，也不是；对，也不对。那么，到底怎样做才算对？就像电视剧《宰相刘罗锅》主题曲中的歌词一样：是也不是，不是也是。科学研究已经发现，宇宙万物的本原是模糊的。

比如洗衣机，衣服一扔进去，它就用模糊逻辑计算出该加多少水和洗衣粉，而不是设定一个固定的程序。清楚是人为的，模糊是本质的。太极拳修炼的主旨是，把说不清的东西在自身上体会到。

14. 有的学员问：站桩到后来能练到什么程度，是不是一天24小时自然而然地都是桩功的状态？例如看电视的时候也像站桩那样全身松通的状态？

解答：这种理解完全正确。站桩练到一定程度是什么状态呢？就是既没有桩，也没有拳。因为通过无极桩功的修习，使自己举手投足、行走坐卧都是桩态了，一个新的习惯已经形成。没有桩就相当于总有桩，总有了也就相当于没有了，就是这么一种关系。

太极拳的技击是"三不用"。第一，不用眼。眼睛看见的经常是虚的、假的，是表面现象，看不见里面真实的内涵的东西。第二，不用手。太极拳有一句话叫"太极无手，浑身皆手"。之所以要无手，是因为手经常自作主张，自己乱用。第三，不用脑。就是不要用脑子去判断和分析。"三不用"，那用什么？用纯自然的反应。他来我去，就按照自然该怎么做就怎么做，而不是我想怎么做。如果达到这种状态，那对方就无法控制和掌握我们了。

桩功概论

15. 针对无极桩功分别讲的十八个部位的意,是练好一个再练下一个,还是同时都要照顾到?

解答:因人而异,都可以。对初学者而言,练的时候可以以一个意为主,比如这个星期,我重点体会"被提",这没有问题。但是千万别忘了,真正要体会"被提",还要有其他的,比如要向下松落才行。

16. 有的学员问:咏春拳和太极拳有什么区别?

解答:我对咏春拳不是很了解,"拳无坏拳"。所有的拳,包括大成拳、咏春拳、形意拳、八卦掌、少林拳,等等,老祖宗所创造的这些武术门派都是好拳,只是各自有不同的特点,它们最终都在攀登同一个山顶。只不过咏春拳可能是从北坡爬,少林拳可能是从南坡爬,太极拳可能是从东坡爬,最后会发现,各门派追求的是一个顶点。包括外家拳,它们没有什么不好。外家拳最后练到一定层次的时候,就会发现和太极拳练的一样。太极拳练到一定层次的时候,也会发现和少林拳练的一样。只不过都要寻找一个适合自己的,特别是岁数比较大了以后再去练少林拳就困难一些。因此,不同的人适合不同的方式。武术没有好坏之分,只有合道不合道。就是太极拳,有合道的,也有不合道的;咏春拳也有合道的和不合道的。看那李小龙，源自咏春拳，最后创立截拳道。他加了一个"道"字，就是开始认识到必须由拳入道。李小龙之所以能够自成一家，就在于能由拳悟到了道，而他的死也是由于自己违背了道。

17. 有的学员问：无极桩说的"通"和中医的"通"有没有关系？

解答：我对中医很崇敬，但是对这门医术不太懂。我认为无极桩功说的"通"和中医说的"通"是一回事。因为医道和拳道是一个道，道无二道。中医调的是阴阳，太极拳找的也是阴阳。之所以不通，是因为阴阳这两个东西不能相冲而平和了。人身上出现的很多问题，大都是由于这个原因造成的。所以，对于通这个概念，中医和太极拳是一样的，无非中医是通过针药的方式来通，太极拳是通过桩功的方式自己调整，也是在找通。太极拳是治未病，有病的人通过太极拳修习可以打通，没有什么症状的人也需要经常打通。

18. 有的学员讲：刚学站桩的时候感觉挺好，但是站了一段时间以后背疼，而且越站越疼，这是什么原因？

解答：原来不知道身体的一些毛病，在按照功法要求站桩以后都会反映出来，不管是肢体的还是内脏的，通过

桩功概论

站桩都会有反应。当你按照中的标准站的时候，那些不中的状态，比如肩疼、背疼、膝盖疼，都会通过站桩反应出来。可以说，这些反应都是你原来存在的，不是站桩的问题。还有人说，怎么站桩之后膝盖疼了，这个反应也是原来存在的问题。通过站桩，是会逐步解决的。

19. 有的学员问：有的流派提倡站桩时在大树底下或者别的什么地方站，这样有利于吸收自然精华，您怎么看？

解答：第一，我不反对；第二，我不强求。有人说站在这里要跟大树怎么样，或者与这座山怎么样，这些东西都是意念上的假借。归根结底还是要本着一个中心、三个基本点，来调整自己的平衡状态，这是关键。如果能站在树林里呼吸着新鲜空气，那当然好了。但并不是只有站在树下才能中正安舒，在没有树的地方就找不到身体的中正安舒，不是这样。

20. 有的学员讲：自己在站桩的时候，不按照中正的要求做，反而觉得很舒服，而按照中正的要求做，反而不舒服。这是什么缘故？

解答：初学者开始站桩，肯定会有一个不舒服的过程。如果站桩不按照中正的要求站，那就不用站了。这与我在讲功法时举例讲的那个患小儿麻痹的不一样，他是要在他那种情况下寻求中正安舒。刚开始站桩自身的状态和我们要求的中正安舒是不相符合的，必须要改过来，而且要经过一个不舒服的阶段。经过这个阶段以后，慢慢地会出现一个新的舒服。就如同多年吸烟的人，让他不吸肯定不舒服。而给不吸烟的人一支烟让他吸，他肯定也不舒服。所以，从舒服到不舒服是一个大的变革，需要循序渐进，慢慢改。

21. 有的学员问：要想改变刚开始站桩时的那种不舒服，是从意上改，还是从身体微调上改，还是从站的时间上改呢？

解答：首先是意。不舒服是因为原来形成的习惯，如果不从思维上去认识，你的行为习惯就改不了。为什么很多吸毒的人，进了戒毒所以后就不吸了，因为他没有毒品可吸。而他出了戒毒所以后又吸，是因为他没有从根本上改变自己的认识。拳修也一样，身体所有的问题都是心的问题。是心的问题，就要从意上解决，所以关键在意。当你从意上去体会的时候，你的身体会随意而为。身体是完全听从意的，你现在身体的习惯也是随你现在的意形成的。所以，要想改变过去的习惯就要从意上改变。意就是自己心态的反应。首先必须从认识上知道，我要找什么。比如找中，首先知道要找中。如果从来都不想，什么中不中的，跟我没关系，那就无从入手了。然后，在这个认

241

桩功概论

识的基础上，知道找中要从两个方面入手，从两个对立的方面去找那个相合的状态。最后在这个状态下用身体去验证，去体会那种滋味。特别是十八个部位的意，就是用这些意去找它，慢慢就把原来的习惯丢掉了，舒服便随着新的习惯而出现了。

22. 有学员问：站桩时，意为什么要专？

解答：《太极拳经》讲"凡此皆是意"。王芗斋大师自创了"意拳"，就是源于这一点。拳修的关键不在形式而在意，内家拳都应该是这样。抓住了意，就抓住了所有的问题。有人说，自己站桩有的时候越站心越乱，出现这样的问题关键就是神散了。神为什么散了？因为意不专了。太极拳讲意要专，神要内敛，气要鼓荡。神内敛就是神要守舍，它应该在这个"屋子"里面待着，你总是把它放出去，于是神就散了。怎么解决这个问题？关键在意。只要把意专起来以后，神就内敛了。有人问，讲浑圆桩功的时候要求前面有狼，后面有虎，左边有豹，右边有狮子，这神不是出去了吗？大家记住，神永远不出去，出去的只是意，意可以在身内身外到处游逛，但是神要在里面守着，它不能外露。所以，站桩的时候，要真的按照意站，当意专了，神就守住了。

23. 有的学员疑问：站桩时要中正安舒，那么中在哪儿？人体哪里是中心？

解答：什么是中？两个不一样的东西相契合出来的平衡状态就是中。人身体到底有多少个中？答案是有一个中，也有无数个中。因为身体里面有无数个对立的东西，凡是两个对立的东西都会寻求到一个中。人身体从头到脚，以腰、腹、胯为中；从肩到手以肘为中；从腕到指以指根为中。因此可以说是处处中、时时中。中无定中，虽然我们不是求一个固定不变的中，但是一定会有一个中存在。有了东有了西就有中；有了南有了北就有中；有了上有了下就有中。只要有两个对立的东西都会寻其中。在整个修为过程当中，我们会不断地理解中的真正涵义。

24. 坐桩是坐在椅子上好，还是坐在地上好？

解答：坐在哪里都没有问题。但是要掌握一个原则，坐着的时候，十八个部位意的要求和站桩的时候是一样的，只是形态变了，由站着改为坐着。坐着的时候也一样，脚变成屁股了，因此屁股不能用力去坐，要把身体提起来。关键是坐着的时候要找到站着的滋味。怎么坐需要自己去调，一定是改变我们原来坐着的习惯。刚开始还不可能一下子养成这个习惯，但是坐桩的时候，就不要只是

桩功概论

那样舒服地坐了，要慢慢地体会站桩的那种滋味。

25. 有的学员问：坐桩的时候也要考虑重锤吗？

解答：站着的时候重锤吊在裆下，坐着的时候重锤依然还是在裆这个地方吊着。注意，重锤要永远指向地心。大家看我现在，左腿向前抬起来了，重锤还是指向地心。右腿向后抬起来了，重锤也是指向地心。重锤不因形变而改变，永远指向地心。

26. 有的学员问：走路的时候怎样保持站桩的状态？

解答：走着的时候就是把静态站桩的状态动起来，这样走就对了，而不是一迈步动起来，身体又变成另外一种状态。我们现在走路存在很大的问题，就是不会把自己提起来走。假设上天有一只大手提着你走，你就会轻松多了，而且脚下是很轻灵的，不是吃重的。站着的状态，是最基本的状态，是最原点的状态。其他所有的形态，都是这个状态的位移，姿势、方式、方法、地点、时间等都是可以变的，只有这个状态是不可变的。这就是拳修为什么强调站着要像坐着，坐着要像站着，走着也要像站着。我们站着的时候没有动，动起来的时候要如如不动，就是好像没有动一样。动虽然是动了，但是身体的那种滋味和感觉同没动的时候是一样的，功夫就在这里。太极拳讲"静中寓动",这是指桩功,静中要出来动。还讲"虽动犹静",走起拳架以后,在运动轨迹的每一点上和没动是一样的,每一点都是桩。

27. 有的学员问:修为无极桩功,为什么要先从身体上十八个部位的分而合入手?

解答:身体上的十八个部位就像是一列火车,有十八节车厢,每节车厢之间都是分着的,但又互相连在一起,正因为有这样的分而合,这列火车才能够正常地行驶。如果不分,十八节车厢变成一节,这样的火车千万别坐,一拐弯肯定翻车。如果是分而活地连接,则上坡、下坡、转弯、回转,它都能够自如地运行。站桩,就是要让身体的这十八个部位像十八节列车车厢一样,节节灵活,并且形成一列完整的火车,这样身体就有用了。如果不分,则身体就像僵死的一根棍子一样,没有灵活运转的余地了。

十八个部位是一个整体,虽然把这么多东西一次性全教给大家了,但是你自己做的时候要分步来,不要想着一下子就能把这十八个部位的意都找全了,这是不现实的,刚开始主要放在重点部位。很多部位的意是综合出来的结果。比如,肩、胸、背三者构成了人体的上三角,是一个小单元。要想含胸,肩不挂是含不了的。如果不含胸,背也就拔不了。所以,挂肩、含胸、拔背是一个组合。再比如，胯、腹、腰三者构成了人体的下三角，它又是一个单元。如果腹不空而实，胯不能坐，那么，腰就不可能活。而要想胯能坐，腰和腹必须要活要空。所以说，胯、腹、腰又是一个组合。修为过程中，我们先要分着去找每一个部位的意，然后再一步一步地合着去体会，它们是分而合的关系。

28. 有初学者问：这十八个部位的意是按顺序检查呢，还是可以跳着检查？

解答：刚开始要人为地按照我讲的顺序，从足下开始，然后找它的对立面头顶，接着顺着头顶找竖颈，就照着这个顺序去体会。等将来十八个部位合到一个意上，那就无所谓顺序了，什么时候都是一了，身体形成了一个新的自然状态，不想怎样做也是那自然状态。就如同刚刚学会开车，什么时候松手刹，什么时候换挡，什么时候给油，肯定要经过脑子去想。但是等熟练了以后，每次变换的时候肯定就不用想了，很自然地就开起来了。这需要一个修为的过程。

第二节　浑圆桩功

一、浑圆桩功是身外求意

1.浑圆桩功的基本内涵

《太极拳论》开篇即讲"太极者，无极而生，阴阳之母也"，其表述之义很明确，太极是由无极而来的。浑圆桩功是在无极桩功的基础上进入新的桩功的修炼阶段，即由无极而入太极。拳修实践证明，太极内功的修炼要想逐步入内、不断地走向深入，就必须由无极桩进入浑圆桩。

浑圆桩就是太极桩。我所传承的杨氏太极拳，其修习的浑圆桩功有一歌和一诀。这"一歌一诀"涵盖了浑圆桩功的全部内涵。《浑圆桩功歌》介绍如下：

浑圆归一气，
一气即太极。
无极生意意导气，
完整一气浑圆体。

☯ 桩功概论

要想理解和把握浑圆桩的真切含义，就必须对《浑圆桩功歌》之中"浑圆"的概念以及"浑"与"圆"这两个字的含义有一个比较全面地认识和了解。

何为浑圆之浑？老子《道德经》第二十五章说："有物浑成，先天地生。寂兮寥兮，独立而不改，周行而不殆，可以为天下母。"在《道德经》这段话中所用"浑"字，有的版本就用这"浑"字，也有的版本用"混"字。我认为"浑"字除了涵盖了"混"的意思之外，还有它独特的内涵之意。如"有物浑成，先天地生"这一句，意思是在天地万物没有诞生之前是一个"浑"的状态，是浑然一气、混混沌沌、无形无相、不清不楚、不明不白，无法用语言来形容的那么一种本原的状态。这种状态说是"无"也不准确，它连"无"都没有，因为有"无"就会有"有"，它是既无"无"，也无"有"，是浑然一体的状态，是自然之态、天然之态。这种状态是独立不改的，完完全全是原本的样子。这种状态才生天、生地、生万物，是宇宙万物的本原、本体。太极拳的修习，就是为了使自己返回到最本原的自然状态之中去。这是浑圆之"浑"字的第一个含义。

浑圆之"浑"字的第二个含义，即"全有"之义。通常讲：我浑身如何如何。这个"浑身"，就是全身从头到脚、从里到外，全有了。"人"这个字，由一撇一捺组成，分一左一右，寓一阴一阳，分别代表有形的身体和无形的神意。当人的神和形皆具备之时，方为一个完整的人。太极拳的修习，就是通过"拳"来修"全"，就是将有形的身体跟无形的神意相融相合，当形和意相合以后，就合出了一个完整的状态，就是浑然一体。

如果形与意分而不合，形就不能听从意的指挥。有人会问，胳膊腿长在自己身上，能支配不了吗？其实，别看那胳膊腿长在自己身上，你还真的支配不了它。因为它总是按照习惯去做事，当想让它跟以往的习惯反着去做的时候，它就不听你的了，你就指挥不了自己的胳膊腿了。比如早上刷牙，这是大多数人每天必须要做的事。刷牙的时候都是牙不动，手用牙刷来刷牙，平常人都是这样刷牙。如果按照我说的方法去刷牙，你就未必会刷了。我要求牙刷别动，用牙来刷牙刷，而且要横着刷竖着刷，刷完外边再刷里边。自己试一试就知道了，虽然要求手和牙刷别动，但是你的手肯定开始动了，而且感觉很别扭。这是什么原因呢？因为常年的习惯都是这样刷牙，现在要改变方式，那么自己的形体就不能按照意的需要随心所欲地组合了。这是你自己的胳膊和手，但它们却不听你的指挥。怎么办呢？太极拳的修炼就是要让有形的身体（"人"字的一撇）和无形的内在神意（"人"字的一捺）永远地相合，让形和意总能和谐配合，这就是功夫。胳膊腿长在自己身上，都能受自己的心意指挥，才说明它们是自己的。否则，虽然长在自己身上，但却不受自己指挥，就可以说它们不是自己的。我们现在进入浑圆桩功的修习，要全面理解"浑"的含义，就必须理解这个"全"的意思，以求将形和意这两个东西修全了，使其浑然一体成一气。

浑圆之"浑"字的第三个含义，就是"厚朴"。形容一个人的气质特点常用到这样的词，浑厚、浑朴、厚重、沉稳。太极拳修习，寻求的就是这种精神状态，且须在"厚"和"朴"这两个字上做文章，让自己厚实起来，无论面对怎样的复杂变化都能保持沉稳而浑厚的状态，即那种泰山压顶不弯腰、每临大事有静气的状态。

太极拳的修习，从表象上可分为一动一静两个方面。动，则动如江河、波涛滚滚、奔流不息。静，则静如山岳，像山岳那样浑厚、沉稳、独立不改。动似江河和静如山岳合起来才完全，二者缺一不可。这个状态就是浑，既有江河的轻灵奔腾，又有山岳的沉稳浑厚。过去有的老拳师将太极状态比作"熊鹰合形"，即既有熊的浑厚，又有苍鹰的轻灵，它们合二为一。这就是太极态，即浑然一体的状态，也就是太极拳修习所要求的那种状态。在二合一中，浑厚、浑朴、厚重是根和本，轻灵是由浑厚催生出来的，没有了浑厚，轻灵就失去了根，就变成了轻浮。山岳和江河、熊和鹰、浑厚和轻灵，它们之间是矛盾对立的关系，是完全不一样的，但又是同出的，这就是《道德经》所说的"此两者同出而异名"。

那么，何为浑圆之"圆"呢？通常的解释，圈就是圆。也可以说，圆是一个闭合的环。不管是圈还是环，它仅是圆的外在形态，我们须了解圆的内涵之意。

圆有一个重要的特性，跟浑一样，也有全的意思。一个圆是一个闭合的圆周，圆上任何一点既是开始点，同时也是结束点。从这一点起始，转一圈又回到这一点结束，这就是一个完整的圆。如果不是圆，那么从这一点开始后，终点就重合不到起点来。所以只有圆才能回来，才是全和周，才是始终如一。圆上的任何一点都是始和终，因此圆既有始又有终，也可以说既无始也无终。所谓浑圆一气，就是两个对立的东西统一而合出来的，圆上的每一点恰恰都是始和终的对立统一，是始终如一。

太极拳的修习就是在一直寻求这个"一"。老子说："天得一以清，地得一以宁，神得一以灵，谷得一以盈，万物得一以生，侯王得一以为天下贞。"得了"一"以后，就能清、宁、灵、盈、生、贞了。但是这个"一"到底是什么？怎么求得这个"一"？道家强调抱圆守一，就是要从圆中求"一"。因为圆就是"一"，所以求圆而得"一"。浑圆桩功的修习，就是通过环和圈来求得这个"一"，最后"浑圆归一气"。

☯ 桩功概论

"一"这个数字在中国传统文化中有着特殊的地位。"一"是什么？它是"有"，但又是"无"，是无穷。学过珠算的人都知道有句口诀叫"九九归一"。九是数字里面的最大数，再多个一是十，就回去了，也就是归零了。九不仅是大，而且比大还多一，比大还大。比大多一是什么？是太，也就是无穷大。前面讲过，浑圆桩就是太极桩，浑圆即太极。太字比大字多一点，大只要得了一点就进入了太。极的意思是极致，到了极限了。大还是在有的范围，大到极限，只要再多一点，那就是无穷大、无限大了。如果大到无限，也就没有大了，就是进入了无。所以，太极是有，但也是无，是从有回无。浑圆桩功就是要让修习者的身心进入太极的状态，也就是浑圆归一气的状态。用圆、环、圈来寻求"一"，这是浑圆桩功修为的主旨。

为便于理解"圆"的内涵之意，在这里学习释义一首《太极体用歌》："妙哉太极拳，运行法自然。绵绵如玉环，着着太极圈。""妙哉太极拳"，是说太极拳很妙。妙在哪儿呢？妙在"运行法自然"。就是说打太极拳的时候，身心的运行要源于自然之法。"绵绵如玉环"，是说太极拳绵绵不断，周而复始，运行不怠，如同一个闭合的环。但这个环不是铁环，如果是铁环就不值钱了，它是玉环，是价值连城的。"着着太极圈"，这个"着"，是着落、落实之意，太极拳的妙就落实在每一个着落上，每一个着落都是一个圈。下面还有两句，"浑圆如一气，上下无斜偏"，就是说这个环是浑圆一气的，是两个对立的东西一上一下、一阴一阳相重合的，而且不偏不倚、中正不斜，反映了圆的流畅、中正、不偏斜的特性。由此可见，修炼浑圆桩功，理解这"圆"字的内涵，一定不能离开环和圈的本质含义。

当年杨氏太极拳的传人杨班侯留下一个宝贵的拳诀叫《乱环诀》，这"环"就是指太极拳里的圆或者圈。《乱环诀》的环，不仅仅是一个环，而是无数个环，所以用"乱"字来修饰。这些环互相交错、互相组合，是变化出无穷的圆圈，让人感觉乱了、分不清了、看不到了、摸不着了，所以此诀中第一句就讲"乱环术法最难通"。但是，这种乱，是乱而不乱，外面看起来乱，其实里面一点儿也不乱。杨班侯用一个《乱环诀》把"浑圆"的真意及实用价值非常精当地总结、提炼出来了。

圆是一个圈。圈在桩功的修习中是一个很重要的概念，浑圆桩功必须找到这个圈。宇宙万物就是一个圈又一个圈，大圈套小圈，其大无外，其小无内，处处不离圈。阴阳相合的结果就是合出一个闭环的圈。太极拳修习要找圈，人生实际上也是找这个圈。成功在于圈，失败也在于圈。物以类聚，人以群分。很多时候我们往往认识不到圈的重要性，其实圈是宇宙万物的一个根本属性。我有一个亲戚的孩子大学刚毕业，雄心勃勃地想要干一番事业，可是到了单位没几天就碰得头破血流。为什么呢？因为单位本身是有圈的，他作为一个新人到了单位，不先在门口认好圈，就立马想要施展一番拳脚，结果不断地碰钉子，所以必须先找圈。

杨氏太极拳老谱的《太极圈》是这样讲圈的："退圈容易进圈难，不离腰顶后与前。所难中土不离位，退易进难仔细研。"为什么讲"退圈容易进圈难"？要进别人的圈不是件容易的事，因为人家不会轻易让你进。若进了圈就有可能成功，而进不去就有可能失败。但是也有的人进圈以后却被圈给圈住了，主要原因是自己不能在圈中做到始终如一、浑圆守一。由此可见，圈既是成功的开始，也是失败的原因。所以，必须做到独立守神、独立不改、始终如一。在现实生活中，就是办事既不能出圈，又要有一个灵活的遵循。因为圈不能成为死的。这些都是正常的、必然的，因为任何事物都不是孤立存在的。

大千世界的组成无非是一个环和一个中，如果环而失中，那么这个环就不能成为抱元守一的圈了。在客观环境有圈的情况下，关键在于自己的圈是一种什么状态，怎样去拿住自己抱元守一的这个圈，去认识和适应外面各种圈的变化。有人问我这几十年来修习最深的体会是什么？我说主要抓住了两个点：第一个是终点，明白自己要往哪里走，目标是什么；第二个是起点，知道自己是从哪里开始的。人出偏差往往就是这两点没有把握住。如果终点没选对，就会谬以千里，该往东走却往西去了。如果起点没选对，就不能从起点奔着终点去和它碰面，就不能始终如一形成一个圆。其实，人生就是要抓住这两点。我始终没有动摇向既定终点进军的志向，尽管在这个过程中有困惑，也有曲折，但我从来没有改变通过以拳入道修习自己的这个目标，我在力求把自己的起点和终点能够圆满地始终如一。道家的修习就是抱元守一。要弄清"浑圆"这个概念，关键问题就是必须明白阴和阳、始和终是一回事，它们是一。"一"的属性就是阴阳相合。

前面引用了太极拳老谱的《太极体用歌》和《太极圈》，主要目的是让大家明白这样一个理：修炼浑圆桩功离不开圈，而且一定要求得这个圈。在具体的桩功修习中，着重从三个方面去体悟。首先，要站出圈的感觉，也就是身外要有圈。在此桩功的基础上，将来不管是练习推手还是盘拳架，都要找这个圈的感觉。当浑圆桩真的在身外站出圈以后，就会得到一个相反的结果，就是圈中的身体反而空了。这就是要想虚了中，就要实了圈，也就是身外要有意，意要向身外放。

如果说无极桩功是身内寻意，那么浑圆桩功就是身外

桩功概论

求意。身外求意的结果是有形之身反而虚了、空了，身外的虚空处出来一个真实，太极拳用的就是这个真实。这个真实虽然看不见、摸不着，但是它确实能起作用。所以，这虚出来的实，才是拳修所求的真实。因而，浑圆桩就是要在身外求出空而实。这个实就是圈，只有圈才是全，才是"一"。其次，要注重身外圈的变化。一般来说，人都注重自身，而忽视身外圈的变化。实际上当自身处在圈的中心的时候，身外形成了一个圈，这个圈是可以变化的，而且所有的圈都是围绕着中在变。其三，要把握好一个关系，即变的是圈，守的是中。任何时候都要在守中的基础上去把握好圈的变化，从而形成一个完整圈的概念，动起来的时候要圈动中不动。比如磨盘在转动的时候，盘心不转，盘心和磨盘总是保持相对不变的关系。不管圈的直径怎么变，也不管它怎么转，总是不离中，它们始终是一个变一个不变。在练习浑圆桩具体功法的时候，就要体会能否站出中和圈，感悟两者之间的真实关系。

综上所述，我们会发现，不论是环还是圈，其重要特征就是虚、空、无。比如随便找一个环，就不难发现它里面是空的，是虚无的。也就是说，修习浑圆桩功，就是要把有形的身体修炼成一个虚、空、无的环或者圈。总之，桩功修为最终要解决的问题是：实的虚了，有的无了，不空的空了。

老子《道德经》是正言反说，我们传承的太极心法之一是反向求。为了全面地理解圆的内涵之意，还必须从阴阳之理角度来认知圆，即有无相生、阴阳相济。有和无、阴和阳永远是相伴而生，有这一面必有另一面。找阴就要从阳中求，说阳就要从阴中看。因此，我们不能就圆来理解圆，圆还有它的对立面。那么与圆相伴的对立面是什么呢？是"方"。方和圆是一对阴阳，是一对谁也离不开谁的矛盾。虽然它们完全不一样，方就是方，圆就是圆，但是这两个东西要同出，不仅要以方做圆，而且要圆中有方。若圆离开了方，那圆将不圆；若方离开了圆，那方也不成其为方。太极拳修炼的核心，就是圆内有方，方外有圆，方圆相生，"此两者同出而异名"。

杨氏太极拳老谱里面专门有一个《太极正功解》。正功就是纯正的、中正的、不偏不歪的意思，而不是邪门歪道、旁门左道。这个《太极正功解》讲的就是圆和方，它是杨氏太极拳老谱所传承下来的重要之解。《太极正功解》第一句："太极者圆也，无论内外、上下、左右，不离此圆也。"第二句："太极者方也，无论内外、上下、左右，不离此方也。"你看，相互矛盾了，太极既是圆也是方，两个对立了。这两句话除了一个是方一个是圆以外，其他的都一样，实际上就是一句话。把一句话变成两句话说，是要告诉我们什么呢？这是强调太极就是一个

桩功概论

圆和一个方，既不离此圆，也不离此方，若离开了就不是太极了。接下来具体说了，"圆之出入，方之进退，随方就圆之往来也"。一个出入，一个进退，也就是《太极拳论》所说的"随屈就伸"。任何一个动作都是一个伸、一个屈；一个去、一个回；一个来、一个往。《太极拳论》所说"动之则分"，是分什么？是分出两个对立的东西：出入、进退、来往。实际上就是要分出圆和方，出入往来要随方就圆，这两个对立的东西是不可分割的。接下来一句："方为开展，圆为紧凑。"

修习浑圆桩的基本形态，就是既向内抱又向外撑；一个是向外开，一个是往里合。撑抱、开合这两个东西同时存在。如果向外开是方，那向内合就是圆。圆就是要抱住这个方。所以，太极拳也叫外圆内方。什么物品的形态是外圆内方呢？古时候的铜钱，俗称孔方兄，就是圆里面有一个方孔。其实桩功的修炼，就是在攒自己的本钱。当既有了圆又有了方之后，自己的身心就有了本钱。两个对立的东西同时在自己身上存在了，异而同出了，这就是本钱。俗话说没有规矩不成方圆，一个规和一个矩，规成圆，矩成方。所谓守规矩，其实就是守方圆。

在现实生活中，不只是太极拳要有方有圆，在人生和事业中也都无出一方一圆。天圆地方，一定是外圆内方，圆在外，方在其中。太极拳的修习，把方圆很鲜明地表现在刚与柔上。所谓刚柔相济，其实是外柔内刚。太极拳越修习，外表越柔和、越谦逊，但是内里那种刚毅的能量、坚强的精神一定是蓬勃欲出的。杨氏太极拳前辈杨澄甫将太极拳的这种特性称之为绵里藏针。从外面一看就是刚，那不是太极拳。如果柔里没有钢针，展开里没有紧凑，那也不是太极拳。中国的传统文化，道家的哲学思想，讲究的就是外圆内方、外柔内刚，并且两者要异而同出。

《太极正功解》接下来说，"方为开展，圆为紧凑，方圆规矩之至，其就能出此以外哉"，就是说宇宙万物谁能离开这个根本的道理呢？"如此得心应手，仰高钻坚（仰是向上，钻是向下，一上一下），神乎其神，见隐显微，明而且明，生生不已，欲罢不能矣"。这就是杨氏太极拳老谱记载的《太极正功解》，我把它叫作"方圆解"，它是用方和圆来阐明太极拳修炼的内在真意。

圆还有两个最基本的含义：一个是"圆满"的含义，即圆而饱满。虽然满，但是不外溢。另一个含义，是"无凸凹"，既不凸也不凹。拳论上讲的"无凸凹、无断续"恰恰说的就是圆。圆是一个闭环，它没有断续，任何一点都是开始，回到这一点后接着又是开始，连绵不断，生生不已。同时圆没有一个地方有凸凹，也没有一个地方有鼓瘪。我们修习浑圆桩功，就是要让自己的身心从圆中体会出"无凸凹、无断续"。当自己站出了环和圈的感觉，就

> 桩功概论

一定会对"无凸凹、无断续"产生真切感受。

以上对"浑"和"圆"的基本含义分别做了解说。但对浑圆桩而言绝不仅仅浑是浑、圆是圆,而是要把这两个浑在一起,圆要加浑,达到浑而圆的状态。那浑而圆的状态,不是人为画的圆,不是人造的,也不是自己臆想出来的,而是浑然天成的,是通过修习自自然然出来的圆。浑然天成的圆,是有阴有阳冲气以为和的圆,是无断无续、生生不已的圆,也就是浑圆桩歌所说"浑圆归一气,一气即太极"。

以上把什么是"浑圆"简要做了一个介绍,初学者可先从理上对"浑圆"有一个基本的了解和认识,便于在修习浑圆桩功中有所遵循,细细体悟其本质涵义。

2.浑圆桩功的基本特点是合

前面讲过,无极桩功主要解决"分"的问题,依照层层分的修习原则,将人体先从大的方面分为上、中、下三盘,再分为九大关节,然后从小的方面分为十八个部位,在分的基础上寻求每个部位的体内之意。浑圆桩功主要解决"合"的问题,这个"合"是分而合,即把两个相对立的东西浑在一起变成一个。如"起落合一",就表现了太极拳的基本内涵。起与落相合,表象上是起,但起中要有落,若有起无落,那起就没有根了。当保持住"起落相合"这种二合一的状态,无论是拿着它打拳架还是与人交手,就活了。对方摁我任何地方都不会摁死,因为在我的身上有两个对立的东西浑然天成、二合一了。浑圆桩功的"内三合""外三合""三尖相照""内抱外撑"等功法,就是修炼二合一。总之,浑圆桩的功法练习是将自己合成一个大气球,也是拳修所求的浑圆一体、浑然天成。所谓浑圆一体、浑然天成,就是按照原原本本、自自然然的状态去存在和生成,它是纯天然的,毫无人为因素,毫无造作之意。人为为"伪",本来"为"是好事,但是加上"人"以后就变成了"伪",就不是真实和浑然天成了,变成了假的、人造的。

拳论讲"分阴阳,合太极"。如果说无极桩功主要是从分入手,去细细地体会层层分的滋味,那么浑圆桩功更主要的是体会合。把两种不同的东西合在一起,就是浑的状态,使其既说不清,又分不开,你中有我,我中有你。就像是和面,把面粉、水和碱最后要合在一起。但是只合在一起不行,还要不断地进行浑,要揉一遍再揉一遍,经过了揉和醒,最后面就浑然一体了。这时候再想把里面的面粉分出来,把里面的水拿出来,就不可能了,因为它们已经浑圆一体了。此时有经验的人会用手摁一摁面团,如果摁出一个坑后又恢复了原样,说明面团有弹性了,有劲了。我们的太极拳修炼就如同和面一样,只有浑圆一体,

桩功概论

把两个对立的东西浑成以后，才是"冲和"了。合了太极后，就合出了所谓的内劲，那个弹性的劲道也就出来了。

这个和面的比喻不一定完全准确，但是说明了一个道理，就是太极拳的浑然一体是合成的，是分而合、异而同，阴中有阳、阳中有阴。正如《太极拳论》所言"阴阳相济，方为懂劲"。修炼太极拳如果做到了浑然一体，那就是懂劲了，它是太极入门的标准。如果自己进入不到浑然一体的状态，那么不管打的是二十四式、四十八式还是一百零八式，都要打一个问号，想想这是不是太极拳？

修习浑圆桩功解决"合"的问题，其根本方法是无内求外、虚实反练。

先讲"无内求外"。太极拳所言之意，有身内意和身外意之分。在无极桩功中所寻求的是身内意，即在有形的身体上去分别体会十八个部位的意，如顶要提、肩要挂、肘要垂、腕要塌、胯要坐、臀要敛，等等，这些意都是在自身上。在拳修中，如果这些意只停留在自身上，那就很难进入太极的浑圆当中。因为意停留在身内就滞了、就死了，反而束缚了有形的身体。所以，十八个部位的意求出来之后，必须逐步让它在体内有而无。也就是说，身内意在身体上求出来的那些滋味，使自身形成一种新的习惯以后，就不要再去在意它们了，让它们回到自然状态。如果始终刻意于体内之意，反而会影响自然心意的产生。

从"有无相生"之理来看，只有身内意无了，身外意才会产生。这就是无了这个，才会生了那个。正如拳论所讲："拳无拳，意无意，有意无意是真意。"这是什么意思呢？就是说拳修所求得的拳意总是在有无当中，有而无、无而有，这便是太极拳追求的真意。

下面，再讲"虚实反练"。太极内功的修炼，用一句话来表述，就是虚而实之，实而虚之。这既是理论的东西，又必须在实践当中得到证实和应用。如果不能把理论上虚的、抽象的东西在自己身体上得到实证，那就不是真正的内功修为。就是说，太极功法的修习不只是身体的演示，而是通过修炼来证实理论上看似虚无的东西，使其在自身得到验证。这就是以拳证道、以武演道、由武入道。我所传承的太极拳，是从桩功开始，修炼虚而实之、实而虚之。要把老子所讲的道，把拳论所说的东西，都能在自己的身体上去一点一点地得到验证。拳修功夫的所得，也是在这实证当中不断地积淀出来，这是太极拳修炼的基本过程和道路。

在拳修中，要想求得虚而实之，最大的阻碍是自身这个实体，因为自身很难做到实而虚之。每个人几十年来的习惯思维形成的这个我，也就是能看得见的这个我，往往都是个人拿着自己放不下，于是那个需要虚而实之的东西就出不来。只有把自身这个我放得下，那个虚的东西才

桩功概论

能变得实、拿得起。要想做到放下这个拿起那个,修炼的方法就是"反向求"。不少人也想拿到那个"由虚变实"的东西,但不论怎样去抓、去拿,总是拿不到,其原因就是走错了路,最后什么也拿不到,因为差之毫厘、谬以千里。实际上,你要想拿住,并不在于怎样"拿",而在于怎样"放"。这种思维习惯与常人的大不一样,这就是顺凡逆仙。我们修为的主旨与常人的思维习惯恰恰相反,所以才能得到同常人不一样的结果。由此可见,要想拿住真东西,必须在"放"上下功夫。能拿得起来,实则是放下,功夫出在放下,结果是得到拿。如果不在"放"上面下功夫,你练一辈子也拿不到那太极的真东西。

综前所述,桩功修习的核心,就是把自己既有的思维习惯反过来,阴阳颠倒颠,把它全放下。怎么放?老子给我们开了两味药,一曰损,"损之又损,以致无为";二曰反,"反者道之动"。意思就是要损、弃,要不断地减,敢于否定自我,和现在的习惯反其道而行之。只有把现在的实我放弃以后,才能看见另一个由虚我变实的我,才能形成一个完整的"真我"。

现在的问题是我们的身体虚不了,探究其原因,主要的是那无形的心被各种各样的贪念、欲望等塞得满满的。例如整日惦记着今天股市是涨了还是跌了,孩子将来是出国留学还是其他,等等,类似这些东西充满了脑海,心就不会放下，有形的身体是僵硬的，也松不开，而且多年养成的用力习惯也改不了，那僵滞之力在身体里面布得满满的。由于心放不下，身也放不下，这身与心两方面都放不下，这样就无法使虚而实之的"真我"在自己身上得到体验，也就无法见到那个虚而实之的"真我"。可见，求真我是拳修的大道，其至简的方法就是要同自己的常规习惯反着来，具体来说，反着来的关键是把自身实而虚之。

中国传统的修行方式，不论是儒释道，还是太极拳，虽然路有好几条，但道无二道，最终都会归到一条道上来，这就是"放弃自我"。凡是舍不得改变自我的人，就很难真正进入修炼的境界。也就是说，一方面拿住现在的我不放，另一方面又去寻求修炼的东西，此路一定不通。

太极拳的修炼，就是要通过功法练习，一步一步地去体会怎样才能使自己的身体实而虚之，让自己的身心一点一点地往下损减，减去那些不合道的想法及不该有的贪念，让自己的心能够完全静下来。然后，减去充满全身的僵拙之力，逐渐体会到周身松通以后的滋味，这样循序渐进地寻求到心静体松的状态，便会逐步进入一个新的境界。这种状态，就是独立守神、独立不改的状态。当寻求到这一状态之后，实我变虚，虚我变实，自己便与"真我"见面了。当有了"真我"之后，就能够做到不受外界任何变化的影响，天要下雨，娘要嫁人，那不关我的事，

9 桩功概论

我只管在复杂的万变中坚守一个不变的主旨,就是抱元守一、独立守神、独立不改,并能以此来应对一切复杂的变化,这就是拳修的最终目的。

那么,怎样才能虚实反练呢?简言之,就是虚实转换、内外相合。如前所述,每个人都有两个我,一个是有形的我,是看得见、摸得着的;还有一个我,是看不见、摸不着的。一方面,从现实来看,每个人的确看不见真实的自己,因为眼睛长在脑袋上,个人要想看见自己长得什么模样是做不到的。如果没有镜子,又想知道自己长什么模样,那必须问别人,让他人描述一下自己的样子。所以人知道自己最难,因为个人看不到真实的自我。另一方面,从拳修而言,能看得见、摸得着的己身并不是真实的自我,那真实的自我在哪里呢?在镜子里。从镜子里能看见自己,把一面镜子放在自己面前,一看,噢,原来我长这样啊,还以为我是那样呢。就是说,那个真实存在的实我并非是拳修所求的真我,真我在我之外。或者说,真我就在那个镜子里。镜子里的我摸不着,摸到的是镜子,可是里面确实有一个我,他总是跟自己相反相成。太极拳修炼,就是要寻找镜子里的那个真我。而要想找到镜子里的真我,必须把有形的实我虚掉。只有把有形之身虚掉了,镜子里的虚我才会变真实。

但是,我们多年形成的思维习惯总以为有形之身就是真实的，所以很难找到那另一个我。其实，镜子里的那个虚我才是真我，因为他没有自己的主观意识，从来不主动，没有任何私心和欲望。例如有形之身抬手他就抬手，真身动他就动，他总是影随身行。正因为他无我、无思、无欲、无念、无为，这样才真实、合道。浑圆桩功就是要求得身外的那个看起来虚幻、实则真实的我。通过功法修为，真正做到了"虚而实之、实而虚之"，那个实我和那个虚我也就相合了，这就是拳修所言内外相合。

内外相合，是太极拳修习的核心。这里所言之内外，不仅仅是常规思维所理解的身内是内、身外是外，而且包含一个虚实相转换的内和外，即把身外的虚我虚而实之，有形之身的实我实而虚之，这实我虚我的根本转换，才是拳修所求的内外相合。只有做到了虚实转换、内外相合，当对方摸我的时候，我才能自然地舍己从人。因为对方以为实身就是真我，但是我已经把它虚无了，而那个真我在我身外呢。大成拳宗师王芗斋说过一句非常经典的话："离开己身无物可求，执着己身更为不妥"，这句话很辩证，准确表述了桩功修习的核心内容。

虚实转换、内外相合之后，其思维和动作习惯由过去的主动变成了被动，意出身外，虚实颠倒，实的变虚，虚的变实，这是浑圆桩功的根本之合。

桩功概论

3.浑圆桩功的核心内容是练意得气

浑圆桩功求什么？求气。气怎么求？以意导气。浑圆桩功是在无极桩功由形寻意的基础上以意导气。如果无极桩功中还没有寻到意的真实感，那么在浑圆桩功中则要继续寻求意的实感，在此基础上去以意导气。

拳论讲"以心行意，以意导气，以气运身"。意由心生，意是心的表现。桩功所坚持的一个中心、三个基本点，其中第一个基本点就是静心凝神，是先静心才能得到寻意，静心后寻求身体各个部位的滋味。进入浑圆桩功，则是以意导气，练意得气。

如本章开始介绍的《浑圆桩功歌》曰："浑圆归一气，一气即太极。"此桩功歌回答了这一气是什么，"一气即太极"。太极拳修炼了半天，就是用拳来修炼"一气即太极"里的一气。这一气是由二气浑成的，如老子所言："负阴而抱阳，冲气以为和。"阴阳二气冲和以后，才产生了天地宇宙间的万物。浑圆桩功求的就是二气浑成的一气。桩功歌又讲，"无极生意意导气"，这句回答了学习浑圆桩功的目的是干什么，是以意导气。拳论讲"周身一家""总须完整一气"。拳修之人当能够领悟、体会到完整一气的时候，说明他的无形之心、有形之身自然合成了一个完整的浑圆体，也就是《浑圆桩功歌》的第四句

"完整一气浑圆体"。当年翁同龢曾高度称赞杨露禅祖师"犹如太极之浑圆一体也"。修习浑圆桩功法，就是使自己逐渐由无极迈入太极，通过以意导气修出浑圆一体。

前面讲过，无极桩功与浑圆桩功，这两个桩功在其修习的目的和内涵上是不一样的。无极桩功是体内求意、由形寻意，浑圆桩功是体外练意、以意求气。无极桩功衡量能否得到所寻之意，看你身体是否松通。浑圆桩功衡量能否以意得气，则看你身体是否出沉。如果说无极桩功是为打通身体，是在修路，那么浑圆桩功就是得气而通车。修路不是桩功的目的，只有所修之路能跑起车来，才证明路通了，管用了。如果车能够顺利地四通八达，那就说明这条路修得质量很好。浑圆桩功是跑车，跑车就是导气的意思。简言之，无极桩功修为目的归纳为一个字是"通"，浑圆桩功修习目的归纳为一个字是"沉"。

浑圆桩功必须得到出沉的真实感觉，这样才能达到修习的目的。浑圆桩功修习的目的是什么呢？是一气周流。一气周流，是指内里意的流动所产生的内动的变化。什么叫太极内功？就是意导出的内气在身体里面产生作用了。正是由于气的鼓荡作用，才能够引发出有形身体的动作。如果没有内气的运行，身体的动作就变成了单纯的肢体动作。太极拳的任一动作，都是基于内气的运行。一辆完整的汽车之所以能在路上奔驰，是由于发动机的压缩产生了

桩功概论

气体，进而产生了动力，驱动着汽车的轮子往前奔跑。在太极拳的修习中，如何把内气调动起来是根本。关键是抓住意。记住，意的流动，能催动内气的运行。气是意动起来的结果。往往容易出现的问题是你的意指挥不了自己的身体，让身体虚空的时候它空不了，让身体松通的时候松不下来，这是问题的关键所在，也是拳修要解决的主要问题。在意不在气。气不是练出来的，是意导出来的。拳论讲"内不动，外不行"。身体外面所有的行动都是内动引发的，这是太极内功修习的关键。

关于气有各种各样的说法，练气功的在说气，中医也讲气，太极的浑圆桩功是以意导气。气这么抽象，自己怎么才能知道得没得气呢？有没有一个具体标准呢？据我所知，多数练气找气的都是空对空，没一个有标准的。那太极拳怎样衡量得没得气？通常的一个说法是气沉丹田。那就是说，气的关键在于沉，要以沉来说气。前面讲无极桩功与浑圆桩功的修习目的和内涵时，讲到浑圆桩功的修习目的归纳为一个字——"沉"。沉是意导气的结果，是得气的一把具象化尺子。就是说，衡量得气与否的重要标准，关键是看出不出沉。太极拳的修为不单纯是理论上的，它是把抽象的道用拳来具体化，把很多不具体的、无法摸到的东西，通过有为的方式来亲身感受到。只有能感受到，气才能在自己身上有所得、有所用。若不能使气这个抽象的东西虚而实之，并在身上得到具体的实感，那就没法用。气不是看不见摸不着吗？那就从沉上找，能出来沉了，就体会到气的感觉了。所以说，浑圆桩功是以意导气，实际上是在找沉、出沉。沉不是死的，如果就沉在那里不动，就像汽车停在停车场，那也没有用，只是一个摆设、展览品。我们的出沉不是为了展览，这个沉要用它。因为这沉是活的、可用的、可动的。所以，浑圆桩功必须求出沉来，目的是"出沉得气"。

那么沉怎样才能出来呢？还是要从意上求，用意来寻求沉的滋味，也就出来气的感觉了。例如在体会双臂起落的时候，双臂上起不能用力，只要一用力就僵滞住了，就出不来沉。要意上寓下，这个寓下怎样寓？必须是由意出沉，是由意把向上的劲给沉出来。但这个沉是寓，是"凡此皆是意"，不能用力，一用力就截死了、不通了。总之，浑圆桩是由意出沉，以意运沉，出沉得气。

二、浑圆桩功具体功法

浑圆桩功依然要遵循无极桩功所秉持的"一个中心、三个基本点"的要求，即"中正安舒"这个中心不能丢，"静心凝神、呼吸自然、周身松通"这三个基本点要保持不变，特别是无极桩功所求的十八个部位的意和滋味要

桩功概论

由常态变化为自然。在此基础上，修习浑圆桩功的具体功法。

1.抱球势

功法释义

浑圆桩功的基本形态，是在无极桩功双手自然垂立的基础上变为抱球状。如果说无极桩功是以点、线、面为主，那么浑圆桩功就是在空间和立体上，由环和圈组合出一个立体圆，即球状。所以，浑圆桩也叫抱球桩。

"抱球势"功法有四动：（1）未抱先落。即在抱球之前，整体下落中有抱球之意；（2）随落而起。即随着身体下落，手臂将体前球捧抱而起；（3）起中有落。即在抱球上升中，感觉球沉甸甸的、球有下落之感；（4）起而回落。即双臂将球由下而上抱到腹前，然后将捧落至下丹田或中丹田的位置。

第一，球未抱意先行。双手臂抱球之前，意在体前一定先有一个球。球意实了，身随意行，双手臂开始抱这体前之球时，双手臂与球及身与球要有二合一的感觉。

第二，意上寓下。双手臂在捧球而起的过程中，要意上寓下，即向上捧球时，先在下边虚的地方找出实意来，所抱之球既有上起之意，又有下落之意，上起与下落同出而异。

第三，意想全身合起来抱球。不仅仅是在局部用双手臂抱球，而是全身统一协调将球捧抱而起，全身一动无有不动，身体的内外、上下、左右、前后共同合力完成抱球动作。

简述"抱球势"功法的基本要领，一是求得体前球的真实感觉；二是手与脚合、全身与球相合；三是身随意行，上起与下落同出而异，连捧带抱，举轻若重。

功法集体体验

下面，我们一起，按照刚才讲的基本要求来体会一下。先从无极桩功开始，无极桩功坚持的一个中心、三个基本点，依然是浑圆桩功的中心和基本点。

请大家照我的提示来做：

一个中心——中正安舒……

三个基本点——静心凝神，呼吸自然，周身松通……

无极桩功的上提顶、下落足，提顶、竖颈、收颔、叩齿……

肩自然挂而垂，肘自然沉而垂，塌腕，展指……

含胸必拔背，腹要空而实，腰要松而活，胯要松落坐……

坐胯活腰必敛臀，膝要微屈而扣合，坐胯扣膝圆裆……

桩功概论

舒踝，足下要平松而落，有提就要有落，有落就要有提……

提的是整体骨架，全身的皮肉如同在骨架上挂着，皮肉松挂而落，提骨而落肉……

静心凝神，呼吸自然，周身松通……

好，转入浑圆桩功的抱球势功法：

意要先行，身前有一个球……

现在要把这个球捧而抱起，未抱先落……

指领、肘随、肩催，用全身整体地捧抱这个球……

球徐徐地被捧而抱起，随意而起，人随球起，起中有落……

球抱至下丹田，起而回落，体会抱球之真意，体会人与球合的实感……

顶依然要提，肩要挂、肘要垂，这球是圆的，所以要抱圆它……

中正安舒，静心凝神，呼吸自然，周身松通，全身放松……

把怀中的球轻轻地、徐徐地下落而放……

落的时候要有提，随提而落……

好！复原。

第二章　太极桩功

随问随答

问：在站桩的时候要抱球，对敌的时候也要抱着球吗？

答：与对方一搭手就要找球，要手捧太极，真功夫就在这儿，在虚处的球上。没与对方搭手的时候，球就在这里，一旦搭上手，就要让对方与那个球合起来。临阵对敌时，要能掌控这个球的大小、聚散，能以虚为实，空而不空。当拿住球的时候，实际上就把对方放到这个球上了，虽然掌控的是球，但实际上拿的是对方，等于把球和对方合在一起了，动球就是动对方。意念不要在对方身上，不要老想着动对方，要把意念放在手中的球上，对方就是手中的球，动球就把对方动了。太极拳的拳架里有个打虎式，你拿着球练打虎式跟不拿着球练，结果是绝对不一样的。你的球没了怎么打虎啊？丢了球就打不出来了。所以，手里有没有球，是区分、辨别真假太极拳的重要标志。我们站桩抱球的时候，是无敌似有敌。当临阵对敌时，手里还要抱球，但要做到有敌似无敌，需要调整的是自己的抱球状态。只要能抱住球，让球不瘪、不掉，做到手如运球，这就是太极，就大功告成了。

问：抱球时身体的其他地方可以动吗？

答：手如运球，要想运这个球，身体其他地方当然可以动，但这个动不是妄动，而是如拳论所言"一动无有

桩功概论

不动"。与人接手时，你可以转身，可以弯腰，但是一定要注意，不要急于动，因为动不是你的事，你是被动的。对方出一点，你就转一点，当对方力大你实在顶不住的时候也可以跑。但是不管怎么动，手里的球不能丢，球随对方动而动，一动无有不动。关键是手里要有球，有了球之后怎么动都是一个滋味，全身完整一气，每个部位都是均匀的。

问：当我们抱球的时候，周身每一点的力量都是一样的吗？

答：对，是均匀的。身上所有的地方，包括后背都是一样的。越均匀就越完整一气，不能哪个地方少一点或多一点，周身都是一样的。

问：与对方接手，怎样才能做到浑圆一体、不丢不顶呢？

答：就是拳论上说的，开始是舍己求人，后来是守己不求人。我随心所欲，只要把你放在我的球上，就能够意球动，形是随动。因为我动的不是你，你被放在我的球上，我动的还是球。但是自己必须先要把球抱住了。

2.三夹一顶

> 功法释义

"三夹一顶"功法,是浑圆桩功在虚处求真实、在空处求不空的一个重要功法。平常人的习惯空就是空,不空就是不空,这是常人的思维。太极拳修炼的思维不是这样,空是空也是不空,不空是不空也是空。因此空是不空,不空也是空,最后空和不空合为一体了,就叫作"空不空"。如果有人问你,李老师传承的太极拳有什么特点?你可以说,特点就是空不空。太极拳练什么?简单说就是一句话:是在练空不空、松不松、有不有、无不无、快不快、慢不慢、大不大、小不小,等等。归根结底,凡是对立的两个东西都是一回事,就是阴阳二气合为了一气。这样就是浑圆一体了,就能够一气周流、浑然一气。所以,在拳修中要把这些东西落实了,就能够体会到"空和不空"在自身上是什么样的感觉。

可以讲,那种"空不空"的感觉无法用文字和语言把它说得很明白,如同人饮水,冷热或淡咸自知。俗话说真舒服啊!但是任何人都没法说明白自己的舒服究竟是什么滋味,只能是自己的一种感觉,而越想说明白这种感觉,就越说不出来。事实上,真正美妙的东西是永远说不出来的,它只可意会,不可言传。我给大家说的这些现象,是用能说得出来的东西来说明这个道理，而每个人都只能寻求自己的体会和感觉。只有自己通过修炼体悟到了那种独知自乐、无法言说的滋味，才说明你得到了这个东西，或者说你将它修到手了。这也说明每个人的修为都是个性的，是独立不改的，是自我的。你找到了那个不可言说的东西，那就是你的，而且它是无价之宝、难得之货，是别人无法拿走的。

当年我父亲有一个年龄最小的师弟，现在已经八十多岁了，身体还很好。他原来是部队文艺队的队长，吹、拉、弹、唱全会。他平时非常喜欢说话，对上面有意见也敢顶，被打成了"右派"。被安排到黑龙江农场，他不喜欢那个地方，于是就不干了，就自己跑回北京了。他当了那么多年的兵，一直提到连职的文艺队队长，却回到北京做了临时工，当了木匠。他身上的太极拳功夫很好，在我父亲的师兄弟里面是功夫不错的，过去常在北京的美术馆、东单公园等处教拳。在落实工作的时候，组织上一查，发现他很早就参军了，还是离休老干部呢，所以就给他恢复党籍，恢复待遇，成了连级的离休干部。原来文艺队里面和他在一起的人，有成为原广州军区后勤部长的，有当了西影厂厂长的。我这位师叔老先生真的很传奇。太极拳修炼，当你体会到那种美妙的时候，它将伴随你终生。你所有的财富都有可能被剥夺，只有这个财富是永远属于自己的，别人想拿也拿不走，就是从你这里剥夺了也到不了他那里去，因为它永远属于自我，真正是自我的东西只有这个。所以说，拳修是在修习自己的"难得之货"。这个货永远是自己独知自乐、独立不改、独立守神的东西，它可贵就可贵在这里。

这个"难得之货"，就是两个对立的东西合在一起后的那种滋味，它就是太极。拳修所有的动、所有的用，都是这个东西。这个东西就是空不空、松不松、紧不紧、有不有、无不无。那么，用什么方法来寻求这个"难得之货"呢？下面要讲的浑圆桩功"三夹一顶"，就是一个十分重要的功法。

浑圆桩功的基本形态是抱球，但实际上不只是身前这一个球。浑圆桩功所求身外之意的位置不只是怀中，而是布满整个身外空间，凡是身外空的地方都要虚而实之，用意去占领它。怎样用意来占领虚空呢？还是用球。用球之意把虚的部位充实了，用"假修真"求出其中的真意来。具体地讲，除了身前抱个球之外，其他虚空的部位还要夹球。

在这"三夹一顶"功法中，重点讲三个部位要夹球。哪三夹呢？

第一，指夹球。太极拳讲"手手不空"。桩功修为要求五个手指的指和指之间不能空着，要让它充实了。怎么办呢？两个手指之间各夹一个球，左手五个手指可夹四个球，右手也夹四个球。夹上球之后和不夹球的时候就不一样了，意在手指之间真实了，这样手就充盈、圆满了，就是手手不空，也叫"空手不空意"。如果不夹球，这手指之间虚的地方就是虚，是虚而空。夹上球以后，这里就变虚为实、空而有了。夹球与不夹球在具体运用中是完全不一样的，的确有着不同的效果。这手虽然不用力，但当夹球之意在手上真实以后，这个手就变得"手非手"了。所谓"太极无手"，其含义就是这手不是原来的手了，它变成了太极手。太极手和普通手是有区别的，拳修中要找到两者那种不一样的感觉。

功法试手体验 ❶

下面，请过来一位同学与我试手体验一下手指夹球的滋味。

我这里意在抱着球，你推住我的手。我的手现在不夹球，你推的感觉是什么？是虚而空，因为没有意，所以容易推。现在我除了抱球外，手指间还夹上球，你感觉怎么样？我一夹球以后意就通过去了，整个手就充实、丰满了。

你来做手夹球体会一下。你这手没有夹球意就是空的、虚的，很明显手这里是瘪的。一夹球以后就能感觉气贯四梢，到指尖了。为什么你我都有这个感觉？因为意过去了。

注意不是用力夹，是用意。其实，你只要一想意就有，只是我们平时不这样去找它。两个人一搭手，你只要一想手指夹球，意一下就过来，手指马上就鼓起来，圆满了，全身就一体了。所以，手夹与不夹球效果完全不一样。

再仔细体会。手不夹球则这里是瘪的、凹的，一夹球以后就无凸凹，凹的地方就补平了，变圆满了。只要一用意，意一下子就过去了。意一过来，那劲就出来了。这不是用力的结果，是内气通过来的。

功法试手体验❷

再请过来一位同学体验一下。

普通的手有力就是有力。比如说现在这位同学抓住我的手了。大家看，他的手有力就是有力，无力了就是无力了。这都不是拳修所求得的手，我们要求得的手是无而有，虽然手上这个力无了，但是夹球之意要有。现在我一有夹球之意，他就顶不住了。所以，手里要有东西，无或者有都不是，要有无相生，无了力以后一定要有意。太极拳发人就是这样，大家看我的手往他胳膊上一搭，手是不用力的，手要用力就发不了对方。但是只不用力也发不了，手上要有意，一有握球之意他就出去了。要用意领着这无力之手走，手的运动是意领的一个表象。我们要找到这个状态，站浑圆桩的时候，手不许用力，但是手夹球之意一定要有，用意把虚空

桩功概论

的地方都填实了。

功法试手体验 ❸

好，你再来体会一下。

你用手按住我的时候，手上要有夹球之意。对，现在这样就不空了。如果你没有这个意，手上就是真的空了。你现在继续夹着球往前走，不要管别的，就管手夹球，关键就在意上。你还是你，没有别的变化，既不用去抻筋，也不用去活腰，意只要一转换身体的状态就改变了，用力的习惯就改变了。所以，拳修不是单纯的形体锻炼，是用意练形、改变形，一用力就截死了，用意不用力是太极拳修炼的关键所在。意到气到，气到劲到。气不到的原因是身体不松通，那么意过不来。所以，要意为先、为主，意领形随。

功法释义

第二，腋夹球。在无极桩功中讲过腋夹球，此功法仍然要求两个腋下一边要夹一个球，既不能腋下用力把球给夹瘪了，也不能两腋太松让球掉了。腋下这球是似夹非夹，不用力而用意，这样用意球把腋下的虚空处填满、充实了。所以，在抱球的过程中，腋下一定总有夹着球的感觉。这时候怀中抱一个大球，手指间夹着八个小球，腋下有两个球，共十一个球，身体要跟这些球合着，哪个球也不能掉，哪个球也不能瘪，当意感充实了就会产生气感，就能体会到气的充盈。

第三，颏夹球。颏下也要夹一个球。无极桩功要求提顶、竖颈、收颏。收颏功法实际上就是颏下夹着一个球。如果不夹球，颏这个地方就是虚而空，没有弹性。一定要注意颏回收的合适状态，不能仰颏，一仰颏球就掉了。但是也不能掖颏，一掖颏球就瘪了，要寻求到球不掉不瘪的真感实意，那就是合适状态。

有人说怎么到处夹球啊，真麻烦。初始桩功修习不能嫌麻烦。虽然开始到处找球夹球，但是修到最后"总需完整一气"的时候，这些球就没了，那时候就简单了。求简单必须从复杂开始，开始要多夹一点儿。拳修就是用夹球这种假借，把有形的身体虚空、松通，让我们的意顺畅直达，这就是桩功修习的目的所在。当做到了既抱球又夹球以后，还有什么虚空的地方要用球来填呢？我们的目的是意遍周身、周流一气，正如拳论所讲"无使有缺陷处，无使有凸凹处，无使有断续处"，拳修就是把自己打造成这"三无"产品。凡是有断续的地方就有缺陷，这个断不是指有形的身体要用绳子绑起来使其不断，唯独不断的是拳论上所讲的"形断意不断"，因而我们所求的是意不断。怎样才能做到意不断呢？在浑圆桩功中就是用球意把自己修成一个无断续的浑圆体。

桩功概论

任何有形的东西都能阻挡得住。为什么激光武器厉害呢？因为激光无形。凡是有形的炮弹都能挡得住，但那无形的、看不见的东西就挡不住了。你挡得住我的胳膊，但是挡不住我的意过去，太极拳厉害的地方就在于用意。可见，拳修必须在用意上认真地修为和体会。

最后，还有个"一顶"。指间有断的地方，夹了球以后就不断了。还有什么断的地方需要用意连起来呢？两只手的指尖之间还是断的，所以除了指间夹球之外，两只手指尖之间还要有一个顶球之意。这个意就把断续的两只手连在一起了，它体现了形断意不断的原则。在站桩抱球的时候，在抱球之意和夹球之意的基础上，手指尖之间再有个顶球之意，这样才能形成一个完整的球意，意上才不散乱，才能找到"一"的感觉。如果两手指尖之间不顶这个球，那意上就是断的和散的，所以必须要顶上这个球。

功法试手体验 ❹

请这位同学来与我试手体会一下刚才讲的内容。

你推住我的两只手。现在我虽然夹球了，但是两手之间还是断的。大家看，我一顶上球以后，他立马就出去了。因为顶上球以后，全身就合成了一，就如同一支箭一样，一下子就奔他射过去了。所以夹和顶要合在一起，意将两手往一起一顶就合了，全身就合成一个球了。只夹球不顶球还是二,又夹球又顶球才是一。对,就是这样。大家看这位同学现在顶球的力量有多大,一下子把我就顶出去了。

功法释义

在现实中,我们往往忽略了这种完整性的作用,平时很少用意把自己的虚处都连在一起。浑圆桩功就是一步一步地用意把身体虚的地方都实起来,等于用一张意的网把自己打造成一个完整体,意的重要性就在这里。拳论讲"合即出",把别人发出去不是因为我用力了,而是我合成"一"以后他自然就出去了。自身所有的变化都是为了最后能够"合即出"。太极拳就是练二合一,两个东西要合为一个。如果不合,往前走的时候身体就是散的。当既有往前走的方向,又有两手往里合的方向的时候,这就是"一横一竖打天下"。太极拳发人的结果,就是由这一横一竖产生的,一横一竖合出来一个圆。正如杨班侯所讲"发落点对即成功",当找到了那个点以后,一下子就把对方发出去了。

两个对立的东西必须合在一个点上。不怕它们不同,不同是绝对的。我们通常说的一个声音,是不同的声音最后合到一个点上。不同而合,才是拳修所求得的,我们修为了半天,就是要找到这种感觉。但是,唱歌时都是一个声音肯定不好听。1969年我在铁道兵十三师打山洞,每

桩功概论

天要一起出操唱歌，唱《三大纪律八项注意》《我是一个兵》，就是要喊出一个声。这大合唱一定要分出不同的声部，最后合到一个点上面才好听。第一要分，第二要合，并且合到一个点上，这样艺术的韵味才能出来。一个家庭里面两口子也一样，两个人不能不分而合，如果两个急性子凑在一起，谁都不容忍谁，那就会打得不可开交了。两个人要有不同，但是还能合在一个点上，心往一块想，劲往一处使，那该是什么劲头？！

和谐就是不同而合，所有的事情都是这样，包括我们自己。我们做事情本身就有不同，到底是做还是不做，是该去还是不该去，是往左还是往右，这是经常出现的问题。如果这两个合不到一个点上，就把自己搞乱了。太极拳修炼，就是训练自己把二往一合，往一个点上合，形成一个新的习惯，对待所有的事情都去找这个点。

永远是三为大。因为三生万物，三点成面，三点最稳定。不少人都想成功、想升迁，有的是靠左不行，靠右也不行，最后能升迁的那个人肯定是左也没靠、右也没靠，但却左也能呼应、右也能呼应。因为他在中的位置，这个中就是二合一的点，这一点就是三，既不左也不右，所以一定能成功。

太极拳的修炼同样也离不开三。从无极桩功开始，总是遇见三。把身体分了三盘，这是三；分了九节，这是三乘三；分了十八个部位，这是三乘六；又分了三腔、三穴、三丹田，总共有多少个三啊！浑圆桩功本章节讲的"三夹一顶"，又是不离三。由此可见，我们就是在修炼"三"。三是既有左又有右，既有上又有下，是不偏不倚。我既不靠你，也不靠他，但是我能把你们两个联系在一起，奥妙就在这里。太极拳的修炼，就是要在三中生出万物，这样才能应万变。怎样才能应万变呢？唯有浑圆一体。最后还是要找到一上来，三就是一，二合出一。为什么说一就是三？因为这个一，不是重复回去的"道生一"的那个一，它是一个新的一，所以说它是三。所有的事物，都是既有开始，又有结束，除了这两点，还有一个第三态，就是过程。过程是其中最重要的，抓住过程以后，很多事物就在过程的运转当中了，这是关键。

前面所讲的功法内容，其核心是什么？就是把对立的两部分合在一起，分而合。太极拳的修炼就是分阴阳、合太极。阴阳一合就是太极。我们要把阴阳在自身上的具体体现，既要分得很清，又要合在一起，最后合成一个完整体，也就是浑圆体。

简述"三夹一顶"功法的基本要领，首先，在体前抱球的基础上，将双手指间、颏下、两腋及两手相对应的指尖之间等虚空处，都用球意将其充实布满；其次，用意夹球和顶球，绝不用力或用肢体，要体会夹而不夹或顶而

桩功概论

不顶、似夹非夹、似顶非顶的那种滋味，寻求那种意到气到、无断续、无凸凹、完整一气、浑圆一体的状态。

功法试手体验❺

下面，请过来一位同学与我试手体验一下。

你推住我的手。我的腋下、颏下、指间这三夹都有了，一夹球以后就鼓起来了。为什么鼓起来了？因为意到气就到了。现在缺什么呢？缺顶球。一顶球，那气就通过去了，就形成一个完整的圆了。不顶球不行，否则就出现断续了。所以这夹球和顶球都是用意来导气的。

你来试试。你现在全身太紧，松通得不够，所以意到不了，气也就过不来。你放松一下，现在好一些，我感觉过来一些了。你先把手指间夹上球，再把腋下夹上球，颏下还要夹上球。这三夹有了还不行，还要加上两手指尖间的顶球，没有这一顶就是断的。你一步一步体会，用意往一块合。现在不行，还缺那顶球。顶起球来就通了，完整一体就出来了。所以先要打通身体上的通道，身体松通以后，意就有了通道，意导气就是从里面通过来的。

功法试手体验❻

请再过来一位同学体验体验。

好，你来做，指夹球、腋下夹球、颏下夹球，再一顶球,你比刚才那位同学做得好。圆中出来直了,是圆中挤出来一个直,这是结果。但这个结果不是你直接发向我的,是你三夹一顶的结果,直接向我发就不对了。又夹球又顶球就是一个合。刚才那不是合,还是分着,因为你身体太僵紧,所以通得不够,你现在才是合。三夹以后再加一顶,到了那个点,闭环就出来了,就合出来一个"一",这个"一"就向我来了。

功法集体体验

下面,请大家一起站一下浑圆抱球桩,重点体会三夹一顶功法。总的要求是虚的位置要虚而实之,空的位置要空出一个真意来。大家注意,按照我的提示来体会。

中正安舒,静心凝神,呼吸自然,周身松通……

身未动,意先行,身前有球,双手抱球……

身体随着球徐徐上升,双手捧着球随球而动……

百会到会阴的虚中线要相通合。上要提,下就要拽;下要拽,上就要提。沿着虚中线不断地鼓荡,有弹性的变化……

以虚中线为中心,向四周散开。越散就越松通,用意去散开……

体前的球要有内抱外撑之意,既不瘪也不凸……

三夹一顶,用意去体会,凡此皆是意,切忌用力……

桩功概论

手指之间夹着球……腋下夹着球……颏下夹着球……
两只手手指之间还顶着球……
三夹一顶合出来一个滋味……细细体悟……
中正安舒,静心凝神,呼吸自然,周身松通……
放松,随球而落……深吸一口气,复原。

（随问随答）

问：指夹球、腋夹球、颏夹球和两手顶球的意是一点一点加上来的吗?

答：我们可以一步一步分着体会,但"三夹一顶"是一个完整体,是充盈极了的完整体,如同一个充了气的球那样完整。"三夹一顶"后,气就传导过来了,其实是很快的,就是一个意念的问题。所以意有和没有肯定不一样,只是平时我们没有这个习惯,只要意通了,气就通了。"凡此皆是意"。意充实以后,气就过来了,整个全身虚空的地方都用意连接起来了,那样浑圆一体就出来了。开始先是指夹球,然后腋下夹球、颏下夹球,最后两手再一顶球,于是马上就出来了,这时候是饱满和均匀的。夹球和顶球一定要找到那真实的感觉,但要注意周身松通,用意不用力。

3. 竖开横散

(功法释义)

我们所传承的杨氏太极拳讲"一横一竖打天下"。一个完整的圆和球离不开一横一竖。太极拳的修为始终没有离开这一横一竖,"竖开横散",就是浑圆桩功的一个重要功法。

在无极桩功中已讲过,人体的竖是从百会到会阴,它是人体的中,虽然解剖看不见,但它确实是贯通人体的一条竖直的中线,拳修术语称作"虚中"。在浑圆桩功中要围绕这条虚中线来竖开横散。

先讲竖开。

第一,怎样理解、体会竖开?这条虚中线,其上端位于百会穴位,是人体之顶,人之百阳所汇。这虚中的上端,通常将这个地方叫作天门,这个地方要打开它,打开以后才能与天相通。婴儿在母体的时候这里是开的,出生后随着逐渐长大,天门又渐渐地闭合了。浑圆桩功的竖开,是要把天门重新打开。俗话说"天门常开",就是指百会这个地方,要让人体的通天之门常开着。如果把人体比作一个球体,那么百会和会阴就是这个球体的两极,一个是南极,一个是北极。会阴是人身阴之所汇。当虚中竖开以后,百会就通到了会阴。浑圆桩功使虚中竖开,就是

桩功概论

让会阴与百会这上下两端相通合。

百会和会阴怎样才能相通合？浑圆桩功的竖开功法就是将虚中上提下拉。这上提，就是无极桩功讲的提顶，如同上天有只大手抓着天门这个地方将人整体向上提起。这下拉，如同地球另有一只手在会阴这里向下拽拉。当贯穿人体之中的虚中上有提、下有拉时，所谓的竖开就开了，那处于虚中上下两端的百会与会阴也就相通合了。竖开以后，运用太极心法的"假修真"，意念假想上下两极如同磁场一样，那磁力线从上面的天门通出来，整个身体被包围在从天门通出来的磁力线之中，磁力线又回到地上，由涌泉汇到会阴，再由会阴通到百会，如此循环往复。功法练习中要找到竖开的这种感觉。

第二，在竖开的基础上体会什么是"虚领顶劲"？先说虚领。百会这个位置是实，是能实实在在摸得着的，而且又是阳之所汇。拳修要求实的一定要变虚，阳的要变阴，因为虚实相合、阴阳相济才是太极。所以，百会这个地方就要由阳变阴、由实变虚，关键要虚形。《太极拳经》讲人体"处处一虚实"。就是说，身体上每一点都必须有实有虚。只有实不行，只有虚也不行。所以，这既实又虚的百会须虚领顶劲。虚领是什么意思？就是不用力，而是用意。意是看不见、摸不着的，属虚、属阴。力则是实实在在的，属阳。因而，虚领就是用意不用力，要用意来领。

再讲什么是顶劲？百会这个位置通常也叫作头顶。顶还可以作动词用，即向上的意思。但切记，这里的顶劲却不是自己用力去顶，而是用意向上开。

站桩一定要站出虚领的感觉。虽然意是虚领，但这个意要虚而实之，要找到真实上领的感觉。换种说法，所谓虚领，其实就是被领。拳修的重点就是克服主动、盲动的习惯。所以，这虚领不是自己领自己，而是被上天那只无形的大手领着。实际上做任何动作时都不是自身主动的，都是在虚处有一个东西在领着肢体动。例如，打拳架在做掤的时候，是虚处的掤在领着你掤出来；提手上势的时候，是虚处的提把你的手提起来。所有动的意念都不在实处，而在虚处，这才是虚领。身体的任何地方不被领我就不动，因为我本身是虚的，那个虚的才是实的。这一点必须反反复复地体会。

第三，在体会"虚领顶劲"的基础上，还要体会"对拉拔长"的滋味。前面讲"虚领"，主要是讲围绕虚中的上端向上开。有上就有下。在向上开的同时，还必须在虚中下端会阴处向下拉。这样上被提、下被拉，那虚中被对拉拔长，使整个身体被拉开。同时，还要注意虚中对拉以后百会和会阴两个点要相通合，不只是百会拉上面的，会阴拽底下的，而且百会在虚领上拉的时候要一直

桩功概论

提到会阴，会阴在向下拽的时候要一直拽到百会，这样二者就通合起来。因为这虚中的上下两端之间是互相关连的，在上拉下拽时，不是会阴拽会阴的，二者之间是开而合的关系。就如同拉力器在拉开的时候，这头拉着那头，那头拽着这头，两头你拉我拽，我拽你拉，互相之间呈现分而合的关系。因此，在体会虚中竖开的时候，要找那种又开又合的感觉。当找到这种被拉被拽、又开又合的感觉以后，就能体会到从百会到会阴这条虚中线通合以后产生了弹性，里面是活的，不是死的了。竖开就是要找到这种感觉，并让这种感觉真实了。在拳修中，不少人要么分不开，要么分而不合，结果使身体的竖开总是开不开，那虚中就缺少弹性，不能畅通。

前面讲过，虚中在百会处往上提，是被提、被领；而会阴往下落、拉，是被落、被拉，关键是用意不用力。人生活在地球上，谁也离不开地球的吸引力，也就是自身的重力，这是自然力。既然是自然力，那就要放松自己，让地球与我们自自然然地发生这种引力的作用。我们无须跟地球去抗争，既然它要引我，那就松给它，全给它，跟它相融相合。

这虚中一提一落后人体的竖就开了，而且这条虚中线永远是被提、被落，毫无自己之力，没有自我的想法，既不是自己提，也不是自己落，而是自自然然地开，这才是竖开的真意。如果竖不开，就会出现不是背酸就是膝疼的情况。从拳修的角度看，这竖不开，上和下、提和落就不能分而合一，也就不能浑圆一体，所以一定要反复体会竖开的真意。

虚中线竖开以后，它的主要作用是打开了生命的主通道，因为如果它不通，身体会产生各种各样的病，当把它打通以后，整个身体里面的气血就产生了鼓荡的作用。这个生命的主通道打开后，不仅鼓荡出来一个弹性的劲，而且更为重要的是使整个身体里面松通开了。因为这条主通道贯穿了人体三腔、三丹田，以及身体的三个大穴：百会、膻中、会阴，它们互相贯通以后，阴阳才能相合。由此可见，浑圆桩功的首要功法就是竖要开。

下面，接着讲横散。

其一，怎样理解横散？从拳修角度讲，人体不是只有虚中这条竖线，而是有竖就有横。前面讲竖要开，那横怎么办？拳修将身体的上下称为竖，而左右、前后则称为横。浑圆桩功要求横要散。散也是开，是散开的意思。横散就是由竖中线同时向前后左右四周散开。如同在平静的水面上投一颗石子，石子的落点相当于虚中线所在的这个中上，守中就是守住它，通过这个中向前后左右横向散开。水面上散开了一个又一个的波纹，波纹由小到大，像一个个环一样向外散开。浑圆桩功开始抱球的时候就要找

桩功概论

到身体由虚中向外散开的感觉。

其二，同竖开一样，横散也是用意不用力，是意由虚中向四周散开，而不能通过肢体用力向外撑开。

其三，散既然也是开，开就要有合。如果只有开没有合，那就产生不了互相作用的弹性劲了。须在开中有合，才能出来弹性。怎样才能使这竖开横散产生开合呢？具体做法是，当从虚中线向四周开的时候，那虚中线在竖开的同时要有拽着横散之意，即不让那散离开虚中线的控制范围，使它散而不乱。同时，那虚中线的竖开也有横散来控制。总之，竖开横散功法，就是横与竖这两个东西互相搏击、又开又合。不仅在竖上要找，而且在横上也要找，左拽着右，右也拽着左，前拉着后，后也拉着前。这样横中有竖开，竖中有横开，开中有散，散中有开，开中有合，合中有开。所以，人体这一横和一竖是相开相合、相散相吸、相系相依，既配合又制约、既对立又统一的关系。

按照老子的阴阳之理，宇宙万物都是一开一合、一出一入、一生一死。开合就是两个相对立的东西一直在动、在争。宇宙之所以永不完结，就是因为阴和阳总是在不断地争斗。太极拳的内劲就是互相对立的两个东西在争斗中发生冲和以后出来的。体内只要有生命的能量，就会有这种冲和，它代表了生命能量的旺盛。其实生命也是一个开合。如果哪天这两个对立的东西散开了，开而不合或者合而不开了，就表示生命结束了。不管是开多了合少了，还是开少了合多了，病象就出来了。当开的时候开不开，合的时候合不上，生命也就完结了。《太极拳论》所言"阴阳相济，方为懂劲"。太极内功修为就是修阴阳相济。大成拳祖师王芗斋讲得更具体，就是二争力。阴和阳这两个东西总是在开合中互相争，你要开我要合，你要合我要开，于是在互争之中产生了动能，出现了内劲，而不是人体肌肉的力。这种内劲就是阴和阳这两个对立的东西在里面争出来的，而且它们不断地产生开合的变化。可见，太极拳修习了半天，就是在修习开与合在体内的反应。正如孙禄堂大师所言"一开一合即为拳"。

简述"竖开横散"功法的基本要领，首先，将虚中线两端打开，找到百会与会阴被拉被拽、相通相合的感觉；其次，虚中线在竖开的基础上向前后左右四周散开；再次，竖开横散要同出而异，开中有散，散中有开，又开又合；其四，竖开横散都是用意不用力，是用意将虚中线散开。

（功法试手体验❶）

下面，请这位同学过来与我试手体验一下前面讲的内容。

你现在按住我的手，大家看，因为我的虚中线不通，

桩功概论

所以就被他按死了。但是现在我的虚中上下两端一提一拽，里面的弹性就出来了，于是他被打出去了。所以，这不是胳膊的事，胳膊之所以能被按死了，是因为百会和会阴之间这条中线不能相通合，就不能在体内产生弹性的开合劲。当开合劲有了以后他就出去了。所以意念不在手，要在那虚处求意，在百会到会阴的虚中线上求意。当虚中线实了，手上自然就放松了。虚而实之，实而虚之，全身就松通开了。"凡此皆是意"的关键就在于能不能调整自己的意。

功法试手体验 ❷

下面，再请过来一位同学与我试手体会一下。

现在你按我的时候是按在了我的竖上，如果我只是竖上打开了，突然有另一个人给我一个横劲，我就会被打出去。虽然我这竖上有弹性，但是给我一个横劲就会拦腰斩断了。为什么要浑圆一体？当竖上打开的时候，同时还要横向地散开。大家看，现在我有了横向的散开，在我旁边的他就被打出去了。所以，不但竖上要有，横上也要有，横竖是同时存在的，横上要散开。

功法集体体验

竖开横散是浑圆桩功的一个重要功法。下面大家按照我的提示来重点体会一下。

竖开和横散，主要是在体内寻找这种开合变化的感觉。

先从桩功的一个中心、三个基本点开始。

中正安舒，静心凝神，呼吸自然，周身松通……

身未动，意先行，身前的球意先要真实了……

然后徐徐地把球捧起来，注意意上寓下，球在被捧起来的时候它在往下坠，球在向下的沉坠中你把它徐徐捧起来，放在中丹田膻中穴这个位置上……

重点体会头顶的百会，要有向上虚领被提的感觉……

下面的会阴被大地的重力向下拽着……

百会上提的时候要感觉到顺着虚中线一直提到会阴……

反过来会阴同时向下拽着百会，会阴拽百会的时候百会又在上提……

百会和会阴一个下拽、一个上提，反复体会它们之间的这种弹性变化……

在这种竖开的基础上细细地体会左右的横散、前后的横散……

在虚中线的基础上向前后左右散开……

开的同时虚中线还向回拽着前后左右的散开……

好，中正安舒，静心凝神，呼吸自然，周身松通……

手中的球缓缓地、自然地放下来，放松，深吸一口气，复原。

> 桩功概论

> **随问随答**

问：李老师，我总感觉这个又开又散很模糊，想竖开时无了横散，想横散时又无了竖开，为什么会这样？

答：对刚开始练浑圆桩来说，这种现象很正常，没有捷径可走，只能在站桩中慢慢地去找，细细地体悟。可以先找竖开，将虚中线的竖开清晰了，再去找横散，最后再合起来找竖开横散。

4.内抱外撑

> **功法释义**

浑圆桩功的基本形态是抱球势，呈现出一种抱球的状态，因而也叫抱球桩。但这种抱球的状态，只是一种外在的形式，拳修须将其内在之意寻求出来，用所寻之意引导内气的运行，从而使内气畅通，这就是以意导气。

浑圆桩功在抱球状态下，寻求的第一个内意是前面章节讲的竖开横散，而寻求的第二个内意就是本章节要讲的"内抱外撑"。所谓内抱外撑，就是在抱球的时候既有一个向内抱之意，同时还要有一个向外撑的意，一内一外，一抱一撑，即为内抱外撑。如果只有内抱没有外撑，那球就会给压扁、抱死了。向内有抱，同时意想球有反作用力，使其有一个向外撑的作用。这样既内抱又外撑，去寻求一种内外相合的感觉和滋味。

在具体功法中，有两点很重要：一是必须寻求到所抱之球的真实感。意念上假借这个球，它既不能因外撑而掉了，也不能因内抱而被抱瘪了，内抱外撑这两个相反的作用要同时存在。这是一种什么感觉呢？它是似抱非抱，若即若离，似是而非，又抱又不抱，不抱还得抱，抱还不能使劲向内抱，否则球就瘪了或者破了。同时，又撑又不撑，不撑还得撑，撑还不能撑过了。要找到以上那样一种感觉。

二是必须寻求到全身心内抱外撑的感觉。内抱外撑不只是两个胳膊局部的事，而是全身从上到下、从内到外、从左到右都有这种似抱似撑、非抱非撑的感觉，整个身体处在抱和撑、内和外相对而合的平衡状态中。虽然在抱着球，但是整个身心是松通、匀整、舒畅的状态，没有局部的僵紧和受力，不会出现肩膀酸、脊背疼这种情况。如果出现身体某个部位酸痛就不对了，因为内抱外撑是非常平衡的。

当寻求到内抱外撑的真意和滋味时，自己就处在一个浑圆一体的状态，就是一个无凸凹、无断续、完整一气的浑圆状态。

桩功概论

> **功法试手体验 ❶**

下面,请过来一位同学与我摸摸手,验证和体会一下什么是内抱外撑?

是不是内抱外撑、浑圆一气的状态,对方一摸就能检验出来。我这里抱着球,你来摁我的手。因为我的球不完整,你已经感觉出来它的有多有少了。这样子是凸了,凸的时候球已经掉了,没抱住;而这样是凹进了,随着凹进来球已经被挤瘪了。有凸有凹都不是浑圆态。

现在我把自己调整到浑圆一体的状态。此时你再摁我胳膊,我的球既不是外撑,也不是内抱,你感觉不到我在用力。我抱的球没有凸也没有凹,既不鼓出去也不瘪回来,你感觉到的是完整一气、浑圆一体的状态。浑圆桩功就是通过抱球这种方式寻求似抱非抱、完整一气的滋味,这就叫浑圆态,也是太极态。

> **功法释义**

抱球的状态不仅仅是站浑圆桩一时的事,要想使自己始终保持浑圆太极态,抱球之意须一直存在。太极拳桩功修习与道家丹功修炼如出一脉,道家讲抱元守一,同浑圆桩功所求的浑圆一体是一回事。

内抱外撑,一抱一撑异而同出,同时存在,依然是相反相成、对立统一。拳修所有的功法都离不开太极阴阳的这种分而合，要始终遵循这个原则。抱的时候要有外撑之意，外撑的时候又须有向内抱合之意，内和外、抱和撑之间产生了一个相互开合的作用。其实，在找既抱又撑的过程中，也是在进一步完善"竖开横散"功法，竖开横散的感觉同内抱外撑的感觉一样，它们是相同的滋味。当对假借球的抱撑之意找到真实感觉以后，自身自然处在阴阳相济而合、浑圆一体的状态。

传统太极拳有八门五步，八门是：掤、捋、挤、按、采、挒、肘、靠，其中第一个是掤。事实上太极拳的基本态势就是掤。掤是太极拳的基础和核心，捋是在掤的基础上的捋，同样，挤是掤挤，按是掤按，离开掤以后的捋、挤、按就不对了。可见，处处不离掤，太极劲的核心就是一个掤字，所有的变化都是围绕着掤而变化。那么，如何寻求掤呢？就是浑圆桩功中的内抱外撑。身体的内外总是在互相开合中产生掤劲，既不凹也不凸，抱与撑之间互相作用。刚一撑要凸出去了，马上就有一个向内抱的劲给拽回来。刚一拽回来向里凹了，马上就有一个向外撑的劲给撑回去。于是在这种开合当中产生了鼓荡劲，浑圆一气的一气就是这样产生的。在修习桩功中要多体会这"内抱外撑"功法的滋味，一定要找到既抱又撑这种分而合的感觉，找到抱与撑的平衡点，在这个平衡点上找开合。

内抱外撑还有一个深层次的真意，就是在抱球的时

☯ 桩功概论

候,将实体的我意慢慢去掉,寻求以球为主之意。我意不要放在有形的实体上,而要放在虚空的球处,让球真实了。当年我父亲对我讲:"必须要看见你的球。"现在看很多人练拳架或推手的时候,虚处都没有球。当年我练拳的时候,我父亲总是看我的球还在没在,看虚空处是不是有一个真实,这是浑圆桩功的核心。

功法试手体验 ❷

请再过来一位同学体验一下刚才讲的内容。

你现在按住我。我的意这时不能放在被你按住的胳膊上,这样就被你按住了,你不但按住了我的胳膊,还按住了我的意。所以我的意要放在球上,这样你虽然按住了我的胳膊,但没有按住我的意。因为我的形和意是分开的,我的意在空处的球上。如果我没有外撑,球就瘪了;如果只有外撑没有内抱,球就掉了。只有内抱外撑相平衡时,这球才是稳稳地被我抱着,要找这个东西。

大家注意,意念一定要在既抱又撑上,千万不要回到胳膊上,一回到肢体上就被对方拿住了。如果对方能拿住,那是因为拿住了你的意,而形根本不怕他拿,关键是意不能被拿。意要想不被拿,就要将意从形上转移出去,转移到他拿不着的地方,凡是在有形的实体上他都能拿得着。老子所讲的"难得之货",放保险柜不行,非要放在虚空处,只有这样对方才找不着。在不断地内抱外撑中产生了鼓荡的变化，这种弹性作用产生了能量。浑圆桩功的内抱外撑就是规范我们的意，将意从有形的实体上转到虚空的球上，把球真实了。

功法释义

以上讲的"内抱外撑"功法和前面讲的"竖开横散"功法，都是告诉我们一个理，太极拳修炼要把对立的两个东西分得很清楚，实则是把阴和阳这两个对立的东西分清楚。一个黑和一个白，提升到理论上叫阴阳。拳修就是把理论上的阴阳在自己身上落到实处。阴阳怎样体现呢？只说阴阳好像很玄乎，但是一落在实处就很简单。阴阳在身上的体现就是横和竖、上和下、前和后、左和右。两个对立的东西，谁也离不开谁，有前就要有后，有左就要有右。上是对下而言，下是对上而说。如果没有了上也就没有了下，这两个虽然不同，但又是不可分割的一个整体。内和外也一样，也是相对而言，没有了外就没有了内。因此阴和阳就是一分一合，分不是人为地分开它，合也不是人为地合在一起，都是自然而为，因为世界的本原状态就是阴和阳这两个东西的分而合。

既然本原是这种状态，为什么我们还要修为呢？因为几十年养成的习惯使我们离本原越来越远了，与它相背离

桩功概论

了。本来很自然的又分又合状态却变成了另外一种不自然状态，分的时候分不开，分开以后又合不上。为此，我们需要修为，用阴阳之理和太极功法重新打造自己的状态，让自己回到自然的、本原的分合状态。当我们能够回到自然的、本原的分合状态的时候，就越来越接近大道了。因为天地之道就是自然的，例如天要刮风下雨，就是自然的变化。可见，只有把自己打造回归到那本原的自然状态，才属合道。

　　从现实生活来看，身体上的所有病，不管是生理上的病，诸如高血压、糖尿病、心梗、癌症甚至感冒、发烧，等等，还是心理上的病，诸如纠结、想不开等诸多病态，都是我们自己造成的。因为自己背离了道，把自己变得不自然了，所以才出现问题。当能够回到本原状态，或者以本原状态为目标不断地去修习，去靠近它，那么这些问题都可以迎刃而解。到现在为止，有很多生理上的疾病医学还没有攻破，还在不断地实验、总结、研究当中，从这个角度来说，每个生病的人现在都成了医学的试验品。有很多病靠药物可以缓解，但是，是不是真的能从根本上去解决，可以说是不大可能的。当然，医学也在快速发展，在不断地解决一些现实问题。那么，有没有从根本上解决问题的方法呢？老祖宗很早就告诉我们：可以不靠医、不靠药，而靠自己，关键是治未病。因为发病了必须要吃药或做手术。能不能让它不发病呢？也就是要找到发病的原因是什么，从根本上说，发病的原因就是阴阳不平衡。那我们就在没有发病之前，从阴阳平衡的角度去规范自己的生活方式，使自己能调控阴阳使之平衡，这才是防病治病的关键。很多人花很多很多的钱，买各种各样的补品，参加各种各样的养生活动，唯独舍不得拿出一点时间，花费一点代价，去寻求一个能从根本上而且是掌握在自己手里的、能够解决未病的方法。这个未病，既是生理上的，也是心理上的。

　　太极拳修炼，就是要解决这个问题，找到适合自己身体的那味良药，调控自己的阴阳平衡，这是完全能够做到的。从浑圆桩功开始，我们就是在阴阳上找平衡。去年，我在美国加州中医药大学讲课的时候讲过，每个人都有病，没有不生病的，因为都不中，包括我在内也不是总在中。始终在中的位置上或者完全不离中的人是没有的，如果真的存在，那中了就是了（liǎo）了，人躺在停尸房里就中了。实际上，我们每个人都需要处于不断地调中的过程中。因为，人要吃五谷杂粮，人人都有喜怒哀乐，如果不食人间烟火那就不是人了。因此，我们有时不中是很正常的现象，并非是不合道的。但若认识不到自己的不中，也不能在不中的状态下去调中，那才是不合道的。道没有告诉我们停在一个不中的位置上不动，但告诉我们它是有无相生、阴阳相合、虚实互变的，这才是它的本质。太阳不

桩功概论

是停在那里就不动了，没有老是白天，它要落下来，而月亮要升起来，这才是正常的变化。在拳的修习中，学会掌握自己阴阳变化的机理，并适当调控它，明白了这一点，也就明白了拳修的目的。

浑圆桩功法是在讲阴和阳的分与合以及分合之变。横和竖是一对矛盾。在人体竖的方面，上下端相对应的百会和会阴，是一个阴、一个阳，也是一对矛盾。在人体横的方面，内外相间的抱和撑也是一对矛盾。拳修既要把它们分得很清楚，同时还要把它们合在一起。但这分开不是分家，因为它们本来就是分不开的。当找到了这种既分又合的状态和滋味以后，也就体会到了那浑圆一体的滋味。因为浑圆就是既分得清又分不开，它是浑然一体、浑圆一气的状态，是太极。太极就是一阴一阳，"一阴一阳之谓道"。可见，修习浑圆桩功，就是在明这样一个理，在明阴阳这个道。

简述"内抱外撑"功法的基本要领，一要寻求所抱之球的实感，将意放到球上，实以球为主之意；二要寻求抱与撑的平衡点，既内抱，又外撑，不多不少，似抱非抱，似撑非撑，抱撑相间，内外合一；三要寻求内抱外撑全身如一的感觉，整个身体从上到下、从内到外、从左到右、从前到后都处在抱撑而合的平衡状态。

第二章 太极桩功

功法集体体验

下面，我们一起体会一下"内抱外撑"的功法要求。

先是一个中心、三个基本点：中正安舒，静心凝神，呼吸自然，周身松通……

从无极桩功开始，百会有上提之意，提顶竖颈，收颏叩齿，挂肩垂肘，塌腕展指，含胸拔背，腹空而实，腰松而活，胯松落坐，敛臀坐胯，扣膝圆裆，舒踝落足……

下面，接着回顾一下浑圆桩功在前面讲的几个功法含义：百会打开，百会处有被上天向上提之意，然后沿着虚中线一直提到会阴……

会阴处被大地所牵拉，自然沉坠，然后沿着虚中线向上一直坠到百会……

百会向上拉会阴，会阴向下拽百会，一拉一拽，一提一落……

竖开横要散，前后左右要开，以虚中线为中，左右、前后、上下对拉拔长。开要摊开，开中有合之意，开而不散……

好！转向"内抱外撑"之意，体会所抱之球不能瘪，既不内凹也不外凸；既不松松地掉下来，又不紧紧地抱死；既要向内抱，又要向外撑，不多不少，抱撑相间，内外相合。

中正安舒，静心凝神，呼吸自然，周身松通……

球在下落，球落我落，球回到原位。

放松，深吸一口气，复原。

随问随答

问：内抱外撑功法所抱之球怎样才能虚而实之呢？

答：修习要用太极心法"假修真"，将所抱之球想实了，让自己能真切地感觉摸到的就是一个完整的球。这个球总是抱在这里，向外撑与向内抱都不多不少，做到不丢不顶，无过不及，这样来寻求一种合适的状态。当然，在修习中把球想真切了需要一个过程，拳修必须要走这个过程，通过这个修习过程来虚而实之，实而虚之，无中生有，有复归无。只问耕耘，不问收获，只要一直按照功法要求修习下去，这个球就一定会真切出来。

问：刚才我与您试手体验，如果我在你的手臂上加大力会怎么样呢？

答：不管你怎样加力，我所抱的球既不能掉也不能瘪。因为我的意念不是放在你对我加力的部位上，而是放在保持抱球的状态不变。拳论说"动急则急应，动缓则缓随"，我要随上你的变化，不断地调整自己来保持浑圆一体的状态。这里的"随"，是在没有任何想法的状态下随对方而变，也可以说这"随"是舍己的结果。你可以随便加力，不管你怎样推、怎么加，我都是这种状态。总之，所抱的这个球既不能掉，也不能瘪，即使你把力撤走，我还是这样抱着它。

问：当与对方接手时，怎样根据对方的来力调整自己？

答：与对方接手后，要做到既没有自己也没有对方。太极拳讲"有即无、无即有"，真实的身体要虚无掉，虚无的球要真切出来。我的意念不在对方和自己身上，只在球上，我只为这个球服务。我要不断地调整到那种既不让球掉也不让球瘪，始终保持住浑圆一体的滋味。必须做到旁若无人，有敌似无敌。

问：《太极拳论》所说的"一羽不能加，蝇虫不能落"，是不是就是这种抱球的状态？

答：对。就是这种状态，是一种合适的平衡状态。实际上不是一羽不能加，而是加不上。当加一点儿时一调整还是平衡的状态。因为抱球这种状态是随时都在调整平衡，所以对方加不上，一加就不平衡了，用不上力了。这种状态的话，蝇虫还怎么落？羽毛还怎么加？都被我调整出的平衡破坏了，实际上太极拳就是这么简单。所以我们抱球调整内抱外撑时，意念不在于蝇虫落不落、羽毛加不加，不在于你是否推我，而是调整自己抱球的状态，

桩功概论

不受外界的干扰。这就是翁同龢给杨露禅的评价"手如运球",不管对方怎么动、怎么变,我的球永远在这里,不管内外、上下、左右怎样变,球不能变,浑圆一体的太极态不能变。

问:桩功修炼不能总在那里傻站吧?双手臂是不是可以自由活动呢?

答:完全可以动,但不管身体怎样动,都要"手如运球",球意不能没有了,内抱外撑之意不能丢。人体一动,球总是跟着动,要注意先动的是球。球既不能没了,也不能随动而凸凹、鼓瘪,要保持相对平稳的状态。所以说打太极拳就是在玩球,总是在运这个球,处处不离球。

问:内抱外撑这个球可大可小吗?

答:对。这个球可以往回收也可以往外放,但不管是收还是放,都是既抱又撑,似抱非抱,那浑圆一体的滋味不能变。其实球的大小变化就是这一收一放,拳修就是要找这内抱外撑及收放变化的感觉。

问:李老师,刚才我与您试手,您怎么能看出我的球掉没掉呢?

答:我一加力,你外撑就多了,外撑一多,你怀里就空了，于是球就掉了。球掉了说明你是在抗、在顶，肌肉就僵紧了。所以不能撑多，只要让我感觉到你在撑，就表示撑多了，球就掉了。但是抱多了也不行，抱多了球就瘪了。应该是不多不少，让我感觉不到你的撑，也感觉不到你的抱，抱和撑相合了，整个身体就松通了。必须要把所抱的球当作宝贝，是无价的难得之货。这个球千万不能没有了，少一只胳膊没关系，但是球不能没了。虽然它是虚的，看不见、摸不着，但是必须让它真实存在，这是太极拳修习的重点和核心。

5.人随球浮

（功法释义）

人随球浮，是浑圆桩功抱球之意在深层次上的转换。

太极拳从无极桩功开始，到浑圆桩功、开合桩功、内功八法，以及太极推手、器械、拳架等，都是为了让拳修者能认识虚和实，能在身体上找到虚和实的变化，以期达到能调控和运用虚实变化的目的。那么，实现这一修习目的根本方法靠什么呢？就是一个字"意"，这是太极拳的特点。我们不难发现，从古到今各种形式的修行或修为，都很难做到身心同时修。但老祖宗所创造的太极功法确实能做到这一点，其核心就是这个"意"字。太极拳的

☯ 桩功概论

《十三势歌诀》明确指出"变转虚实须留意",就是说虚实的变转靠的是意。拳修中所说的要把有形的身体"无"了,不是那种舞台上大变活人的魔术,有形的身体一下子看不见了。所谓的"无",就是把实体变虚了,其实身体还在这里,还是刚才的那个身体,但是意上一变转以后,这个实体却变成虚体了,太极的内功就体现在这里。就是说,不是把身体藏起来了,该看得见的还能看得见,但是摸到的实体在变转前后却完全不一样,它们相反了,这就叫"虚实变转"。

拳修离不开意,"虚实变转"的唯一方法就是意。前面已经讲过,意分为身内意和身外意。无极桩功是在体内求意,浑圆桩功是在身外练意。在身外练意的修炼心法是"借假修真"。因为意本身是看不见摸不着的,必须有一个假借的载体,通过载体去感受它。浑圆桩功假借的载体主要是球,所以在修习浑圆桩功法时,要牢牢地抓住这个假借的球,一直都不离开这假借的球来修炼。球本来是虚的、无的,但要把球落到实处,从意上让球真实了,求出真球的感觉。由上述可知,修习浑圆桩功须抓住两个要点:一个是意,一个是球。意将假球修真了,将虚球修实了,将无的球修有了。若修出这样的结果,那自己的身体会变得虚了、无了、空了,从而发生一个虚实变转的本质变化。

那么，这意怎样用？球怎样借？前面讲过，浑圆桩功就是抱球桩，是意想抱着一个球。在讲第一个功法"抱球势"的时候，就讲了用意假借球的三点要领，其中第一就是未曾抱球意先行，手没动呢，球意先要真实了。这是浑圆桩功一个很重要的开始点，不少人往往忽略这一点。起始这一点非常重要，如果这第一步没有踏在将虚意变实的基点上，那么下边就很难一步一步地沿着正确的路子前行了。

在太极拳的推手练习中，经常会出现这样的情况，对方来了力以后我方才有反应。用我白师爷的话说："小子，你早晚了。"应该是对方还没看见我呢，我这里就已经有他了，不是说他过来以后我才抬手。我举个实际例子，在过去，练大成拳的曾看不起太极拳，说太极拳如何如何没有用。有一次白旭华师爷到王芗斋家去，王芗斋的不少徒弟都在场。其中一个徒弟就说："师父，正好今天师叔来了，我们能不能跟他请教请教。"在传统武术中，说好听的是请教，实际上就是想与你较量较量。王芗斋就问白师爷可不可以，白师爷一听就明白了，今天是非要比比不可了，于是说："有你的话没问题。"王芗斋就说："今天你就教训教训他们，别客气。"白师爷哈哈一笑，又说："没问题。"向白师爷叫板的那个人，当年在北京摔跤界非常有名，他站起来向白师爷走来，白师爷坐着没

桩功概论

动,当他走到白师爷跟前了,想请我白师爷起来,意思是到这里来咱们比试比试。白师爷刚一起来又坐回去了,在这一起一落的瞬间,对方一下子就被打出去了。在场眼慢的人都没看清是怎么出的手,就在那一起一落之间。王芗斋鼓掌说:"好好好!"他跟徒弟们说:"看见没有,这就是太极拳。"太极拳不是不能武,它是能武而不崇武。我们传承太极拳是以武演文、以拳说道。要想以武演文,本身必须是武,这样才能用它来演文。如果把太极拳变成不能武了,那就不是太极拳了。讲这个真实小故事的目的,就是让大家明白太极拳练的是意,用的也是意。王芗斋那徒弟在走向白师爷时,白师爷已经用意把他罩住了。他想等着白师爷站起来摆好架子比试,那就太晚了。道理就是这样,一定要意先行。

当年我父亲给徒弟讲拳的时候讲过一句话:"拳是想出来的。"我听了这句话以后,很长时间都不明白他的意思,拳怎么会是想出来的呢?拳不应该是练出来的吗?后来我终于明白了,这就是假修真,太极拳一定是从无敌似有敌的过程中修炼出来的。很多人说练拳要找一个对手来练,需要不需要呢?不是不需要,到了一定阶段是需要的。但是更主要的,是随时要有一个对手,就像抱球的时候,虽然没有球,但必须要求出这球的真实。有的学生曾说:"李老师,这个我没法练,我要拿一个真球来练才行。"拳修就是假修真,无而有。在没有的时候要很真实地想出有来,而且要想出它的变化来。只有这样,才能做到有对手的时候如同没有一样,这就是有无相生。太极拳的修炼,是一种高境界的修为,是中国传统文化内涵本质的修为。它不是实上修实,虚上修虚,而是虚而修实,实而修虚,这才是拳修的真正内涵。

太极拳的修炼,能不能从无极桩功到浑圆桩功的过程中抱出一个真实的球,这是很重要的第一步。我讲桩功时经常举一个例子,在有一年的春节联欢晚会上,陈佩斯表演的小品吃面条,虽然没有面条,但是他表演得很像在吃面条,一大碗面条把他撑坏了,他表演最成功、最关键的地方不是在演自己,而是突出了面条。当年我坐在台底下给他鼓掌,因为他把面条演真了,把无演出有来了。而有些人演小品是拿一些形体的缺陷来逗笑,那不是艺术。中国的艺术不应该是这样,它应该体现中国文化内涵的东西,也就是假修真、无而有。浑圆桩功也一样,假借的球一定要抱实了。

在上一节讲"内抱外撑"功法的时候,那意是"我抱球",从意上分出了"我意"和"球意",但主要是"我抱之意",这是浑圆桩功修炼的第一个层次。本节所讲"人随球浮"功法,是在"我抱之意"的基础上发生变转,即以"球为主之意"。是由我抱球变转为球承载着我，我的整个身心都放在了球上，我随球而起伏。如果做到了这一点，就进入浑圆桩功第二个层次的修炼了。

人抱球的时候，意是所抱之球别掉了。当球承载着人的时候，意在人别掉了。如同在海里游泳的时候，人浮在这个球上，球随着海浪起伏，人借着球的浮力而随球起伏。要认真理解和体会这意的变转，"我抱球"时是以我为主，球在受人控制。而"我随球"起伏时，是人被球托着随球而动，此时是球为主、为实，人为次、为虚。虽然球是虚的，这里并没有球，但必须要感觉到球的真实存在。虽然是站在空气里，但要体会到如同在海里抱着一个充气的球，自己与气球相融合，要细细地体会这种感觉和滋味。

要想找到这种感觉和滋味，就必须做到以下两点：

第一，放弃自我。如果在海里你是你、球是球，那你和球就合不到一起，就掉进海里了。自己不能和自己较劲，要全身松通地把自己舍给球，球起你起，球浮你浮，人球合一，融为一体。那样，就做到了以身外的、空间的、虚无的球为主，以有形的、真实的身体为辅。

第二，虚则实之，实则虚之。前面讲过要寻找镜子里的我。镜子里的我虽是虚的，但要让他实了。而原来所谓真实的我要让他虚了，把真我变成镜子里的我。现在就把镜子里的虚我看作是这个球，真我越虚则虚我越实，虚我越实则真我越虚，于是我就与球相合了，并且身随球动，我本身就是这个球了。

这时候，自己的意已经不在己身，意在身外，意在寻求身外的空间与己身相合。如果说守中，那这个中也已经不在己身，而是在身外的球上了。球才是这个中，此时你只能随着这个身外的中而起伏。这就是浑圆桩功所要寻求的身外意，它是浑圆桩功又深了一个层次的意念要求。

大成拳创始人王芗斋和我白旭华师爷是师兄弟，前面讲过，王芗斋说"离开己身，无物可求；执着己身，永无是处"，强调的也是让修炼者身外求意。但是求身外意不是不要己身，而是把己身虚化，将身外实化，以达到内外相合的目的，这是浑圆桩功修习的重点。

人随球浮，我就是球，球就是我，我与球二合为一，虚实同体，这种状态就是浑圆体。前面讲过，浑圆的意思是一，是全，是阴阳的分而合。太极就是阴阳合在一起。从道家修炼的角度讲，这种状态就是丹，丹就是把两个不同的东西合在一起的状态。所以，桩功修习第一步就是分，不管是竖开横散，还是内抱外撑，都是把两个对立的东西先分得很清楚。而到了第二步就要把它们很好地合在一起。在第一步，球还是球，我还是我；可是意上一转换以后，到了第二步就分不清了，我就是球，球就是我，这就是分而合。这种阴阳对立统一、互相变转的理论不是一

桩功概论

句空话，而是很现实的，可以通过修炼自己身上得到验证，并且能运用它。

我从心里非常敬仰我们的老前辈，是他们把那通常认为很高深的、神坛上的理论，却用很简单的、通俗易懂的方法教给了我们，让我们在修炼上有"循"可遵。我们能不尊重他们吗？能不把他们留下的这个好东西传给更多的有缘人吗？所以，我们大家都要明确一个责任，就是要努力把这好东西修炼到自己身上，同时还有一个义务，就是要把这好东西传给更多的有缘人。我在美国讲课后，听课的同学都跟我说，虽然请了很多的中国太极拳高手到这里来讲课，但从来不知道太极拳里面还有这些好东西。其实，真正的太极拳就是"一阴一阳之谓道"的传统文化，如果讲太极拳不讲这些，那就不是太极拳了。

通过太极功法的修炼，必须逐渐清楚地了解阴阳、虚实、球我等基本概念，明白它们是既对立又统一的道理，并且不仅能在意上找到它们，而且能将这两个对立的东西向一起合，最终达到人球相合，二合为一。假借的意是"我随球浮"，把我交给了球，将球真实了，以球为主。如果能够做到以球意为主意，那么当你遇到对手的时候，谁是球？对手就是球，我要舍己从人，把自己舍给对方。既做到无我无意，又能完全把自己舍给对方，与对方合为一体。当我与对方合成一体的时候，对方要打我还打得了吗？因为我是他的一部分了，所以他就打不了啦！因此，太极拳在搏击上的理念，在意念上不是我想把对方打败，而是我不被对方打败。就如同我与球意的变转一样，将打败别人的想法变成我不被别人打败。如果做到了这一点，那还有谁能打败我呢？当对方打不败我的时候，我还用打败他吗？屈兵不战自败，他想打我却打不败我，那不就是他败了吗？所以，在意上的这种变转，不仅改变了修炼的角度，而且确实能提升自己修炼的境界，这是战胜对手的一个关键。

拳修应敌是这样，站桩也是这样。当面对大自然的时候，面对天地的时候，依然是把自己交给天地、交给大自然，将自己与它们融合为一体。这时候所抱的球就不是个小球了，就变成了整个地球、整个宇宙，我随宇宙而浮，随天地而动，这是站出来何等的气魄和境界啊！这才是真正的天人合一的境界，天、地、人合一了，还有天吗？还有地吗？还有我吗？天即人，人即地，我即天。这种状态才叫道法自然，才是最本原的大自在的和谐状态。我们通过修炼，就是去感受这种境界，去体会这种身心的愉悦。这种境界所生出的那个"妙有"，才是长生不老之药，是去除百病的仙丹。

去年我在美国加州中医药大学讲课的时候，遇见一位病人，是美国一家著名大公司的CEO，印度人。他因病

桩功概论

无法工作，先是在美国做了心脏搭桥手术，手术后出现了鼻子流水，遵医嘱再做手术，做了一次不行还流，于是又做了第二次、第三次。第三次以后医生再让他做，他就不敢做了，他想如果再做，是不是整个鼻子就被挖下去了。最后他找到这个中医药大学的一位教授，请他进行中医针灸治疗，有一些效果。这位教授在自己家里请我吃饭，并介绍这位病人与我见面。那病人问我这种情况有什么好的办法没有。我说，第一，我不是医生，不会看病；第二，我告诉你个练习的方法，肯定对你病的恢复有好处。我告诉他的方法就是用意解决自己的问题。他按照我介绍的方法练习了半年，身体就明显好转。可见，用意调治自己的病，可以说是仙丹妙药。

人们往往总是忽略意的作用，总是去寻找有形的力量，其实无形的力量要比有形的力量大很多倍。当一个人能把自己的意调动出来成为主宰，如果这个意用对了，就能对自己产生巨大的正能量，反之，也会产生罪恶的负能量，对错全在一个意上。

我们拳修，用了多年功，就是在开发意。《十三势歌诀》讲"意气君来骨肉臣"。意作为君王是主宰，皮肉筋骨作为臣民是服从，这是个不变的真理，是拳修必须遵循的法则。我们往往以自己的皮囊为主体，它一点委屈都受不了，疼一点就要赶紧看医生，总把它看得很重很重。

殊不知，真正应该看重的是自己的意，所有的疼痛都是意上的问题，因为意能够左右气的运行，气的问题就是意的问题。

浑圆桩功要把自身练得越来越虚、越来越无，球意要越来越实、越来越为主。要把自己全交到球上，跟球相合，二合为一，最后做到无球无我、无我无球、球我一体，这是浑圆桩功法修习一个重要的思维转换，即由开始的"我抱球"变转到"我随球浮"。将来学拳架的时候也一样，是抱着一个球练拳架。这里所讲之义，不是抱着真球打一套拳架，别说抱一个铁球，就是抱一个木头球也是很累的。在网上看过一个视频，练太极拳还真有抱着球的，是抱着一个大石球天天练。这种练法当然会越练力量越大，越练抱的球会越重。但是，这与太极拳修炼的内涵是不一样的。我们不是要去抱个真球，是用意，在抱球走拳架的时候是随着球走的，球动我才动，任何动都是因为球在动，而不是我抱着球走。这意念上的转换在浑圆桩功法中很重要，能否进入的太极拳的修炼之门，这是一道重要的门槛。

综前所述，所讲功法释义有两个要点。第一，要分清主次，分清君臣。常人都是以自己为主，以为自己是"老子天下第一"，太极拳修炼就要把这个思维习惯颠倒过来。无形的意永远处在君王的地位，起着主宰的作用。浑

桩功概论

圆桩功抱球就是球为君、为主，己身、骨肉为臣、为次。第二，骨肉为臣就是要被动服从。球是君，但是它不是死的，它在起伏之间不停地运动。骨肉是服从，要随球而动。所以君臣主次一定要分清，君和臣、主和次，一个是决定，一个是服从，主次不分就会受制。

写书法和练太极是一个道理。对于一个好的书法家，虽然在写字之前宣纸上还没有字，但是他的神意已经在纸上布满了，字的间架结构、神韵气势已经俨然而生，书法家不过是笔随字行。一张白纸是无而有，书法家只不过是拿笔墨实化一下。这里怎么分主次呢？同太极拳一个道理，书法家拿笔是次要的，字本身的神韵才是主要的。意在笔先，笔随字行，人随球动，道理是一样的。

分清主次之后，我们的修炼才能把有形的筋骨皮肉由主变次，由强变弱，由有变无，才能把看不见的神意虚而实之，无而有之。虚实变转、有无相生、内外相合，这才是浑然一气、浑圆一体的真意，浑圆桩功就是要站出这个真意来。

站桩的时候，身体里面必须是活的，老在内动调整，似乎是随着呼吸在鼓荡、在调控。当意念能够让里面动起来的时候，身体就会随着它的开合、松紧而调整。大家千万别怀疑这个效果，一定要这样去做，做了以后就会有真实的感觉，就是自己给自己在用意气按摩。所以，站桩不是靠力量来坚持的，如果用力量坚持站，就会越站越死。我曾经有个学生，点着香练扎马步桩，一次点四根香，香不烧完胳膊不放下，最后人都哆嗦了还在那儿坚持站呢。虽然最后能坚持四五个小时了，但是坚持完以后整个身体完全是僵的了。这个时候别说有对手来了，自己都站不稳，自己就把自己打败了。站桩不是这样坚持死挨，而是不断地内调，是老能调出自己不疲劳的状态，也就是守中的状态，中正安舒的状态，这才是我们所求的东西。

简述"人随球浮"功法的基本要领，其本质要求是由"我抱球"变转为"我随球"，将整个身心都放在球上，以球意为主，体会球承载着我、我随球而浮动的滋味，做到球落我落、球浮我浮、人球合一、球我一体。

功法集体体验

下面，大家一起体会一下"人随球浮"功法的含义。

从桩功的一个中心、三个基本点开始，中正安舒，静心凝神，呼吸自然，周身松通……

身未动，意先行，身前有个球，这球之意要真实，然后徐徐将球捧抱而起……

先体会内抱外撑之意。既有向内抱之意，体会若抱紧了球扁了；又有向外撑之意，体会若撑大了球掉了。寻求那种既抱又撑，似抱非抱，似撑非撑的感觉……

桩功概论

然后再把意转过来，转向我随球动，舍己从球，把自己跟球去相合……

接下来体会这个球既是相对的静止，又有起有落。还要体会我与球既分又合，不是我捧着球而动，而是球带着我动。球起我随它而起，是球把我给浮起来了。球落我随它而落，由于我浮在球上，我的重力使球下落，此时我随球下落，但又随而浮起，这样起起落落，飘浮不定，似起若浮，似浮若起，又落又起，起落相间……

我随球动，还要体会随球在起浮之间进行自我调整，使自己能够在球的动态当中与之相融相合的滋味……

好！下面，中正安舒，静心凝神，呼吸自然，周身松通……

随着手中的球而动，球落而落，随球下落，缓缓下落……

放松，深吸一口气，复原。

（随问随答）

问：李老师您好！我站浑圆桩已经有一段时间了，但我在练"人随球浮"功法时，总感觉后背很吃紧，有时酸痛，这是为什么？

答：在练"人随球浮"功法时，对初学者来说，开始阶段感觉到身上又僵又累，甚至出现酸胀和疼痛，这是一个必经的过程，要坚定不移地用意念解决它。产生这个问题的原因，第一，是抱球的意太重，身体太僵紧。要想能够人随球浮，就要把自己完全放松，全身没有一点僵紧。第二，是抱球的意滞了，没有流动起来。人随球浮的时候要不动而动，要有调整。动不是身体的动，而是里面的横竖总在开合鼓荡。里面有鼓荡以后，身体就会随着鼓荡发生变化，就逐渐不僵紧了，不觉得疲劳了。你看中南海门口站岗的士兵，他好像一点儿不动，其实他身体里面一直在调，一会儿这里松一下，一会儿那里落一下，而不是一直不动，那样谁也站不了，站一会儿就不行了，因为成了一个僵疙瘩了。

6.三尖相照

（功法释义）

在传统杨氏太极拳的传承中，浑圆桩功的"三尖相照"，是一个含义更深一些、分量更重一些的功法。

哪三尖呢？在人的形体上：手指尖，是一尖；脚趾尖，是一尖；还有一尖，在人体的中线位——鼻尖。即鼻、手、脚三尖，分别位于人体上中下三盘。鼻尖在上盘，手尖在中盘，脚尖在下盘。特别是鼻尖，处于人体的中轴上。人体就以鼻尖之中而划分左右。例如，从鼻尖开始分左鼻孔、右鼻孔；再分左眼、右眼，左肩、右肩，左

桩功概论

手、右手,左胯、右胯,左膝、右膝,左脚、右脚等。鼻处于中的位置,看人的五官中正与否,往往是以鼻中正为基准。

这里要讲的"三尖相照"功法,其中中盘的手尖与下盘的脚尖都要与上盘的鼻尖相合相照。两只手的手尖和两只脚的脚尖怎样与鼻尖相合相照呢?先是一左一右要相合,即左手尖与右手尖、左脚尖与右脚尖以鼻尖为基准而合。在功法中,左右相合之尖称为意尖。手、脚、鼻三个尖本来是分着的,分为一二三,"三尖相照"功法要让这三个尖由分而合。"照"的意思是什么?是相互之间照应,相互之间联系在一起,是你关照我,我关照你,这就叫"相照"。从拳修功法的角度来看,手、脚、鼻三个尖相互之间的关系就是相合相照,谁也离不开谁。当这个尖要行动的话,它就关照着那个尖一起行动,不能说这个尖走了,把那个尖给丢掉了,那就不相照了。所以说,相照就要紧密联系在一起,虽然互相是分的,处于不同的位置,但是它们要形成一个相照相系、分而合、有左就有右、有上就有下这样一个完整体。

关于左右手尖相合,前面讲的"三夹一顶"功法,实际上那"一顶"就已经将左右手的手尖合到一起了。关于左右脚尖相合,无极桩功要求左右脚拇趾尖有内合之意,实际上也将左右脚的脚尖联系在一起了。这里要讲的左右相合,是假借有一根皮筋将左右手的手尖、左右脚的脚尖联系在一起。例如,皮筋将两只脚连在一起,当两脚要分开的时候,皮筋就绷紧了,随着两脚的分开,皮筋还将两脚往一块拽。因为皮筋有弹性,两只脚的脚尖之间总是处于又分又合、相照相系、互不分离的状态。"三尖相照"功法,必须在意上将两手之间、两脚之间那种分而合、谁也离不开谁、相照相系的感觉找真切了,假修真了,虚而实了。在桩功静态的时候要做到这一点,在人体动态的情况下依然是这样,总是能保持两手之间、两脚之间相吸相斥,离不开又合不上,合不上又要合那种状态。杨澄甫师祖将此状态的感觉比喻为"如手撕棉"。过去冬天要絮棉衣,就要用手撕棉花,可棉花不好扯开,扯的时候棉花还往里收。当找到这种感觉以后,左右的手和脚才与全身整体合在一起了。这是其一,即左右相合。

其二,在左右相合的基础上,还要将左右手尖合成的意尖和左右脚尖合成的意尖都与鼻尖相合。为什么要与鼻尖相合?从浑圆桩功法角度讲,人体任何部位都要合到中上。但是,人体虚中线与实中线相合以后形成的中线,是既看不见,也摸不到的。而鼻尖则是处在人体中线上有形的一个点,它既是人体中的上端,又是人中线的最高点。所以,只要将手尖与脚尖合到鼻尖上,就是合到了人体的中上,也是把人的整体合到了中线上。

桩功概论

具体地简述"三尖相照"的功法,就是假借皮筋先将左右手拴起来,往鼻尖上合;再将左右脚也拴起来,往鼻尖上合;然后将左脚和左手、右脚和右手也要拴起来,都往鼻尖合。手尖、足尖、鼻尖这三尖互相之间从左到右、从上到下都用假借的皮筋系了起来,做到了三合一,合出了一个尖,也就是将分布在上、中、下三盘的鼻、手、脚都合到人体中的一个点上,从桩功修炼的角度来讲,这手尖和脚尖能不能与鼻尖合在一起,关系到人体三盘、九节、十八个部位能不能合到一起,也可以说这三尖相合是形成浑圆一体的关键要素。当形成浑圆一体的时候,这三尖必然是相合而一的。

"三尖相照"功法,将手尖、脚尖与鼻尖合到一个点上,在实战应敌中是十分重要的。但没经过"三尖相照"功法训练的人,往往与对方一搭手时,很少能找到三尖合在一起的感觉,因为他平时没有在意识上形成一个新习惯。因而当两人搭手的时候,左右手之间是割裂的,互相没有联系。拳修之人左右手永远是互相呼应、合成一个的,虽然形上分左右手,但意上一定是合二为一的。太极拳是用"一"来对他人,绝不把"二"给他人,否则就是犯二了。俗话说这人老犯二,其含义为他是"二百五",实际就是阴阳不合。若与对方一开始搭手就是错的,后面动起手来能不错吗?应该一搭手就是"一",后面不管怎么动还是"一"。当是"二"的时候对方就能摸得着，是"一"就摸不着了。拳修之人必须强化"三尖相照"基础功法的训练，从根本上去培养"三尖合一"的意识，形成这个"用一"的习惯，两手之间要被一个无形的、看不见的神意气连起来，用一气把全身连成一个完整体，这样在应敌时才能做到一动无有不动。这就是太极拳所要求的无凸凹、无断续，形断了意不能断，意断了劲不能断，劲断了气还相连。

前面讲过，桩功修炼的理论基础是"提挈天地，把握阴阳，呼吸精气，肌肉若一"。那全身怎样才能形成"肌肉若一"的"一"呢？过去一说到"一"，就很容易理解成全身是一块铁板，其实不是这样，应该是"周身一家"。这一家有爷爷、奶奶、父母、孩子，祖孙三代不是一个模样的，是不同的人，但却是分而合，合为一家人。太极拳身体的各个部位就如同一家人，所以叫作周身一家。怎样才能做到周身一家呢？关键是周身一定要分而相合，谁也离不开谁，动一个地方的时候其他地方全都有反应。在应敌接手时，不能让对方牵一发而动全身，而是要做到牵一发而全身动。"动全身"和"全身动"，虽然只是词序颠倒了一下，但其意义和作用却完全不一样。前面一句是对方动你一个地方就把你全身都掌控起来了，而后面一句是当对方牵我一发，我全身都有反应。这样的状态，他哪儿都打不着我。怎样才能做到牵一发而全身动呢？简言之，就是要分而合。

我父亲在七十多岁的时候推手，发我仍然跟玩儿一样。当时我二十多岁，是一个很壮的小伙子，可我父亲一下子就把我发到床上了。当时家里的房间太小，只能往床上发，一直打到床对面的墙上，若往别处发就容易把人给打坏了。我母亲每次见到这种情况都急，因为床已经有点塌了，一只床腿是用砖头垫着的。我父亲问我："你知道刚才我是用哪儿打的你吗？"我说："当然您是用手打的。"父亲说："我是用鼻尖打的。"当时我不理解，鼻尖怎么能打人呢？后来老挨打以后逐渐明白了，特别当自己体会到了三尖相照的感觉后，我就知道了还真是用鼻尖能打人。用上鼻尖以后，就用上了三尖合一，也就用上了全身。我们经常忽略像鼻尖这样不能直接打人的地方，恰恰这样的末梢、尖端的地方，才能使自身合到一个完整的点上。对拳修而言，这一点非常重要。

讲到这里大家就会明白，为什么要把"三尖相照"作为桩功修炼的一个重要功法，因为拳修实践证明，只有从"三尖相照"功法中才能寻求到浑圆一体的那种状态。很多人练拳架总是散的，根本原因是缺乏桩功的训练，或者在练桩功的时候没有形成一个完整体。有人说在推手的时候老发不出整劲来，我认为，没有把桩功这三尖相系相照所形成的浑圆劲用好就是其中的原因之一。有的人总想在推手中、拳架中找这个东西,恐怕拳修的过程就会绕得太远太远了。我认为,用站桩这种最简单的修炼形式就能体会到,然后再在推手和拳架中去检验和实践,这才是拳修的正道。所以,在浑圆桩"三尖相照"功法练习中,一定要找到手尖、脚尖和鼻尖互相之间相系相照的感觉,这对修炼浑圆一体很重要。

功法试手体验 ❶

下面,请过来一位同学与我试手体会一下这"三尖相照"功法含义。

很多人在两个人试手的时候,总是外求,总想着如何发对方。现在我不去想对方,而是先检查和管好自己,看我自己是不是松通状态,三尖之间是不是相系了。大家看,现在我没有三尖相系,鼻尖瘪了,全身就散乱了。但我下面将三尖做到互相呼应,这样他就出去了。不是我想发他,而是当他碰到了我的完整体之后,他加到我身上的力就被返回去了。其实非常的轻松简单,就是将三尖都合到一个点上。

下面你按照"三尖相照"的要求做一下。看,你现在全身是僵紧的,身上不松通,所以意到不了手尖。你完全不要管我,当我一用力你就将三尖相合,这样我就出去了。现在一点点做,我一用力你就合,我再用力你再合,对,就这

桩功概论

样。你不要用力推我,我出去是你合的结果,而不是你用力推的结果。鼻尖指这边就打这边,指那边就打那边,这是中轴在转。当三尖都合到了鼻尖这一点上,那鼻尖就代表全身了。

功法释义

这手、脚、鼻三尖必须系合在一起,使分散的形体合到一个点上。只有三尖相合了,自身才是浑圆状态。老祖宗的确很高明,不知道他们怎么会想到用鼻尖。我想来想去这原因,可能是鼻尖正好在人体中线,而且还是最高点。合在了那中的最高点上,那是不是就相当于到了顶峰,到了发射的顶点了呢?

"三尖相照"最后合出个什么来?鼻尖、手尖、足尖相合以后合出一个三角形。那三个尖正好是三角形的三个角,是一个内接三角形,这个三角是在圆里内接的。也就是通过三尖一合,在人体之外合出了一个圆,那三角是圆里面的三角。另外,在站浑圆桩的时候,还可假想除了这个实体的我"三尖相照"之外,另有一个"虚我",那"虚我"与"实我"背对背。用意把"虚我"想实了,将两个我合出一个完整体。"虚我"实了以后,也"三尖相照",这样体外之圆内又接出一个三角形,前后两个三角形便合出一个四边形。这个圆中的内接四边形,形成一个圆中方。当圆中有方、方外有圆的时候就合成一体了。浑圆一体就是以方做圆、以圆做方、方圆同体，浑圆桩功最终所寻求的就是这个目标。浑圆桩功找到这方圆同体后，就站出了天圆地方，我在天圆地方之中，这样是不是天、地、人三才就合一了呢？天地便都在我的提挈之下，我提挈着天地，把握着阴阳。

太极拳通过浑圆桩功的修炼，就是要做到在任何形态下，都要体会到自身的外边是圆，在圆中都要有方，是由于方的存在构成了外边圆的饱满和充盈。圆里的方如同房屋的架构，不管房子的外形怎样变化，而房子里面的架构一定要坚固起来，这样才能支撑外边的各种形态。人体也是如此，外在是圆，内里是方，以方来支撑这个圆。这样的圆才能圆满，才能圆而不散、柔而不弱，这就是所谓的外柔内刚、外圆内方。

下面，再结合"三尖相照"功法之义，进一步理解一下杨氏太极拳老谱中的《太极正功解》的真正含义。"太极者圆也，无论内外、上下、左右，不离此圆也"，这是第一句；第二句，"太极者方也，无论内外、上下、左右，不离此方也"。太极究竟是圆还是方？实际上就是一句话：太极者，方圆也。因为方圆是同体的，它们是一。接下来讲"圆之出入，方之进退，随方就圆之往来也。方为开展，圆为紧凑，方圆规矩之至，其孰能出此以外

桩功概论

哉！"就是说，不管是开展还是紧凑，没有人能够离开这一方一圆。后面接着，"如此得心应手，仰高钻坚，神乎其神，见隐显微，明而且明，生生不已，欲罢不能矣！"由此《太极正功解》的含义可见，太极拳的修炼，特别是这浑圆桩功法的修炼，就是在方圆之中去寻求方与圆的同时存在，最后形成一个外圆内方的完整体。所谓圆，是圆润、圆活、圆曲；所谓方，是刚毅、坚强、刚直不屈。如果我们能做到对外圆润、圆曲、圆活，内里又刚毅无比的坚强，那还有什么不可战胜的呢？太极拳修习的最终目的，就是要做到刚柔相济，圆其外，方其内，外显柔，内为刚。杨澄甫师祖讲，太极拳是绵里藏针、如棉裹铁的艺术。棉花是软绵绵的，但针在棉里面藏着。虽然它看似是软的，但若侵犯它，去摸那软软的棉花，就会被里面的钢针扎着。如果里面没有钢针，那么棉花就任人捏了。我们通过拳修，就是要做一个这样的人，内外和刚柔分得非常清楚，合得也非常完美，一刚一柔，一内一外，最后形成一个完整体，这便是浑圆一体。

拳论讲"外示安逸，内固精神"。拳修得道之人，其外表都是非常祥和安逸的。一个人真正的财富不在于钱的多少，而在于能不能使自己方圆同体、外圆内方，柔其外而刚其中。如果能做到里面有一颗不屈不挠的坚强心，外面是一个非常松柔灵活的身体，那么这个人就是一个浑然一体、趋于完美的太极人。太极拳一步一步地修炼，就是奔这个目标前行。

> 功法试手体验 ❷

下面，请过来一位同学与我试手体验一下刚才讲的内容。

你体会，我现在这个尖是在圆里面，它是方的，它在撑着外边的圆，圆在包裹着这方，所以我这圆不瘪。如果没有了这方，你一按，我的圆瘪了。你再看，我的圆又不瘪了，为什么不瘪了？因为我这里面又有了方在撑着呢。圆中无方，圆马上就瘪。如果方没有圆，那就出尖了。圆和方两个要合一，外是圆，圆里必有方。

> 功法释义

功法释义在前面讲的"竖开横散""外抱内撑"功法和本节讲的"三尖相照"功法，都是一步一步地来体会浑圆一体的外圆内方、外柔内刚。这"三尖相照"还有一个关键点需要注意，就是鼻尖、手尖、脚尖这三尖都必须在圆的包裹之中，尖不能出到圆外，内里的东西不能离开外圆而独自行动，要内外相合。这就是所谓的"力不出尖"，这四个字很重要，出了尖就是力，凡是力都出尖，而不出尖之力就是内劲。

桩功概论

从力学的角度讲，力有三个特点，一是有作用点，力出尖了就会有作用点；二是有方向，出尖的力就是往一个方向去；三是有大小，力出尖了才能分出大小。但是，当力在圆中不出尖，则就没有了方向、大小和作用点，那就是内劲。所以，"三尖相照"就是使自身成为浑圆一体，就是要让尖在圆内不出来，这样力不出尖，才能做到形不破体。

可见，要做到"力不出尖，形不破体"，就必须从浑圆一体中求得。做到了浑圆一体，就会力不出尖、形不破体。我们反反复复地说了半天，练了半天，都是在说这个事。练太极拳不是在求内劲吗？力不出尖就是内劲，出尖的力就不是内劲了。

功法试手体验 ❸

请再过来一位同学试试手体会一下。

下面体会一下什么叫力出尖和力不出尖。太极拳有这个好处，嘴上讲的理可以用身体去体现和感悟。你只要能感觉到我的力有大小、有方向、有作用点了，那就是力出尖了。现在是你出尖我也出尖，我的力已经出去了，这样我们俩是尖对尖，你已经感觉到了吧？你再体会，现在我的力不出尖了，力一直在里面含着，这样我的形体既不破，也不散乱。这时候，你感受到的就不是通常说的力了，而是内劲了。因为力一出尖，它就有方向、有大小、有作用点，你就知道怎么应对了。我的力不出这浑圆体之外，就在这圆里包着呢，所以，它就没有方向、大小、作用点，那你就不知道怎样应对了。总之，自身要永远保持浑圆一体的状态，让力始终在自己的怀里。

功法释义

拳修需要特别注意的是，"三尖相照"形成的浑圆体，不管对方怎么用力，自己的尖始终在圆里面含着，永远不出去。这种浑圆的状态不因对方的来力而破坏，也不管自己怎么动，都要一直保持浑圆一体，绝不让自己的力出尖。力只要一出尖，那浑圆一体的状态就没有了。当做到了力不出尖，自己的身形就不散乱，对方摸到的就是一个整体。当力出尖时，自己身形就散了，对方摸到的是尖，力不论在这儿，还是在那儿，对方总能抓到。

力不出尖，说起来容易做起来难。因为没有经过浑圆桩功的修习，很少去想尖和圆之间有什么关系。能否做到圆中有方、方外有圆，不仅是拳修的一个重要原则，而且是为人处事、待人接物的一个基本法则。如果你只是方，尽管很有原则，但是人们却很难接受你，很难与你相合，人们往往喜欢的是圆柔和柔弱。从另一方面看，如果没有方，只是一味地柔弱，也就失去了原则，那就会任人宰

桩功概论

割。现实中恰恰需要的是柔和刚、原则和灵活这两个东西要相辅相成、相济相合，能够非常完美地合在一起。合在一起是什么？就是外圆内方、外柔内刚。虽然外表柔弱至上，但是内里却积柔成刚。这既是道家思想的主体，也是太极拳修习的宗旨。

我们现在的修习，就是要遵照这个宗旨来指导自己的拳修，指导自己的为人处事，做到刚柔相济、内方外圆、绵里藏针。对方摸到的都如同皮毛的柔软，但是内在的刚毅一直寓于柔软之中。作为一个人需要刚，因为如果没有刚就会被欺负，就不能成其事业。作为一个民族也需要刚，因为如果没有刚，就没有了骨气，没有了志气，就是一个软弱可欺的民族。所以，这内刚，也是内气，它无论是对一个人、一个民族、一个国家，还是在宇宙万物中，它都在发挥着内在强大的支撑作用。

要想做到刚柔相济，就要把这刚与柔两者结合起来，寻求外柔内刚、外弱内强的状态。只有这一内一外两个对立的东西有机地结合起来，才能做到浑圆一体、浑然一气，才能做到力不出尖、形不破体。这个浑圆一体的基本状态，就是太极态。

有了太极态，在用的时候依然要遵循"力不出尖、形不破体"的原则。在传统太极拳的传承中，有一句话叫"力不向敌发"。那力不向敌发怎么会把对方打出去呢？

恰恰因为这样，对方才不知道你从哪儿发、向哪儿去，也就摸不透你的意图，你的不出尖的力才会势不可挡。太极拳用内劲打人的时候是穿透的、入内的，因为它本身就在内，永远不出圆。

太极拳不仅可以发人，还可以打人，它是发打结合的。太极拳在用时是"远拳近肘贴身靠"。远拳是指当两人的距离在一膊之外的时候没法发人，只能打。太极拳的打人不是像拳击那样靠肌肉的伸缩，只有缩回来才能打出去。太极拳的距离变化是在身体里面，这样人被打以后是里面不舒服。太极拳不依靠外形的变化打人，否则即使外形变的速度再快，出现来回之后对方会马上知道。太极拳是里面的变化，直接就出去。所以，太极拳讲究寸劲，由内动带来形体的变化就在一寸之间，它不需要外形的明显变换，是力不出尖，就在里面。要想使用"远拳近肘贴身靠"，就必须进圈，前面讲过"退圈容易进圈难"，对方只有进了我的圈才能发他，所以他不进圈就发不着。如果他不进我的圈，那我就进他的圈，进了之后就可以发他了。所以，力出尖不行，一出尖对方就摸着了，而力不出尖总是在里面含着，对方就摸不着，这样就随时可发。杨氏太极拳老谱所说的"见隐显微"，就是在浑然一体的状态下发人或打人。

简述"三尖相照"功法的基本要领，一是力求脚尖、

桩功概论

手尖与鼻尖三尖相系相照，合到一个点上，以确保人体三盘、九节、十八个部位合为一体；二是寻求实我与虚我的三尖相照构成前后两个内三角形，两个内三角合出一个四边形，体会方外有圆、圆中有方的滋味和感觉；三是守住自身浑圆一体状态，不因对方来力或自身行动而散乱、出尖，做到力不出尖、形不破体。

功法试手体验 ❹

下面请过来一位同学再体会一下。

我现在是力出尖了。力一出尖你马上就能感觉到，方向啊、大小啊，你都能知道，你也知道怎么与我的力顶了。因为我的力一出尖，你就会去按住这个尖，你就要针对这个尖去解决它。但我的力一不出去，就均匀了，就一体了。这样不管你怎么用力，我这尖都不出去，我老是一种浑圆状态，不被你用力破坏了。我就是走动，也是浑圆一体，决不能够出尖。而力一出尖，浑圆一体的感觉就没有了，而且能够感觉出来用力。出尖，你摸到的是尖。不出尖，你摸到的是浑圆一体，你摸到一个整体。你摸到的整体是什么？整体是一，整体是合出来的一。

功法集体体验

下面，请大家按照我的提示，我们一起来体验"三尖相照"功法含义。

中正安舒,静心凝神,呼吸自然,周身松通。

好,将身前胯下的球用双手臂徐徐地捧抱而起,然后分别找一下竖开横散、内抱外撑、人随球浮的感觉;再找一下颔下夹球、腋下夹球、手指之间夹球及双手尖顶球的感觉。

接下来寻求手尖、脚尖、鼻尖这三尖相系相照的感觉。先是假借用一根皮筋将两只手的手尖相系相合,合出个意尖;再用皮筋将两只脚的脚尖相系相合,同样合出一个意尖。然后将分别合出的手、脚意尖与鼻尖相系相合相照,由此合出一个内三角形。

在此基础上,假设还有一个与实我背靠背的虚我,并依次将虚我双手的手尖和双脚的脚尖分别合出一个意尖,再将虚我的手、脚意尖与鼻尖相系相合相照,由此又合出一个内三角形。

两个内三角形构成一个圆内的正方形,体会这方外有圆、圆内有方、尖不出圆、力不出尖的滋味和感受。

好,中正安舒,静心凝神,呼吸自然,周身松通……

放松,随球而落,深吸一口气,复原。

(随问随答)

问:您讲的力出尖与不出尖是否就是整劲和散劲的区别呢?

答:可以这样理解。力不出尖的时候是尖在圆的里

桩功概论

面，它是方的，在撑着圆，圆包裹着方。为什么浑圆一体就不瘪？因为虽然你摸到的是圆，但是圆里面有方撑着。只有方圆相合，圆才能圆而充盈，方在圆当中才能不外露，起到支撑作用，这样就是浑圆一体、浑圆一气、周身一家，发出来的就是整劲。

7. 外三合

功法释义

浑圆桩功要进入浑然一体的太极态，必须经过内外三合这一深层次的功法修为。在中国传统武术中，很多武术门类都有内外三合的要求。在太极拳的浑圆桩功中，是把内外三合功法分开来说，即分为"外三合"和"内三合"。

在拳修中，是处处围绕着"三"又分又合。正如老子所言："道生一，一生二，二生三，三生万物。"只有生三以后，才能生出万物。可见，三就是全，由一到三，再由三回一，这是一个完整的过程。例如，无极桩功把有形的身体分为上、中、下三盘，浑圆桩功则把这分开的三盘合成一个完整体，使之三合一。它们虽然在形体上是分为三，但是现在要把三返回到一，也就是说，分开的目的是为了回到这一，把它们要合起来。

第二章　太极桩功

　　无论是拳修所求的浑圆，还是具体实物的球、圆、环、圈，都表现的是始终如一。什么叫始终如一？就是这一点是起点，转了一圈又回来了，起点回到终点，终点又是起点。有人说，一个起，一个终，这不是二吗？这里要注意，"起"为什么能回到"终"？因为它经历了一个"过程"，即这起点是一，转一圈经过了一、二、三又回到了一，这个新的一乃是一、二、三合出来的。一个完整的事物要想有始有终，重要的既不是始也不是终，而是如何才能把始和终做到如一，关键在这中间的过程，当然，又离不开始和终，否则，就不可能归一。

　　这一、二、三的变化，是自然界万事万物发展的根本变化。例如，人从生到死是一个生命运动的过程。不管是活到七十岁、八十岁还是一百二十岁，都只不过是由出生到死亡走完这个中间过程而已，即都要经过"生、活、死"这一、二、三的过程，任何人都也逃脱不了这个规律，也改变不了这个过程。但是，能不能通过修习，让这个过程的速度减慢一点、均匀一点、延长一点？人不可能不回到终点，哪儿来的还是会回到哪儿去。我们所关心的不是回不回去的问题，每个人都要回去，没有长生不老，我们需要关心的是在这个过程中怎样去丰富自己，更多地去领略一下人生的风景，让这个过程更充实一些、更健康一些、更快乐一些、更圆满一些。这就是太极拳修习的

桩功概论

主旨。

人们总是关注起点和终点,却忽略在这个过程中寻求生命的真谛,本末倒置、舍本逐末。既然生不是自己所能决定的事,死自己也管不了,回到终点是天地考虑的事,真正自己能够直接掌控的就是生死之间的这个过程,过程是自己的事。收获不是求来的,不求收获才得收获。如果天天想着大丰收,而不去认真地选种、锄草、浇肥、灌溉,那永远丰收不了。只要认真地做好从选种到灌溉的每一件事,每个过程都做到位,是否收获就已经不重要了,它在于天而不在于自己。如果自己各方面做得都很好,但是突然地震了,那不但自己没收成,别人也都没有。所以,收成是自然的事。自己该做什么就做什么,能做什么就做什么,坚信一分耕耘一分收获。

浑圆桩功的修炼,就是寻求浑圆的过程。我们要在这个过程中学会调整自我、舍弃自我、放弃自我,使自己顺应客观规律的需要。换句话说,就是把原来总想追求的那个终点舍掉,把自己交给过程,让自己随过程去起和浮,这才是浑圆桩功修炼的主旨,也是老子告诉我们的"道生一,一生二,二生三,三生万物"的真意。我们要找到三,三再回到一。浑圆桩的功法修习分了内外,例如分出了"内三合""外三合"。通过功法修习,出现了"外三合一"和"内三合一",这样,又出现了二,然后再内外相合，两个"三合一"又变成了一，于是又回去了。由此可见，事物总是呈现一、二、三，三、二、一的规律。

下面，具体介绍"外三合"功法。

"外三合"所言之外，指的是有形的身体。有形的身体分为上、中、下三盘，现在要把这三盘合在一起。既然要合，我们就要找出上、中、下三盘里具有代表性的部位来往一块合。哪些部位呢？从上、中、下分头找，一是手与脚合，二是肘与膝合，三是肩与胯合。前面"三尖相照"的功法已经把手和脚合在一起了。除了手和脚相合以外，还要将肩胯相合、肘膝相合。这三组相对部位之间本来是分开的，"外三合"功法要把它们合成一个完整体，即用意将这分布在上、中、下三盘相对应的部位相连相系在一起。前面讲过，浑圆桩功的基本特点是合，所以，在浑圆桩功法修习中，凡是分开独立的部位，都不能各自为政，必须相互联系起来。从左右部位看，左右手、左右脚、左右肩、左右胯、左右肘、左右膝等，都要相联相系。从上下部位来说，肩与胯、肘与膝、手与脚也要相联相系。

无极桩功的某些功法已将两个对称部位起到了相合的作用。例如"含胸拔背"使左右肩有了联系，"坐胯敛臀"使左右胯有了联系。浑圆桩功法的"外三合"，要进一步把左右胯、左右肩用意相系起来。同时，要把左肩左

桩功概论

胯、右肩右胯、左肩右胯、右肩左胯也相系相合起来。同理，肘与膝合，手与脚合，也同肩胯相合方法一样，左和左、右和右、左和右、右和左都要联系起来。它们之间本来是分着的，"外三合"功法用意把它们合在一起，即通过手与脚合、肩与胯合、肘与膝合，把人体的上、中、下三盘形成一个完整体。"外三合"功法与"三尖相照"功法并不矛盾，"三尖相照"功法是将上、中、下三盘合到鼻尖一个点上，这两个不同的功法，最后都是将不同的部位合到人体的中上，也就是合成了浑圆一体，这是各种功法的最终所求。

虽然说是"外三合"，其本质依然不在外形，在合的过程是用意。例如"外三合"中的手脚相合，意的重点就在手脚之间。假设有一根无形的皮筋，慢慢地变成一股气，手与脚通过它们之间的这股气相融相合。不管是皮筋还是气，关键是要把它想真切了。意由无到有，由松到紧，如果体会不到它们之间这个意的实感，那么手和脚就没有真正相合起来。

前面讲"三尖相照"功法的时候，已经对手与脚相合作过介绍。下面，根据"外三合"功法的要求，再详细讲讲"外三合"的第一合：手与脚合。手与脚合，除了上下的相系相合，还须有左右的相系相合，也就是左手和右手之间要被一根无形的皮筋牵拉，使它们相系而合。很多人往往忽略了这左右手之间的相系相合。当"内抱外撑"的时候，感觉所抱之球有弹性，左右手则随着球的弹性产生一个开合，这个开合便体现了无形之意把左右手之间相系在一起。同理，左右脚之间也如同左右手之间的感觉一样。当手与脚合了，手与手合了，脚与脚也合了，这样就形成了一个内在的闭合的方。又是圆中有方，那么身体必然就完整一气，也就没有断续了。如果只是手和脚上下合，那么左右之间就是断的。同样，如果只是左右相合，那么上下之间就是断的。所以，一定要把手与脚的上下、左右用意都相连相合起来，形成一个闭合的圆中方。是不是这样就行了呢？还不行。例如左手除了和左脚相合之外，它和右脚之间还必须分合。也就是除了左手和左脚、右手和右脚外，那右手和左脚、左手和右脚之间也要用意将其相连相合。浑圆桩功一个基本方法就是对两个对立的东西，用一个无形的意使它们由分而合，用意把两个分开的、对立的东西同出，使它们相系相合。只要这相合的虚意真实了，互相之间有了弹性的感觉，气感就出来了。

有人会说，怎么总分不完呢？一会儿这么连，一会儿那么连，太复杂了。因为事物都是"万"，所以就比较复杂，但是只要回到"一"，找到浑圆一体的感觉后，再回头检查，就会发现相对的两个东西总是相系相合、浑

桩功概论

圆一体的。由此可见，只要归一，问题就简单了。如果离开"一"在万中去找，就会不是这里没合，就是那里没合。当体会到浑圆一体的滋味后，就会发现周身上下随便哪里都是相合的。所以，太极拳的修习要处理好"一"与"万"的关系，必须紧紧地抓住"一"这把万能钥匙。人的一生中有开不完的锁，如果只是一把钥匙开一把锁，那要挂多少把钥匙啊？但是，只要抓住了"一"，抓住了这把万能钥匙，则凡是锁就都能开。如果发现自己有哪把锁打不开，就去向老子请教，老子会问你的那把钥匙是不是出了问题？并告诉你那把正确的钥匙，应该是"异而同出"。所以，先是要有"万"，如手与脚合、手与手合、脚与脚合等越组越多，以致无数。这就是杨班侯所说的乱环，乱环就是从这里出来的，它们可以组合出无数个圈来。但是这些圈都是由"一"而来的，都没有离开这个"一"，这个"一"是什么？就是"异而同出"，就是浑圆一体。因此，在浑圆桩功修法中，须先有"万"，就是一个一个分着去感悟它，然后回到"一"上来，回到总此一浑圆的状态，求得浑然一气、浑圆一体。

实际上，太极拳的修炼不是越修越复杂，而应该是越修越简单。就是说，通过拳修，能使自己对拳理拳法越来越清晰、明了，从而进入神明境界。《太极拳论》已经讲得很明白，懂劲后，就会愈练愈精，进而一步一步地迈向

"阶及神明",最后追求的就是"神而明"。

关于"外三合"的第二合：肘与膝合。与手脚相合同出一理，肘与膝这两个相对的部位，也要一上一下相系相合。肘与膝合与手脚相合同法，亦是假借皮筋将左右肘、左右膝、左肘与左膝、右肘与右膝、左肘与右膝、右肘与左膝相系相合。拳修要求，不仅静态站桩时要做到肘膝相合，在动态时也要做到每一个动作都能肘与膝相合。拳架有一式叫"手挥琵琶"，那么一挥就要看肘和膝是不是合着呢，如果膝是膝、肘是肘，那它们就是分而不合。《太极拳论》讲"动之则分，静之则合"，动和静这两个东西要合，并且是合中要分、分中要合，每一步都要检查是不是有分有合。

功法试手体验 ❶

下面，请过来一位同学与我试手，体会一下手与脚合和肘与膝合。

注意，抱球的时候首先要检查手和脚是不是相合。你先来体会我抱球的时候合与不合的区别。我现在虽然抱着球，但是手脚不合，手是手、脚是脚，你就能感觉出来它的不合。现在再感受一下手脚相合，手与脚两个一合就完整了，你虽然摸着我的手，但也可以说我用的是脚。如果我的脚和手没关系，就合不上。同理，肘与膝相合以后就出来弹性

桩功概论

了，如果不合，它们就是散的。所以，两个对立的东西能不能合到一起，是能不能让自己浑然一体的关键。

功法释义

关于"外三合"的第三合：肩与胯合。总体上看，外三合是浑圆桩功法的主体分合。其中肩与胯合，又是三大主体分合的根本，是人体能否成为浑然一体的关键部位。因为，肩、肘、腕三大关节，肩是根；胯、膝、踝这三大关节，胯是根。这两大根节是否相合，决定着中和梢能否相合。如果根节不合只是梢节合，那样就形不成完整浑圆体。所以，胯和肩两个根节的相系相合，是主宰浑圆一体的最核心的分合。在功法修习中，与其他部位的相合比起来，肩与胯合也是最难的，因为它起着主合的作用，是保证肘与膝、手与脚相合的关键。

肩和胯怎么合？我们依然是要用意假借皮筋将肩与胯这两个根部相系而合。

首先说两肩相合。在讲无极桩功的时候，谈到了胸部的一个重要部位膻中穴，这是人体中丹田的位置，功法要求是"含胸拔背"。太极拳要求一身备五弓，杨氏太极拳重点讲人备三弓。不管是五弓还是三弓，目的是一样，就是通过桩功修习把有形的身体打造成一张弓。有了弓以后，箭在哪儿呢？对手是箭。当对手来的时候，要把对手这支箭拉到自身这张弓上来，然后用自身这张弓把对手发放出去。既然是一张弓，它就要有弓背和弓弦。人体的两肩就如同这张弓上固定弓弦的两端，所以，左右两肩必须相系相合，这样就形成了一张弓，也符合含胸拔背的要求。但是，左右肩的相合绝不是在形上去找，而是两肩尖有扣合之意。两肩在扣合的基础上同时向下松落。无极桩功讲挂肩，浑圆桩功讲抱球，将这两个要领合起来做，就是左右两肩一定要在挂的基础上有一个向内扣合，这样就自然构成了弓的态势，这张弓才可以用来放箭。因此，肩与胯合，首先要做到两肩相合。

其次要做到两胯相合。无极桩功要求胯要落坐，要站似坐，两个胯在坐的同时还要向内合。当胯向下一坐、向内一合之后，这时膝才有曲，裆才会圆，胯处于向内扣合的状态。

在两肩相合、两胯相合的基础上，还要做到两肩与两胯的上下及左上右下、右上左下相系相合。怎么样相系相合呢？肩的挂而松沉和胯的松落坐是一回事，胯落坐带动两肩自然向下牵拉而松落，同时，百会还要有上提之意，也就是同时要虚领顶劲、顶头悬。这一悬又把肩变成了一个衣服架，也就是百会一提，等于把周身骨架和两个肩都提起来了。本来胯的落坐使肩自然松落，而顶头悬又把两肩有所提高，随着肩的上升，又把胯给提拉回来。所以，

桩功概论

肩和胯在又落又提的过程中，便是相系相合的。不要把人体一分两半，不是胯往下坐，肩颈往上提，而是整体地落中有提和整体地提中有落，通过肩胯相合使人体形成一个完整体。形成完整体后，人的中盘就像大树的树干一样竖立起来了，这样才既挺拔又稳固。四肢是树枝、树杈，只有树干相合而稳固，树干分出来的枝杈才能随着树干合在一起。

从桩功修习角度来看，人体的肢体相应相对的部位，都是谁也离不开谁，互相之间总是相系相合的，这样才完整。按照拳修心法"层层分"的要求，何止是三合，手的拇指和脚的小趾、手的中指和足的拇趾，以及拇指、食指、中指、无名指、小指之间等，都能组合出相系相合的关系来，一动念就是分与合，虚的地方都要虚而实之，都要用意把它实化。

不论是多少合，也不论是哪个部位与哪个部位相合，最后都是合到人体的中上来，这样才能形成一个完整体，也就是都合到那个孔方兄的中间了。原来我一直不明白，为什么过去的铜钱中间要挖一个孔？后来才知道，挖孔是为了把铜钱能穿在一起，多少贯钱都可以拴在一起，便于携带。其实从本质上来看，这不只是为了携带方便，它还告诉我们一个理，在方和圆之间有一个中心的空，空的地方才是中，中是空的。

太极拳有一个说法，"蓄而后发合即出"。意思是说，人体一定要像一张弓一样能蓄劲，蓄是把这支箭引到我自身这张弓上来。这张弓本身是合成的，当把对手这支箭引到弓上后，箭和弓就合出来一个完整状态，于是就出来了发落的那个点。杨班侯大师在《乱环诀》中讲："发落点对即成功"，这个点是怎么来的呢？是分而合后由合而来的。出来这个点，就说明我们进入了太极状态，也就是浑圆一体了。

前面主要讲了"外三合"，不管是哪两个相对部位的合，都是要找到一种滋味。这种合出来的滋味是什么？就是浑圆。浑圆是什么？就是太极。太极是什么？就是分阴阳、合太极。当合出"一"来，就是太极了。什么是"一"的滋味？比如肩与胯合、肘与膝合、手与脚合，一定要体会、找到分而合的感觉，寻求形成一个完整体的滋味。如果你的身体是个完整体，那我摸你的时候，就感觉不到你是散的。比如，我摸你左手的时候，你的右手要跟左手相呼应，两只手是相辅相成的，是一样的。你必须要找两只手的一样，手与足的一样，肩与胯的一样，自己要不断地调整。只有手与足、肩与胯、肘与膝合了后，这样才能合即出。就是说，虽然身体的左右、上下是分着的，但是要能合出"一"来。你如果体会到"一"的滋味，那就入太极了。

桩功概论

浑圆桩功是用"外三合"这种方式来寻求浑圆一体的"一"的滋味。请大家注意,开始练习的时候,你肯定合得不会太好,不可能很快找到"一"的滋味,不要着急,因为,不论是谁,不可能一听就会。只要知道了正确的方向,然后一步一步去做、去找、去体悟,就一定能找到"一"。这样反而快,不走弯路。老子告诉我们:"天得一以清,地得一以宁。"浑圆桩功就是要得这个"一",这是我们浑圆桩功修习的一个主旨。

简述"外三合"功法的基本要领:第一,要懂方法。用假借皮筋之意,将人体上、中、下三盘具有代表性的部位合到一起,其中,手与脚合、肘与膝合是上盘和下盘相合;肩与胯合是中盘的上下相合。第二,要抓重点。外三合是以肩胯相合为主合,手与脚合、肘与膝合随肩胯相合而合。肩与胯合是基础,是根本,是关键。第三,明目的。外三合的最终目的是将人体的三盘、九节、十八个部位都合到一个点上,将自身合成一张弓,打造成浑圆一体。

功法试手体验 ❷

下面,请过来一位同学与我试手体会一下。

所谓合,就是虽然摸的是两只手,但上下、左右合起来是"一"。如果不合就是"二",就散了。这"一"是左右、上下分而合出来的"一"。你要让肩与胯、肘与膝上下再合得好一点。别急,一步一步来。

你要注意两肩的扣合,不扣合就让我感觉出"二"来了。现在你左右合得好,上下还没有合出"一"来。你左右是"一",但上下还是"二",要上下左右都是"一"。上下差的原因是什么呢?你上面多了,下面少了。

你要让我感觉到你合出来的是"一",就像一颗子弹一样。你这样就不是"一",散了。现在比刚才好一些,有一点味道了,一定要找合出"一"的滋味来。

要合到"一"这个点上来。你的"一"不够尖锐,还是有点"二"。要左右、上下都是"一",不然就像北京话说的,这个人怎么老犯二呀。我们身体分开是十八个部位,但要像十八个橘子一样往网兜里一兜,形成一兜橘子,合成一个完整的球体。好!你现在合好了,不散了,是一个圆。

功法试手体验 ❸

请再过来一位同学体验体验。

你合得不够,原因在哪儿?主要是没有往里面聚合。要顺着这个圆周往一块抱、往一块拢。聚合的结果是你打我这里不能打出两点来,一枪就打一个弹孔。这个时候要放松,顺着往里合,越合越要放松。你现在差一点儿什么呢?有点过紧。过紧以后,虽然是合了,但是里面意气的东西出

桩功概论

不来，自己身体里面给截住了。肘、膝、手、脚、肩、胯一定是往一个意上合，合出来一个点。你现在又多了，出来好多个点了。要让我感觉到你是一个完整体，我摸到哪儿都是摸到了一个完整体。不是合一部分，而是整体往一块儿合，缺哪个部分都不行。上下、左右、前后都要有合，用三合把整个人合成一个浑圆体。你少哪一点，哪一点就是缺口，就不完整。非要全部合到一点上不可，到了那个点，对方自然就出去了。不是你非要推对方、发对方，到了那个点他就出去了。

要往一个点上聚，气总是由高到低往那一个点上去。你看我不管是球大、球小，处处都在抱球，所以总是一个完整体，做到了形不破体。它虽然在变化，但不离"一"，总是在守"一"前提下的动。一旦离了"一"，就散乱了。

功法试手体验 ❹

好，再过来一位同学体验一下。

你这个时候一定要体会松而合，肩与胯、肘与膝、手与脚相系相合，形成一个完整体。两肩要扣合，两手要相系相合，整个要形成一个完整的浑圆体。这浑圆体形成后，大家看，当我摸他的时候，我感觉他是一个完整体，是"一"，我感觉不出来他是个散的。摸两个"手"是"一"，摸这个手的时候，那只手跟它是相呼应的，它两个一定是相系相合，是一样的，要找左右两手的一样。同时，还要找手与脚是一样的，肩与胯是一样的，合得越来越好，任何地方始终如一，合而为一，这就是我们要找的，合出来的浑圆体的滋味。也就是说，你摸任何地方，都合了，合在一起了。我摸你手臂这儿，不行，你的手跟脚没合，跟脚再一合就完整了。不断地手与脚合了，肩与胯合了，肘与膝合了，一合，你就感觉到一个完整体出来了。我们用的就是这种方法，来体验你是不是这种状态，能不能出来这个完整体。我们站抱球桩就是要站出这种状态，找出这种相合而一的感觉。那就站对了，就站出这个"一"了，就入太极了。它虽然是左右、上下分着的，但是能合出"一"来。这样站就站对了，就站出这个"一"了，就入太极了。

功法集体体验❶

下面，我们一起来体会一下手和脚这一上一下的相合。

拳论讲"上下相随人难进"。这人的肢体上下虽然是分着的，但一定要如影相随，这样才能形成一个完整体，对方才找不到破绽。我们要通过"外三合"来寻求这个完整，但这种完整是靠意来实现的，正如杨澄甫所言"凡此皆是意"，切记上下相合，左右相合都不要用力。要想寻求意的完整，就要让意紧张起来。意有多紧，身就会有多松。

大家照我的提示来做：

从无极桩功开始，中正安舒，静心凝神，呼吸自然，周

桩功概论

身松通……

足下平松而落，百会有上提之意……

悬提必然竖颈，肘自然而垂，塌腕而展指……

含胸必拔背，腹部空而实……

坐胯敛臀，扣膝圆裆……脚下平松而落、如履薄冰……

好，下面转入浑圆桩功。

身未动，意先行，徐徐把手放在球上，不是我的胳膊起，是球起我起，我随球起……

体会手与脚之间连着一根皮筋，手随球起时皮筋越来越绷紧……

脚下也感觉到这根皮筋在绷紧……

球升到下丹田的位置，球在这个地方有提有落、落中有提，相对平和、平衡而中，此时手脚之间这根有弹性的皮筋已经被拉紧了……

重点体会皮筋有没有紧了的感觉，皮筋真的就在手脚之间，一定要寻求球起而皮筋拉紧的感觉……

中正安舒，静心凝神，呼吸自然，周身松通……

身随球落，球徐徐下落，我们的手、身随球徐徐下落，在落的过程中，绷紧的皮筋也在徐徐地复原……

放松，深吸一口气，复原。

第二章 太极桩功

功法集体体验 ❷

下面,大家一起把"外三合"合在一起体会一下。

不要着急,慢慢体会,先从肩与胯开始,然后是肘与膝、手与脚,一步一步往上叠加,分着去体会,最后寻求的是三合一的状态。大家照我的提示来做:

中正安舒,静心凝神,呼吸自然,周身松通……

分而合,重点体会肩和胯合,进而体会肘与膝合、手与脚合……

身未动,意先行,身前之球一定要有真意实感,双手开始随球而起,在起的过程当中,体会胯要向下松落,肩随之而松挂,同时,提顶、提肩、提胯,左右肩有向内扣合之意,形成弓背……

分别体会左右肩相合相系形成弓背……

左右胯相合相系,肩与胯相系相合……

左右肘相合相系,肘与膝相系相合……

左右手相合相系,手与脚相系相合……

中正安舒,静心凝神,呼吸自然,周身松通……

随着球徐徐下落,肩依然要挂,胯要提而坐……

放松、深吸一口气,复原。

要往一点聚,气总是由高到低往那一点去。你看我不管是球大、球小，处处都在抱球，所以总是一个完整体，做到了形不破体。它虽然在变化，但不离"一"，总是在守"一"前提下的动。一旦离了"一"，就散乱了。

(随问随答)

问： 请问怎样才能做到手与脚、肘与膝相合呢？

答： 在外三合功法中，虽然说是手与脚相合，但实际上是意相合。这里要反向求。例如手与脚合，看似是手动，实际上要以脚上之意为主。它们要分开主次，意是主，把意要落实在脚上，但却是通过手来表现的。所以，不管是手与脚合，还是肘与膝合，表面上看似是手或肘，但是要把意放在脚或膝上，这样才能把手与脚、肘与膝合起来。如果是以手、肘为主，那就不容易合上了。这合上的意思是要合出来一个内在的弹性，这个弹性一定要从分合当中去寻求，主要方法是假想用橡皮筋把它们连起来。我在刚学的时候，曾经真拿皮筋把它们连在一起，因此我父亲批评说："是让你假修真，谁让你真连了？"假修真，就是要修出这种相系相合的状态，是无而生出真有来。比如练太极讲"手如运球"，不是真的抱一个大铁球去练，抱真球练看起来挺实，实际上出不来功夫。功夫是什么？是这里虽然没有铁球，但是随时可以让自己感觉这里好似有铁球。之所以一定要假修真，只有假修真，才能改变自己的思维模式，才能让自己的心意无中生有，体会到具体的感觉，而不是要在具体中去实证。

问："外三合"最重要的关系是什么？

答：在"外三合"中，肩和胯起主宰作用。胯是下肢的根，肩是手臂的根，这根与根相合，主宰着中与中、梢与梢的相合。若根与根不相合，其他关节就合不好，就形不成一个完整的浑圆一体。只有肩与胯上下相合相系，才是形成浑圆体的一个最核心的分合。同手与脚合、肘与膝合相比，肩与胯合则是最难的。其实，太极拳修炼何止是这"外三合"啊，例如手的拇指与脚的小趾，手的中指跟脚的拇趾，等等，还能组合出很多来。一个基本理念是，只要一动念，就有分合。最根本的是凡是虚处就要虚而实之，都要用意把它实化。当然这"外三合"，是拳修主体的分合。因为肘与膝、手与脚、肩与胯是人体能否成为浑圆一体最重要的组合。

问：李老师，您能再做几个动作把"外三合"表现出来给我们看一下吗？

答：你们看，不论做什么动作，必须是完整的"一"，不能出来"二"。不管快和慢，总是完整的"一"。此时随时处在攻防的状态，马上就能杀出来。这

桩功概论

个状态既是浑厚的又是轻灵的，如行云流水。你如果在后面想攻击我，我随时准备着。只要是"一"的状态，就是非常自然的，整个气场就出来了，开中合，合中开，总是"一"。不管怎么动，都要找到"外三合"的感觉，这样就形成一个完整的球。虽然总在变化，但一直处于守"一"的状态。不管动作大小高低，只要全身上下、左右、前后都合了，就是浑圆一体，就有了无穷的力量。如果一旦离开了"一"，那就散乱了。

8.内三合

功法释义

从内外三合功法来看，"外三合"是基础，"内三合"是核心、是本原。从主次关系来看，"内三合"是主，"外三合"是次。所以，在"外三合"修习的基础上，必须进一步寻求这本原的"内三合"。简言之，"内三合"修习的目的，就是要合出个"一心一意"，进而由"一心一意"合出个"一气"。经常说"一气呵成"，说明内在的心、意、气都离不开"一"。做任何事情三心二意就不成，必须是一心一意。拳论讲"总须完整一气"。这"一气"，是浑圆一体的内在基础条件。没有"一气"，浑圆一体就变成了一个空壳，就没有内在的生命力。拳论所言"意气君来骨肉臣"，说得已经很清楚，意气是君主，骨肉是臣民，意气是人的主宰。从拳修角度讲，这心、意、气三者之间，依然是分而合的关系。

拳修所求浑圆一体，最主要的不是外部的动作，而是要把里面的心意气凝聚出"一"来，这就需要通过"内三合"的修习来实现。是哪"内三合"呢？

第一是"心与意合"。太极拳的修习分为两部分：一是修身，即有形的身体；二是修心，即神意气。太极拳的好处就在这里，它不单纯是修身，也不单纯是修心，而是身心双修，但以修心为主，是修心主宰着身体的修为。杨氏太极拳老谱明确讲过"心为一身之主宰"。俗话讲"人心莫测"，最难掌握的就是人心。

太极拳修炼也一样，先别说怎样为人民服务以得他人心，最终能把自己的心得了也就好了。你能得自己的心吗？能掌控自己的心吗？结论是很难。平时表现不出来，一遇见风吹草动，心就容易乱了。例如有人昨天刚把股票卖了今天就涨了，心里能不急吗？在现实生活中，遇上一点儿难事，这心就不在其位了。拳修就是让这心永远在其位，不要乱动。但是，这心你看不见摸不着，它不像拿一个手机，可以攥住不撒手。说要拿住自己的心，可是哪儿拿去？它拿不住。恰恰人的行为是好的还是坏的，都是由心而生。所谓贪心，是心里面贪。毒瘾也是心里面的瘾，

☯ 桩功概论

如果心瘾不戒，尽管人在戒毒所关了半天，出来以后一见到毒品，必然还要吸，难就难在这心上。

要想心与意合，就要了解心在哪儿？意在哪儿？心和意是不是一回事？人们往往心意不分。不能分，就不能合。其实，心和意既是一回事又不是一回事。心是无的本体的状态，如同道一样，不但没有"有"，也没有"无"，它是那个最本原状态。它说不清，道不明，无论怎么说都不是那个心。心实际上就是道，心即道，道即心。拳修要修心，修心就是修道。好像佛家也是这么说的，佛即是心，心即是佛，修佛也是修心。

各个修行的流派历来都知道心具有主宰性，所以往往都追求修心。例如，佛教、道教、基督教等宗教教派都是围绕修心各表其说。但是要想把心管起来却很难，因为这心太不具体了。心极为抽象，无法用语言描述。心在身体上的具体反映是什么？怎样才能体现出心来呢？通常讲："意由心生"，也就是心由意来体现。老祖宗用太极的理论发现，心不是抓不着吗？但是意能抓着，意是心的表象，是心的声音，是心的反映。这样就容易了，不用去管心，而只管用意来修心。意是心的代表，是自己能感知到的，只要能把握或改变自己的意，就是在修心。因此，修心就不用管心了，而是抓意。换言之，只要抓住了意，就抓住了心，于是心与意就合了。太极拳的修习就是拿住意来修心，原因是我们无法感受和控制心，但是可以感受意。自己能够感知到意的表现，所以就由意来了解、认识和掌控自己的心。就如同"气"这个东西太抽象、太玄了，在拳修中为把它具体化，就用"沉"这种滋味来体会气。同理，心太抽象了，我们为把它具体一点，就通过意来体会它。心与意合，既表明了心和意之间的一种内在联系，因为意由心而生，又要将心与意两者分而合。如果意与心相合了，就是合心之意，那这意也就合道了，就符合了该怎么办就怎么办的规律，所以，心要与意合。

真正的"心与意合"，须是分而合，是无了这个有了那个，而不是有的人所追求的不分而合，把心和意这两者揉在一起。浑圆桩的"心与意合"，是先把心与意分开，分开以后再有了意无了心，这才是心意相合了。因为太极拳理法所讲之合，是阴阳之合，是两个不一样的东西分而合。心和意不一样，虽然意由心生，但意不要去干扰心，要让心总是处在无的状态，这是拳修的根本。通过拳修，能够做到老子所讲的"视而不见，听之不闻"，看见了跟没看见一样，听见了跟没听见一样，做是动意不动心。因为，要想不动意是不可能的，意识总是要有反应，人活着就会有意识，除非人的生命结束了。例如，人的七情六欲谁都会有，不会见到好吃的却硬要觉得它难吃，拳修并不是要把那由心生出来的意磨灭掉，而是要把心与意分开，

桩功概论

训练自己只动意而不动心。我给年轻的学生举过这样一个例子，你站桩的时候，从那边过来三个漂亮女孩，你马上眼睛就被吸引走了，立刻就动了心。她们是真漂亮，那怎么办呢？把眼睛闭上不看吗？眼睛虽然不看了，但耳朵还能听见她们说话，心还是在动。拳修要求做到虽然看见女孩子了，确实很漂亮，这个意识自然地产生，但那心是平静的，这样心和意就分开了。心就是这样来掌控，使其不受外界的任何干扰，也就是总能保持住这种无心有意的状态，这才是心意相合的真义。

前面所讲"外三合"功法是在找"一"，是在求浑圆一体，如果仅停留在外形上的修为，没有内在的修为，缺少了心、意、气的合一，那就做不到以气运身。以气运身是太极拳修习的基本要求，在拳修的过程中，要细细地体会气是怎样运这个身，这是太极拳在内不在外的本质。那么，气是怎么来的？其过程就是由心行意，以意导气，有了气以后才能运身。气总是在身体里面运行，从而催动身体外形的动作。这"心与意合"是"内三合"功法的第一合，是必须首先要做到的。就是说，先要把意行出来，然后才能检验这个意到底与自己的心合不合。否则，就谈不上心与意合，也更谈不上以意导气。因此，关键是在意。

无极桩功是由形寻意。怎样才能寻到这个意呢？比如说挂肩之意，要想有就要先无。无什么？就是把原来违反挂肩之意的那些意要先无了，无了旧的意，才有新的意。那肩所以不挂，原因就是几十年形成的不挂肩的意一直在那里，已经形成了习惯，自己不以为然了。这不挂肩的意也是由心生的，要想去掉这个旧意，就要从根上解决先无心的问题。只有心无了，才能生出新意。所以，首先要让自己的心静下来。

人的心往往很难静下来，根本原因是欲望太多，心里装的东西太多。如同那房子堆得满满的，过去老人爱说"破家值万贯"，其实是破万贯。因为不舍得丢旧的才会堆得满满的，要想出新的，就必须将旧的腾空。拳修就是从心的修习入手，先腾空自己的心，然后求出那个新的意。怎样腾空呢？老子告诉我们一个妙方："无知无欲"，就是把欲望降低、减无。想一下子全无可能做不到，那就从损减开始。老子又给了一个妙方："损之又损，以至于无为。"要通过拳修，逐步将原来太多的东西、太多的追求、太多的欲望减损掉，让心清净一些。放不下、减不掉都是自己的问题。等到放得下的时候，就会发现太阳每天照样升起，地球离了谁都在转。别太拿自己当回事了，否则，自己的心静不下来，不干净。怎么办呢？只有减损，往弱了减，往无了减。老子曰："至虚极，守静笃。"要能够虚到极限，静到家，这样才会回归到自己的本心。小孩子刚生下来的时候心干净极了，饿了就要哭和吃，困了就要睡，没有任何私心杂念。但当孩子逐渐长大，就被后天的东西占领了他的内心世界。所以，要想心静，没有第二个法门，只有不断地减损，做到"损之又损，以至于无为"，这样才能复心，恢复到人本来的心。

中国的文字本身就是学问，是合"道"的。例如，人们常说"大有作为"的"为"字，本来这"为"字挺好的，但是"为"加"人"字旁（"亻"）以后就变成了"伪"，成了假的，所以坏就坏在这个"人"字旁上。怎么办呢？有人说把"人"字旁去了，只留下"为"。对不对呢？不对。老子告诉我们，人要想立得住，不是把"人"去了，而是要把"为"去了。之所以"伪"，是"为"的问题，是"为"得太多了。只有把"为"去了，做到无为，这个人才是真人，才是那个本原的真我。

如何做到无为？要想无为先要无心。把心趋于无，使它干净和清静，这是我们修习的目标和追求。只有心无了，才能有了合乎客观规律的真意。所以，要想出来那个所寻之意，就要无去这个心。一个有，一个无，无心而有意，这便是"心与意合"的结果和真义。

第二合是"意与气合"。人身体所有外表的变化，例如情感的、动作的、行为方式的种种表现，都离不开意的主使，但这个意实际上是代表心。由心生出的意要想发挥主宰作用，让身体的行动能合意的要求，这中间需要一个执行者。就是说，尽管意能起主宰作用，但它无法直接去调控身体的反应和动作。人体所有的举手投足都是由意产生指令，但它充其量只是指令，无法直接将手抬起来。那么意发出指令以后靠谁来执行呢？是气！

心、意、气之间是一种什么关系呢？《十三势行工心解》讲得很明确，以心行意，以意导气，以气运身。一个行、一个导、一个运，充分说明了心、意、气三者之间的关系。意由心生，即以心行意；然后用意导出气，即意发出指令去指挥和导出气；以气运身，即身体动作的完成是由气运化做出来的。修习"内三合"功法，首先要把心、意、气这三者之间的关系搞清楚，并且这个次序不能乱。如果用心直接去导气是出不来气的，只能以心行意。意想直接指挥身体的行动也做不到，那样就乱了，必须用意导出气，然后由气去运身。

到目前为止，对内气的说法各说不一，但谁也没有实证。中医讲阴阳二气，一气周流。有人设想将人体解剖后用气相色谱仪分析一下气都含有什么，但是却找不到气。太极拳也讲气，这个气到底是什么？尽管我们也无法能用看得见的东西去印证它，我建议大家不要在这个问题上较劲，那是和自己过不去，但是，我们却能证实气真的在起作用。例如，两人试手，一方用好意气，在不用力的情况下将对方打倒，说明用意导出来的气是物质的。因为现代

桩功概论

科学永远是滞后的，从物质的角度揭示宇宙的本原现在只是做到了凤毛麟角。气相色谱分析仪分析出的空气成分，其实不只有那些，对多数成分现在的科学手段还分析不出来。但是我们用太极的理论就可以解开，有阴就有阳，有正就有负，科学也在不断地证实无限可分。知道无限可分就够了，我们不是搞研究的。气到底是什么？我们可以这样讲，气是一种人体可以利用的内在的生命能量。拳修要把这气在身体里面虚而实之，真的能感受到它的存在并把它应用好。根据我多年的拳修体会，内气在身体里面的表现，就是筋骨之间的筋膜如波浪般弹性的运动，至于这个现象是由气产生的，还是本身就是气，就说不清了，总之它是气的一个表象。我也就能体会到这些，到底气是什么，我自身的气也取不出来，也无法让别人解剖看一看。

功法试手体验 ❶

下面，请过来一位同学摸一下我身上的内气运行。

意与气合就是用意导气。现在你攥住我的手腕，感觉一下（学生：好像胳膊里面有一股东西在流动）。这不是外边的动作，而是里边出现了鼓荡的现象，我把这个看作是内气的运行。它是怎么来的呢？只要我意到了，就会出现这种现象。这种现象就证实了拳论所说"以心行意，以意导气"，意是由心行的，气是由意导的，我用自己的实践证实了这句话。

第二章 太极桩功

> **功法释义**

能导气的意，必须是真意，而只有无了心，才能出来真意。这真意是人体的主宰，它发指令让相关部位按照合道的意去执行，气则是执行意之旨意的一个工具。意怎样导出气呢？第一，先要由心生出意；第二，因为心生意要无心，所以意导气要无意。有的同学问：前面讲了半天要寻意，怎么这寻出来的意说无就无了呢？没错，只要无了意，才能出来气。一方面又是没有意不可能有气，另一方面是拿着意不放也出不来气。概言之，就是由心生意，以意导气，导气无意。意必须是一边导气，一边趋于无。如果在导气的过程中仍在执着于意，气就会滞住，就会被意所滞碍，气就不能畅通无阻地运行。

无极桩功是在身体里面寻求意，浑圆桩功是把身体里面的意往外放。如果意不往外放一直留在身体里面，就会成为一个束缚身体的因素。也就是说，意是导气的工具，有气以后就要无意，意不要总在那里停留，这就是"意与气合"，是无意而有气。正如拳诀所言"有意无意是真意"。就是说，无意不行，有意也不行，是在有意和无意之间。例如，在现实生活中，钱好不好？当然好，没钱万万不行。但是钱多了却不见得好，如果用不好反而是害，任何事物都是两方面的事情。意也一样，它起着导气

桩功概论

的作用，当出来气以后，如同人过了河就别背着船走了，船只是过河的工具。但是很多人觉得船这个东西太好了，帮助过了河，就舍不得放掉，一直背着。人在过河的时候船是工具，当过河以后你再背着就是包袱了。

浑圆桩功前面所讲的功法都是把意往身外放，例如"以球意为主""内抱外撑""人随球浮""三夹一顶""三尖相照"等功法，都是把意放到身外，让意不再束缚着身体。"意与气合"，也要把意往身外放，最终所求是无了意有了气，以意导气，有气无意。

意导气从哪里入手？从意的流动入手。要让意动起来，不要把意驻在那里。比如找到挂肩的意了，但是若把这个挂意留在肩上，一天24小时都是挂肩之意，那个意停死在那里不动，是没有用的。怎么办呢？必须让意动起来。心要静，身要静，但是意要动起来，否则就是死人了。动是生命的本质特征。心静、身静的目的就是为了出这个意动。怎么动呢？让意流动起来。在浑圆桩功中，当意动起来以后，意的流动会产生气的感觉，而且意越动，气的感觉越强烈。实际上随着意的流动，意的使命已经完成，感觉就是内气的运行。就像宇宙飞船不是自己从地上蹦到天上去的，它需要运载工具，是火箭把它送上太空。飞船进入预定轨道后，火箭就完成了任务，如果是三级火箭，每一级完成后都会脱落，也就是无了，因为使命已经完成。浑圆桩功也一样，意的使命就是导气，出了气以后意的使命完成，就不要再死死抱着它不放了。这便是"意与气合"，意动导气，气运意无。

在太极拳的修习中，第一步是知规矩，第二步是有规矩，第三步是脱规矩。只知道规矩不行，要把它练上身。这里所讲的规矩就是意，我们不仅要知道这个规矩，而且要在身上找到它，提、落、挂、含这些都是规矩，都是意，"凡此皆是意"。我们知规矩、有规矩以后，还需要进入太极拳更高的境界，那就是到后来还要脱规矩，要把这个有的规矩无了，无了规矩以后就是自然，一个新的习惯就形成了。比如刚开始修习，在写字的时候肩没挂着，因为新的习惯还没形成，当新习惯形成以后它就会老是挂着，那时候你就不用想挂了，这就是脱了规矩，不需要再用规矩来寻求那个滋味了，滋味就在这里了。

我们把老规矩脱掉，自然而然新习惯就形成了。这时候虽然不要规矩了，但是规矩已经自然而然在那里，脱了规矩后仍不失规矩，依然还合规矩，这是因为我们新的习惯、新的系统建立起来了。从太极拳的理法角度讲，这就是有无相生，有一定是从无中来。凡是有形有相的具体要求都是有的范畴，例如有了挂肩之意后，就知道了挂肩是什么滋味。老子说"常有欲以观其徼"。但是光有"徼"还不行，太极拳还要寻求其神明之妙，要把这个有无了。

桩功概论

老子又言"常无欲以观其妙"。无了之后，才会出来那个"妙"。若老在有当中，那"妙"就出不来。总是无了生有，有了还要回到无，无了还要再生出有。前面所讲的"心与意合""意与气合"，就是无了心有了意，无了意有了气。当得到气以后，就完整一气了，也就是建立起了一个新的系统，不再需要用意来规范自己了。这需要一个自然的过程。

有人问我，您现在还有意吗？我的回答是"趋于无"，就是不用再怎么去寻找那个意了，新的自然系统渐渐成型，但只能说是相对形成了。这时候是什么感觉呢？气感强烈，气运行的通路打开了，得气以后内里的变化就有了。也就是得气以后，气在体内的运行具体化了。气听起来很神秘，既摸不着又看不到，但它的确是真实存在的，绝不是虚无的。

功法试手体验 ❷

请过来一位同学与我试手体会一下。

你来攥住我的手腕，感受我这里面气的运行。你静下心来好好体会，里面到底是不是有气在流动。你攥住，感受这个气像海浪一样来了，又像退潮一样回去了，收回到丹田了。接着又来了，又回去了，风平浪静了。这不是肌肉的事，你看我手腕处的肌肉没有动，里边的微细变化你能感觉到吗？（学生：能感觉到，挺明显的）要区分什么是内气的运行，什么是肌肉的变化。你再感觉一下，这是外变，肌肉的僵紧变化。而现在不是，你攥住好好体会。我开始把内气调动起来，气机开始发动，气像海浪一样往前运行，然后一点一点退潮，收回。第二波又来了，又去了。你看肌肉毫不参与，气忽隐忽现，说来就来，说回就回。这里面的变化是真实存在的，你是能够感觉到里面细微的变化的。

功法释义

第三是"气与力合"。只有出来气以后，这个气才有用，才能以气运身，这就需要第三合——气与力合。

有人会问，太极拳讲不用力，怎么还有气与力合？第一，这里所言之力代表的是我们有形的身体，气与力合就是气与身合。第二，这个力在身体里面是真实存在的，是能检测出来的。泰森打一拳的力量多少磅是能够检测的，是既能看得见又能摸得着的。毫无疑问，每个人的肌肉都是有力的，但是太极拳所讲不用力的原因，是因为这个力是生力、拙力，是没有经过加工的力。太极拳不用这样的力，要把它进行转化。怎样转化呢？用气与它相合。气与力合以后，力就不再是单纯的力了，变成了一种新的东西，称为气力。就是说，力经过气的作用以后产生了气力。注意气力和力气是两个概念，说这个人力气真大，指

桩功概论

的是力量；说这个人气力十足，是指内在生命的旺盛。所以，力气和气力是两回事。

太极拳讲用意不用力，但却没有讲太极拳没有力。力本身就是身体的一个组成部分，只不过拳修要对力进行改造。力从哪里来呢？力源于筋骨肉，它是肌肉紧张的反射。通常人练力量都是练肌肉，比如练举重的人肌肉都很发达，因为他要靠肌肉的力量举重。太极拳虽然不用像举重物那样靠单纯的肌肉力，但是要有力作为原料去同气相合。气与力合在一起就不单纯是力了，力就变了性，合出来的东西称为劲。杨氏太极拳老谱《太极力气解》讲："气走于膜、络、筋、脉，力出于血、肉、皮、骨。"一个行于膜络，一个源于骨肉，一内一外。一般人用的都是源于骨肉的力，而忽略了行于膜络之间的气，这就是几十年形成的习惯。拳修就是要改变它，把出于骨肉的力和行于膜络之间的气内外相合，合出一个内劲，使之形成气力。练太极拳的人，修习内功以后都会气力十足，原因是气和力揉成了一体。

"气与力合"依然是分而相合，有无相生。如同发面蒸馒头，要先备面粉、水、酵母等，然后将各种原料相拌相合。为什么面能发起来而且有劲呢？因为酵母是一种活性菌，能在面里发酵，产生气，这样面就有劲了，这个劲就是气合出来的。再比如一个充满了气的球，打它一拳，球就给你一个回弹的劲,这是因为它里面有气,所以才有劲,可见气是劲的关键。

前面讲过,力有三要素:作用点、大小和方向,是属于有的范畴。只要是有的范畴就能看得见摸得着,就可以用仪器测出来。可是当力加上气以后变成了劲,就颠覆了力学三要素,由力的有方向、有大小、有作用点而变成了无方向、无大小、无作用点,体现的特点是"无力而有劲"。当气与力相合以后融合成一个新东西,气也随之完成了其使命,气便化为无了。如拳谱所言"有气者无力,无气者纯刚"。初学太极拳时对这句话总是不能理解,好不容易有了内气,怎么又要无气?关键在"合"字上。要既分又合,有无相生。如果气还是气,力还是力,总合不到一起,那就出不来劲。只有气与力混合以后产生一种新的物质,出来一个"三",那个"刚"才会在其内。所以"气与力合"的关键是既无了原来的"力",也无了原来的"气",二者化合后产生出一个新的劲,这个劲才是纯刚。我父亲把这个劲比作是"绕指钢",这种钢虽然很坚硬,但是可以绕在手指上,一撒手它又绷直了。它是软中硬、柔中刚,这就是劲。

以上把"内三合"功法的"心与意合""意与气合""气与力合"分别做了介绍。内三合是太极内功修炼的重要基础。如果做不到"内三合",就无法修炼出太极内功来。"内三合"合出来一个"内","外三合"合出来一个"外",内外再相合,就是浑圆桩功所要求的浑然一气、浑圆一体,也就是太极内功修炼的根本所求。

大家一定要把"外三合"和"内三合"的功法含义理解清楚。在传统武术中,很多武术流派都讲内外三合,应该讲是各抒己见,各有所长。我们所传承的太极拳,关键是无了一个有一个,最后都无了以后就有了内劲。其实意、气、力都用不上,最后用上的就是内劲。俗话说:此人这股劲真难拿。说到底,这劲是什么?谁也说不清楚,就是那么一股劲。这股劲表现了人的内在气质,表现了生命的内涵,是可以感受到但却说不清楚的。太极拳修习就是在打造这种既说不清又难拿,但却在体内真实起着作用的那股劲。

简述"内三合"功法的基本要领,其一,要明理。"内三合"功法是太极内功修习的基础和核心。心、意、气三者既分又合。分,就是以心行意,以意导气,以气运身;合,就是心与意合,意与气合,气与力合。其二,要会做。"内三合"功法修习的主要方法是有无相生,即无一个有一个,最后全无了才有了内劲。具体地说,就是无了心有了意,无了意有了气,无了气和力才产生出内劲。

功法试手体验 ❸

下面,请过来一位同学与我试手体会一下。

第二章 太极桩功

咱俩叉起手来，你来推我，按照我的提示做：你的意先竖起来，提挈天地，然后徐徐地把意放出来，把气导出来。好，现在用气走，用气催身，不许用力。你看，你把我催起来了，气把你自己的手抬起来了，相对于我就是你的手，我和你的手是一回事了。

尽管你是在推我，但你出来的气是在抬你的手，不是抬我，是用气催起来的。这时候意、气、力三者之间相融相合了，是一个完整体。对方一摸你外的时候，因为内和外分了，所以没有关系，里面的子弹一直在这里张着呢，放的时候它就跟子弹一样一下子就出去了。这支箭一直在这里拉满弦，只是一直不放。什么时候放？合了以后全身心的就这一下子，那就是箭离弦的时候。

(随问随答)

问：请问"心与意合"的心怎样去体会？比如说我是喜悦的心情，或者说是悲伤的心情，是不是就是这个心？

答：你刚才所讲喜悦的心情，或者说悲伤的心情，那个"心"后面加"情"了。情不是心，情是心的表象，这情是由心生出来的。这里所讲的心极为抽象，无法用语言去描述。把心具体到我们人身上，它的具体反映是什么呢？心由意来体现。这个意是心生的，意由心生。虽然心我们无法感受它，但是我们能够感受意。这个意能表现出来，可以让自己感受到。拳修就是由意来了解、认识和掌控自己的心。

问：以意导气，就是意想气要走的路吗？

答：有这么点儿意思，随着行意就会有气。人身上的气，其实每个人都有，但这东西看不见摸不着，不好掌控。我们自己能掌控意，用意来调控气，这就是所谓的以意导气。所谓以气运身，换言之，也可称为用意催形。

9.五圈成球

功法释义

前面讲过，拳修要一身备五弓，将对手作为箭，那靶子在哪儿？射箭的目标不是随便定的，是根据自身、对手和外部环境这三者来设定的，从而达到需要往哪儿射就能射到哪儿的目的。这样的话，我们自身不仅要做到备五弓、蓄上箭，还要做到能控制和调整靶子。那么，靶子怎样设定？这就是接下来要讲的功法：五圈成球。

在"竖开横散"功法释义中讲过，在功法修习中，竖开横散的结果，就是以中轴为核心，在竖开中通过横散来做出个圆。人体这条竖的中轴就在虚中线和实中线之间相合而出。"五圈成球"也是围绕这条竖的中轴作圆。人站在这里，首先要找到自身那条中轴，在中轴上定一个圆心，以这条中轴上的圆心为基点，分别构出两个主要的圈，一个是纵向的立圈，一个是侧向立圈。然后，再在身体的横切面上，以两肩为横轴，两臂长为直径，做出一个横圈，叫作肩圈。接着往下以胯为中心，又做出一个比肩圈稍大一点儿的横圈，叫作胯圈。继续往下在两膝处为横轴，做出一个同肩圈一样大的横圈，叫作膝圈。这三个横圈跟前面讲的两个立圈纵横相交。其中竖向两个立圈为前后纵圈和左右侧圈，横向三个横圈为肩圈、胯圈、膝圈，这五圈相交合以后出来一个球。这个球恰似一个地球仪，有赤道和经纬圈，它是一个完整的球体。从五圈相交点来看，肩圈跟两个立圈相交有前后左右四个点。同样，胯圈、膝圈与两个立圈也分别交出四个点。五圈横向相交出来十二个点，加上纵向的立圈与侧向的立圈在上下相交的两个点，这样，五圈在体外纵横上下共交出十四个点。这时候人在哪儿呢？人在球里。以人做圈，人在球中，相交的那些点都在身外空间，不在自身上。浑圆桩功要把身外空间的这些交点找到，并用意把它们做真实了。只要横竖一交那个点就出来了，一定要让这些点真实了，它们就是身外之意。

浑圆桩功除了己身的内和外、意和形是浑圆一体以外，更为重要的是将整个身心为内同身外的空间相合，以

桩功概论

构成一个有实有虚、虚实转换的大球，这才是真正意义上的浑圆一体。换言之，所谓浑圆一体，决不单单指自己的身体，而是将人体与身外的空间混合成一个可大、可小、有内、有外的圆球，它是身内、身外相融相合混成的一种状态。因此，拳修所求的真正浑圆，关键是向身外去求。怎么求呢？综上所述，就是以己身做圆，横竖相交身外找点。这时候意念不是执着己身，而是意向身外放，找到身外横圈与立圈的相交点。只有身外那些相交点清晰了，意在身外真实了，这样就形成了身内身外相合的一个大的浑圆体。

"五圈成球"功法就是使自己形成这样一个球，人体在球中间，被球所包围。这五圈一动全动，我们的意识要能够让所有的圈联动起来。所以，站浑圆桩必须站出圈的感觉，而且圈与圈是交合在一起的。老子说"常有欲以观其徼"。人在圈的范围里面，这个圈是有边、有徼的。在现实生活中，做人不能出圈，出圈的事不能做。拳修也是这样，这个徼是让自己保持中正安舒状态的一个边。当出边的时候，那自己的中就偏移了，就不中正安舒了。所以，由这五个圈形成的徼把自己合在了一个完整的球里，自己要在这球里面保持中正安舒的状态。如果没有这圈的约束，那就容易散乱了。太极拳要求"一动无有不动"。因此，当那个球体一动，五圈必须都动，不是这个圈动那个圈不动。这个球是全无定向，一动全转，是一个完整的球。自己的身体在球体之内，成为球的竖轴，它随球而动。就是说，任何的动都不只是有形之身，还包括了身外的圈，把由身外意形成的五圈所构成的球整体联动起来。本来这个球是看不见摸不着的，是虚的，但是当用意把大球真实了以后，则是球一动五圈皆动。圈一动就动出了气，内气、外气相合而产生共鸣，成为浑然一气。这样己身与身外空间就成为浑然一体，内外而一。此时天、地、人三才合一，达到了真正的浑圆而一。

功法试手体验❶

请这位同学过来与我试手体会一下身外的圈。

大家看，现在他按住我了。我现在没有圈，我想把他向那边放，但是却放不出去。为什么放不出去？因为我只是前面有意，而身后面没有意，身体两侧也没有意。如果我的意是一个整圈，圈围绕我自身周围，大家看，这样他就出去了。这个圈动起来才是全，才合出一个真正的"一"，这才是浑圆一体。

功法释义

这个"一"，不仅是自己身体的内外浑成，而且是己身和天地相融合形成的浑圆一体、浑然一气。自身一动，

☯ 桩功概论

外面的整个气场都要跟着旋转；外面气场一动，则内气一定就跟它相融相合，这就是内外合一，是拳修所求的浑圆境界。太极拳不管是站桩还是行功走架，如果己身不能和身外空间发生作用，使两者一起行动，或者说外面的气场不能跟己身产生呼应，那这个太极拳就不是真正意义上的太极拳。有人将练太极拳架比作在陆地游泳，这个比喻很恰当。为什么叫陆地游泳呢？在水里游泳，人一动水就动。太极拳就是在身外的空气中游泳，如同在水里游泳一样，手一动气也动，内外气齐动。只有这样，才能够形成内外合一的浑圆一体，才是真正的天人合一。如果拿着自己的意困在身上舍不得往身外放，那样去寻求天人合一，只能是一句空话。要想天人合一，关键是该舍的要舍，该放的要放。

杨家老谱的《太极圈》说："退圈容易进圈难。"进圈为什么难？因为对方不进我的圈，也不让我进他的圈。这种情况怎么办？对方不是不进我的圈吗，那我就进他的圈。怎么进呢？每个人都有自己的圈，两个人往那里一站，你有你的圈，我有我的圈。我在守住自己的圈，可能对方没有圈的意识，但是无形之中他也守着一个圈不让我侵犯。据说当年杨露禅告老还乡的时候对送行的弟子说了一句话——"圈内打人"。太极拳就是要圈内打人。可是对方不进圈怎么打呢？要想制住对方，一是想法让他进我的圈，二是若他不进我的圈，那我就进他的圈。如果他非常警觉，我要先引诱他，给他块糖吃，意思是我要舍。舍什么？他摸着我哪儿我就舍哪儿。如果他摸的地方我不舍，那他就不会让我进他的圈了。

功法试手体验 ❷

请过来一位同学与我试手体验一下这进圈的滋味。

比如现在你摸我，你摸的地方我一点儿反抗的意思都没有，我都舍给你了，也就是我要进你圈的地方不是这里。你现在拿着我的手，以为我是从这里进，其实不是，这里我都舍给你了。但我还是进了你的圈，只是你不知道。这就是虚实分开，先把实的虚了全给你，然后把虚的变实，就进你的圈了。你觉得拿了我一只手，但是它是虚的，拿着没用，实的在这里呢。

功法释义

对方有圈，我也有圈，我进了对方的圈，就是将我、他两个圈合成一个圈。但进圈确实不是件容易的事。在现实生活中也是这样，很多华侨在国外生活了多年，苦恼的就是融入不了当地的社会中，就是进不到人家的圈子里，这说明进圈太难了。不管什么事，进圈是关键，谁要能进去对方的圈，谁就能在这个圈中有所作为。所以，太极拳的修习要学会怎么进圈，也就是要学会把自己的圈舍去，融入对方的圈里，进而学会把自己融入天地这个大圈中。怎么融入呢？别无他法，只有放弃小我，才能融入大圈子里，天人才能合一。

"五圈成球"功法，就是把自己放在天地之中，以寻求身外的环或圈，内外形成一个完整的大球，这就是拳修要找的身外意。通过五圈相交把身外意用点来假修真，给意找一个落脚点。如果没有个落脚点，只是漫无边际地找，那意总也真实不了。只有找到了相交点，使意有了落脚点，虚的意才能有着落，才能真实。老祖宗很聪明，用五圈成球的方法来找出交点，同时交出了一个完整的球体，人就在这个球体中与身外相融相合。随着身外的交点越来越真实，人体也就变得越来越虚空。人体是随着身外的那些点而动，点动就是圈动，圈动则人动，那些圈是真实主动的，自身是虚而被动的。

讲到这里，大家应该明白，浑圆桩"五圈成球"功法其主要功用有两点：其一，将自身的实我虚化，将身外的虚我实化，以找到那个"真我"。其二，五圈的相交点就是本功法释义开始讲的靶子。当身备五弓时，对方就是箭，身外横竖相交的点就是靶子。圈大则半径大，圈小则半径小，靶子就设定在身外横圈与立圈相交的点上，那些点也是发落点，就是杨班侯大师所讲"发落点对即成功"

的点。与对方一接手，首先要在身外寻意先找立圈在哪儿、横圈在哪儿。找到身外圈后，不是直接去发人，而是与对方相融相合，再把身外圈动起来，已随圈动。如果只是手动而圈不动是发不了人的。身外圈一动就全动起来，并根据需要以意动圈，它是万向的，非常灵活。对手处在圈中，对手与自己是一体的，"力不向敌发"。记住：对手永远不是靶子而是箭，是把这支箭蓄好了再发出去。

拳修实践证明，要想在实战中能把对手这支箭蓄到自身这张弓上，就必须通过站桩把自身空了、无了。怎么空和无？"五圈成球"就是一个很好的修炼功法。除了让身内的意动起来，还要将身外的意动起来，也就是做到让身外的圈全动起来。如果身外意动不起来，那就不是天人合一的浑圆体。当身外意流动起来后，身外虚我就实了、动了，而那自身的实我就虚了、静了，这样虚实、动静相融相合以后，就合出来拳修所求的浑圆一体，这也是浑圆桩功所求的气势和气场。所以，拳修必须把意放到身外去，用意占领身外的空间。例如我与对方往那里一站，我的意就要占领周围的空间，将对方包围在这个用意布控的空间之内，这样对方动也挨打，不动也挨打。因为，我已与这里的空间相融相合了，所以，这个空间受我的指挥，我身外的圈一动对方自然跟着动，我何必在手上去跟对方较劲呢？

桩功概论

当年白师爷跟我讲过"仙人挂画"的例子。这"仙人挂画"是武术界的一个说法，是指摘画之人不管有多少人来阻挡，都要先无了我，只有自己没有任何想法，才能感知对方的变化，自身始终处于一种自然而为、顺势而为、不多不少、不快不慢的最佳状态。这样，身外整个空间都是自己的。当往前走的时候，不管有多少人阻挠着都跟没看见一样，直奔画而去，便会很轻松地过去了。例如乔丹打篮球，他上篮的时候眼里只有篮筐和球，既没有对手，也没有观众，那么多观众的呐喊，过后他说都没听见。此时他和球形成一个整体，可以在空中随意地投，这就叫得意。他为什么能做到这样？因为他用意占领了空间，也可以说自己与空间相融相合了。中国足球有时候上不去，我认为恐怕就是球员缺少身外之意，而不是缺脚下的技术。带球过不去人的原因是眼中老有人，而没有身外的空间。所以，我们修习的时候，如果不在身外空间下功夫，而总是在自身作文章，那就会处处有对手，处处有阻碍，处处挨打。因为，如果占领不了身外的空间，那就发现不了空间的缝隙，就会怎么过也过不去。世界上哪有过不去的坎？只不过是一直无不了自己，总拿着己身不放。如果身外没有真意，那身外的空间就不是自己的，就失去了自身施展的余地。所以，我们须在浑圆桩功中去深深地体悟这个道理。

第二章 太极桩功

最后，还需要强调的是，用五圈构成了一个球，人在球中，两个立圈和三个横圈从上下、前后、左右共相交出十四个点。站桩的时候，有的往往顾此失彼，找到了身前的实点却丢了身后的虚点。太极拳的修习，恰恰需要把前边的实点虚了，把后边的虚点真实了。当自身形成一个虚实相合的球以后，对方就会感觉前面的实变成了虚，后面的虚变成了实，他摸到的感觉是力从后面来。为什么会这样？因为前面的实虚了，后面的虚实了，这样虚实发生了转换，它们相合了。

前面曾讲过，太极拳要求"形不破体""力不出尖"。现在讲的前虚后实就是力不出尖，必须将与对方接触的前面变虚了，如果实了就出尖了。对方摸前面就尽管让他摸，全都舍给他。如果他不摸还没法打他，正因为他摸了才能不出尖地打他。正如拳论所言："意上寓下、意前寓后、意左寓右。"做到了这一点，就是力不出尖、形不破体，就是浑圆一体。换言之，如果力出了尖、形破了体，就不是浑圆一体，或者说，就破坏了浑圆一体。因此，要想保持浑圆一体，就必须做到力不出尖、形不破体。所谓不破体的形就是球，所谓不出尖的力就是劲。所以，要想做到形不破体、力不出尖，就须让意念总不离开那五圈所成的球体。站桩的时候是站在一个完整的球中，在动起来的时候不是局部地动，而是整个球在动，一动无

桩功概论

有不动，五圈联动，互不可分，这样才是力不出尖、形不破体。

现在容易出现的问题是要么力出尖，要么形破了体，其原因不是过就是不及，或者不是偏就是倚，从而造成了自身失中，不能中正安舒。《中庸》所言"喜怒哀乐之未发，谓之中，发而皆中节，谓之和"。喜怒哀乐是人之常情，如果拳修到最后没有了喜怒哀乐，那恐怕就不是人了。太极拳修炼要求做到不该发就不发，发而未发。非发不可的时候要有节、有边，永远不能出圈，发了的时候像未发一样。什么是发而未发？就是发而有节不出圈，这就是中和。"五圈成球"功法，就是用一个球来约束自己，是在球里面想发就发，但总是发而不出球。可是，现在很多人要么发不出来，要么一发就没有边了。为什么太极劲叫内劲？就是因为劲不出圈，而力是没边的，是出圈的。"力不向敌发"，是大成拳祖师王芗斋讲的，我白师爷告诉我，这句话讲得非常好。原来我不理解这句话的意思，认为这力不向敌发向哪儿发呢。我现在才搞明白了，力向敌发就是力，不向敌发就是劲。怎样才能不向敌发呢？是在意上成球后就要总是有这个边界，力想出去的时候要用球约束着，这样就能做到发而未发、不破体、不散乱。

太极拳修炼的目的，是把自己打造成一个正常的凡人，但又不是原来的那个我，是一个新我。尽管是凡人，但是却不同于原来的那个凡人，这应该就是人们常说的"仙"。就是说，拳修不是要脱离人间去成仙，还是要吃五谷杂粮、要活在人群当中，但却是一个不同的新我。在生活中，也是找到身外的圈，永远不出圈，该吃就吃，该乐就乐，只要在圈里面怎么施展都没有问题，既享受了人间的幸福快乐，又不是不食人间烟火苦行僧式的修炼。这是太极拳修炼最终所求的境界。这个境界不是一朝一夕就能得到的，拳修不能急于求成，需要理解了拳修功法内涵之后一步一步去修习感悟。

简述"五圈成球"功法的基本要领，一是将意放到身外，假借两个立圈和三个横圈相交出十四个点成为一个圆球，人在球中，球在身外，将球做实。这样，将球内的实我虚化，将身外的虚我实化，从而找到那个真我。二是将整个身心作为内去同身外的空间相合，构成内外相合、虚实转换的一个大球。球体一动，五圈皆动，身在球内，随球而动，一动无有不动，这样内气与外气相合产生共鸣，成为浑然一气、浑圆一体。三是内外相合而成的浑圆体就是身备五弓，对方只是箭而不是靶子，身外球的相交点才是靶子，相交点就是发落点。太极内劲不出圈，永远是"力不向敌发"，做到神不外溢、意不散乱、力不出尖、形不破体。

桩功概论

功法试手体验 ❸

请过来一位同学与我试手体会一下。

我们两个一接手，当我没有五圈成球概念的时候，我的力也出尖，形也破体，在和你较劲。大家注意看，现在我身外意五圈成球了，要发他不是那样发，而是这样发。他虽然出去了，但我的力没有出去，还在里面含着。如果说我的力没有出去，但是他却有个受到发劲的感觉，而且他还抓不着，因为力没有出去。现在我的力又出去了，他马上就抓着了，因为出尖就是力了。现在我的力又不出尖了，是劲了，一动起来是五圈同时动，他就挡不住了。这时候我是浑圆一体的状态，与对方交手时要时刻保持住这种状态，这是关键。

功法试手体验 ❹

下面，再过来一位同学体会一下。

必须把自己训练成一个不出尖之体，但是不等于没有尖，不等于不要那个圆中方，那个尖和那个方是在圆里面包裹着的。你摸到我的手，感觉到很松柔，但是柔当中总是有刚的。你看我现在要推你了，不是用刚，而是用柔，但柔当中有刚，外面是柔的，而里面的刚在柔当中起了很重要的作用。

功法试手体验 ❺

好,再请一位同学过来体会体会。

现在我们两个人叉起手来,但我首先要找的是身外的竖圈在哪儿,同时我还在找那个横圈在哪儿。好,五圈成球了,现在我动我发都是用身外这个圈和圈上的相交点,我不是去动对方。我们俩相融相合以后,我在随那个圈动,竖圈横圈一齐动,整个走了。这样我是只动对方,身外的圈没有动,我反而动不了他。现在外边的圈又动起来了,因为他在圈中呢。所以,力不向敌发,他不是靶子,我不能去动他,动他是不对的。我动的是圈。圈一动,大家看,马上全动起来了。这个圈怎么动,这个圈根据需要可随意动。他按住我双臂,我这圈一动,他马上也动。

功法集体体验

下面,请大家按照我的提示,一起来体验"五圈成球"功法。

中正安舒,静心凝神,呼吸自然,周身松通。

好,双手臂将胯前的球徐徐地捧抱而起,感觉这球很沉,需要全身合起来将球抱起。

然后,分别找"竖开横散""内抱外撑""人随球浮""三夹一顶""三尖相照""外三合"等功法的滋味。

下面开始"五圈成球"功法。找到竖中轴,在中轴作一

桩功概论

个圆点，先是前后方向画出一个纵圈，再是左右方向画出一个侧圈与纵圈纵横相交。接着，在身体的横切面，以两肩为横轴，两臂长为直径，做出一个横圈，叫作肩圈；以胯为中心，做出一个比肩圈稍大一点儿的横圈，叫作胯圈；以两膝之间的横轴为直径做一个横圈，叫作膝圈。这五圈相交合形成一个球，横圈与纵圈、侧圈共交出十四个点。人在球中，点在身外，点动人动，五圈皆动，一动无有不动。

好，中正安舒，静心凝神，呼吸自然，周身松通。

放松，人随球而落，深吸一口气，复原。

（随问随答）

问：那身外的五圈相交点为什么会动呢？是跟着什么动？

答：身外的相交点是随着实际需要而动。如果两个人交手，虽然两个人都在一个圈里，但我是在圈的中心，对方与我合在一个点上，我自身是虚的，对方是实的。我变成了无我，成为镜子里的他，我们俩是一个人，只不过我是虚的他，他是实的他。我每伸手抬腿的动作都是由于他动我才动，我自己毫无想法，他不动我不动，他动我动，随他而动，所以拳论说"彼不动，我不动"。对方成为我身外圈上的实点，而我是虚的，我是要随实点而动。

问：如果双方都不先动呢？

答：那两个人就是半斤八两，一直站在那里。在实战中，如果对方不侵害我，那我为什么非要打他不可呢？完全没有必要。如果双方都找到了镜子里的自己，都把自己虚掉了，那双方就是好朋友，非常和谐地相处，永远相融相合。我们修习求的不就是这个和谐吗？但是，若谁想不和谐，谁就会挨打，谁想挑起战争，谁就挨打。

问：怎样才能随对方而动呢？

答：必须做到既没有动也没有不动，总跟对方同步。若对方动了你还不动，这就是不同步，就会挨打。关键要明白把自己无了与对方相合的道理。我没有自己的想法，动静随人，从不主动，只有这样才能应万变。凡是自以为是、不舍得无的人，永远不可能应万变，一定会摔跟头，这就是聪明反被聪明误。只有放弃自我、放弃自以为是、放弃自己的主动，如老子所说"致虚极，守静笃，万物并作，吾以观其复"，才能看到客观世界的真实面貌，才能自然地随着真实的状态去行动。这是浑圆桩功要站出的境界。

问：身外五圈相交的点，在前后左右的感觉是通过试手摸出来的还是站桩找到的？

桩功概论

答：浑圆桩功是基础，必须在站桩的时候，用意念去寻求这种虚实转换的落实。如果站桩的时候体会不到，你试手摸的时候也不容易找到。要用"五圈成球"功法，将圈上的相交点实起来，最后将身外球实起来，这样自身就虚了、空了、无了，就形成浑圆一体了。

本章节讲浑圆桩功的基本内涵时，先介绍了《浑圆桩功歌》，以使初学者对什么是浑圆、什么是浑圆桩以及为什么要站浑圆桩等问题，从理上有一个基本的了解。

在浑圆桩功具体功法讲解基本结束之时，再将《浑圆桩功诀》介绍如下：

> 竖开横散五圈撑，
> 三夹一顶一气成。
> 三尖相照虚实意，
> 内外三合空不空。

此"桩功诀"涵盖了浑圆桩功法的核心内容。

万法归一，浑圆桩功的核心是浑圆求一，是把身心内外相合，成为一个浑然一气、浑圆一体的自然状态。这是桩功修习的目的。

浑圆一体的"一"，是由两个对立的东西同出而异、分合而成的，在桩功修习中须牢牢地抓住这个核心要领。

在浑圆桩功的修习中，要分步逐级、一层一层地按照介绍的顺序和内容进行消化和体会，不能急于求成，要循序渐进，这是修习的关键。

要想出功夫，就要下功夫。要通过修习桩功每个具体功法，认真地品味和体悟其内在滋味。只要持之以恒，太极内功必然在自己的身心上逐渐得到真实的验证。

三、浑圆桩功释疑解惑

1. 有初学者问：无极桩功站到什么程度才可以站浑圆桩功？

解答：我认为，这两个桩功没有明确的界限，可以在同期修习这两个桩功。应该讲，无极桩功是基础，对初学者而言，应先从无极桩功入手，当对人体十八个部位所寻之意有了了解和体悟以后，就可以修习浑圆桩功。因为浑圆桩功能够解决无极桩功不容易解决的一些问题，而且可以更深刻地体会自己有形之身如何进入那种虚、空、无的状态，这种状态如同一个环、一个圈、一个圆那样。

2. 有的学员刚开始学站浑圆桩功，询问无极桩功所求的意还要不要？

解答：毫无疑问，站浑圆桩功必须保留无极桩功的状态。每次站浑圆桩功的时候，开始都要先想一下那十八个

桩功概论

部位的意，提、落、挂、垂……因为浑圆桩功是从无极桩功开始的。在站浑圆桩的过程中，也要随时用无极桩功的意来检查浑圆桩功的状态，比如体会一下肩挂着没有，不能一抱球肩就不挂了。不仅刚开始学站桩的学员是这样，我已经修习了五十多年，现在还要经常用意来检查一下自身十八个部位的状态。可以说，无极桩功没有十年或二十年的功夫是不容易站好的。无极桩是入门桩、基础桩，修习者在由原来的状态进入太极之前，必须从人体十八个部位的修习开始。也可以说，无极桩功和浑圆桩功是互相作用、互相促进的。

3. 有的学员询问：无极桩功与浑圆桩功的主要区别是什么？

解答：从两个桩功的修习方法来看，无极桩功是在体内寻意，即以人体十八个部位为载体，体会身体在自然状态下每个部位的滋味和感受，寻求每个部位的真意实感和自然状态。而浑圆桩功是将意由体内放到体外，将人体之外的虚处假借实物来练意，以求实我之体虚化，寻求人体之外虚处的真意实感。

从两个桩功的功法特点来看，无极桩的功法特点主要是分。因为刚进入修习的学员，主要应改变原来的习惯，存在的主要问题是不知分或不会分，必须通过无极桩功学会分，而浑圆桩的功法特点主要是合。

从两个桩功的外表形态来看，无极桩功是两臂下垂呈自然站立形态；浑圆桩功是两臂呈抱球状形态。但是，这只是个形式，是表象。当站浑圆桩时那抱球状态是浑圆桩，当把手放下来时也是浑圆桩，那是无极式的浑圆桩。切记不要把浑圆桩理解成就是抱球这种形式，因为凡是符合了浑圆桩功法的要求，能够形成浑圆一体的那种状态，就是浑圆桩。所以，把浑圆的东西放到无极去，这个东西既是无极桩也是浑圆桩。

4. 浑圆桩功的内动与身外的圈动是什么关系？

解答：我如果要内动，自身就一定要虚，若自身不虚就会被对方拿住了，也就动不了。当我自身虚了以后，自然出内动，而且那圈也就随之动起来，这样对方就会被打出去。对方总是沿着我的圈走。如果我的圈往左边转，对方就会跟着往左边走；圈往右边转，对方就跟着往右边走。所以说，这内动与身外圈的关系，也是中与圈的关系，只要圈实了，中就虚了。因此，要想内气运行，自身必须虚空。如果身体里面是死腔儿的，那身外的圈就运行不了。只有自身虚空了以后，才能催动着身体外边的圈自然而动。

桩功概论

5. 有的学员在站桩的时候感觉膝盖部位特别持重，不知道怎样解决？

解答：存在这个问题，说明站无极桩时还没有将身体那自然松通的状态调整出来，但浑圆桩功可以解决无极桩功没有解决好的问题。产生这个问题，往往是在站桩的时候往下松落，特别是落胯以后，上面落下来的都堆积在膝盖，膝盖这里就不通了，此时膝部就会感觉持重或疼痛。究其原因在哪儿？松落的意不对吗？不是不对，是缺"提"。找落的感觉的时候，主要应从落的反面去找，要从提中之意去寻那落的意。有了提以后，落就能畅通无碍地落下去了，要不然落就会被卡死，不是卡在胯，就是卡在膝盖，总有落不下去的地方。站桩时落中缺提就是死落，必须落中有提，提中有落。提和落是相互对立的，是一对矛盾，是阴阳之分。桩功所求的提意和落意不仅要真切，而且要同时存在于身体上。

6. 有的学员不理解太极拳起势中的"意上寓下"的含义？

解答："意上寓下"的问题，就是浑圆桩功要解决的上下相合、浑圆一气的问题。无极桩功是把上下分清了，而浑圆桩功是把上与下合在一起，浑而为一。具体做法已在浑圆桩功法中讲过，总体要求就是，两个对立的东西必须是"一"。其实一个太极起势就是整个太极拳的全部内涵。这一个起势当中，既有上又有下，起中有落，落中有起。当动作中拿住了有上有下以后，就是二合一、浑圆一体，就是太极拳。

7. 有的学员在浑圆桩功"内抱外撑"功法中，意将球搁在腹前，但是这样一来内抱外撑的感觉就少了，不知道如何调整？

解答：对这种情况，可将意转换到那内抱外撑不是自己的事，将"我意"为主变为"球意"为主，是球在内抱外撑，就是不要把内抱外撑之意放在自身的胳膊上，而是放在球上，一切随着球，要舍己从球，随球而动。自己只管与球合在一起，不仅肩膀，而且脚底下都要和球在一起，与球形成完整一体。

8. 有的学员在站桩时，总感觉丹田里面有一种东西在提着，不知道这种现象是否正常？

解答：在练功的时候丹田这个位置是有提有落的，它一定会有反应。如果意在丹田那里却没有反应就不正常了，就不是浑圆一体了。所以，要让它自然而然。

9. 有的学员在站桩时后背有点紧，如果意将全身趴在球上就舒服多了，这样做对吗？

⚘ 桩功概论

解答：完全正确。只要把自身全部交给球，身体就全松通了。

10. 浑圆桩功需要天天练吗？

解答：桩功必须要天天练，但用一种什么形式练可因人因时而宜。你看我站桩的时候外形是静的，但是意在里面导气的鼓荡一刻没有停止。所以，我一直强调，站桩不要傻站、死站，要在里面以意导气。只要按照功法要求站桩，每个人都会调整出那种真实的存在，都能做到以心行意、以意导气。

11. 有的学员认为太极拳修习使身上的每一处、每一个点都没有受力点，是这样吗？

解答：不用置疑，太极拳修习练成了浑圆体，身上的每一个地方、每一个点都既没有方向，也没有受力的作用点。其道理如同一个圆，这圆怎么画？就是用那个点画，每个点既是起点也是终点，把那点一画以后就是圆。那么由这个点画的这个圆，每一个地方都是这个点，它就是"一"。在用的时候，它随时都是"一"，并随时就可以发人。拳修必须随时都在一个点上，随时都是"一"。打一套架子，不管是多少式，一直要拿着这"一"来打，不能打出二来。所以，太极拳一直在讲有一没二，一直是圆，一直是始和终，始和终这两个是一回事。

12. 有的学员问：假设我的身体都是圆的状态，在发人的那一刻是沿着这圆去划切线，我拿切线去打人，这样理解对不对？

解答：这位学员所讲的结果是这样，这结果是曲中求直，是从切线出去了。但这只是个结果，在拳修当中不能这样去找，必须是先把"一"找到。你如果是找那个切线，必须是在实战中具备一定的条件，但对方是不会给你这个机会的。圆是每个点上都能出切线。拳修中必须练出每一点上都能出切线。

13. 人体的尾闾在拳修中有什么作用？

解答：尾闾，俗称尾巴骨。从解剖学的角度看，尾闾是人体神经最集中的地方，这个部位既敏感又灵活，如果它受伤，极易造成运动障碍乃至瘫痪。从其功能来看，尾巴骨是全身的"舵手"，它控制着人体运动的方向。人们在走、跑、跳或左转右行时，往往很少去想自己的尾巴骨在起着什么样的作用。你看那麻雀飞行，就是尾巴在掌握着飞行的方向，当它向左飞的时候，那尾巴必向右甩，反之亦然。所以，不用看麻雀是往哪个方向飞，只看它的尾巴往哪边甩，就知道它要往哪个方向飞了。人类随着进化，已经将原来的尾巴萎缩成尾巴骨，它尽管从形态上是退化了、变小了，但其功能没有退化，尾巴骨仍然发挥着

桩功概论

调控人体活动方向的作用。人是有灵性的，是高智慧的。太极拳的修习就是要开发恢复尾闾原有的功能和作用。拳论对人体其他部位都没有提出特殊要求，唯独强调"尾闾中正神贯顶"。由此可见，尾闾关系着是否中正、关系到神能不能贯顶，其在拳修中的重要作用无可替代。同时，尾闾中正还是无极桩功圆裆功法的一个重要因素。

14. 有不少初学者对桩功修习中所涉及的虚中线、实中线及相关的"三腔""三穴""三丹田""三关"等概念提出疑问，可以释义一下吗？

解答：下面，就以上相关的概念作简单介绍。

关于"三腔"和"三丹田"。所谓"三腔"，就是人体的颅腔、胸腔、腹腔。从字义上讲，腔本身是空的。但这"三腔"却涵盖了一个人生命存在和身体健康的主要组织。人的身体缺少其他部位，如胳膊或腿没了，都不影响其生命，但这"三腔"却缺一不可。没有哪一腔，都意味着生命的结束。而从太极拳修习的角度来讲，空腔是修习的最终目的。即腹腔、胸腔、颅腔都需要空，但又要空而实，无而有。如腹腔空而实，有气腾然之感；胸腔空而实，有虚怀若谷之感；颅腔空而实，有清灵之感。

从拳修的角度讲，上、中、下三个丹田就处于三腔之中。其中两眉之间的颅腔内是上丹田部位，胸腔的膻中穴处是中丹田部位，腹腔的关元穴处是下丹田部位。那么，何为丹田？以中丹田所处的胸部为例，整个胸腔这个范围即为"田"，就在胸部"田"的范围画一横一竖，其相交的那个点（此点在身体内之中位）为"丹"，再将这"丹"与"田"二合一则为丹田。如果说，画一横是阴、一竖是阳，那么，横竖相交出的点就是中。这个中既有阴又有阳，因此，这个点就是丹、就是中、就是太极。推而广之，在拳修中，以无形之意在有形之体任意一个部位画出一个十字，就出来一个丹田。正如拳论所言，"人体无处不丹田""人身处处一虚实"。可见，拳修绝不仅仅是在上、中、下三个丹田上下功夫，而应该修的是全体。

关于虚中线、实中线及相关的"三穴""三关"。先介绍"三穴"及与其相关联的虚中线。桩功在这里所讲的"三穴"，是指百会、膻中、会阴三穴。百会穴是人的百阳之会，是通天之点。会阴穴是人的百阴之会，是与大地之阴相通的点。在下阴上阳之间求出一个中，即膻中穴，它是阴和阳相交合的中点，也是阴阳平衡的一点，是阴平阳秘的核心穴位。所谓人体的虚中线，就是上自百会穴，下行穿过膻中穴至人体下端的会阴穴，形成一条阴阳交合、一气周流的主线，被称作人的生命线。这条无形的虚中线，既连接了人体三穴，又贯穿了人体上、中、下三个丹田，它看不见摸不着，人体生理解剖也找不到，但在太

桩功概论

极拳修习中却很重要，的确离不开它。

再讲一下"三关"及其相关联的实中线。桩功修习所言"三关"，是指尾闾关、夹脊关、玉枕关三个穴位。所谓人体的实中线，是指人体后背那根大椎，由背部下端的尾闾关上行，经夹脊关，至玉枕关，即由"三关"穴位贯穿出来一条中线，称之为"实中线"。桩功功法中有一个要求叫作"拔三关"，就是指用意将尾闾关、夹脊关、玉枕关相拔而开，寻求那种"三关"拔开、中正安舒的感觉和滋味。因为"三关"不拔，后背的大椎就容易懈、堆、萎，就出不来"节节贯串"的那股太极劲。所以，桩功修习对实中线的要求就是"拔三关"。

在太极拳的修习中，不仅要明确虚中线和实中线的修习功法，而且要将虚中线与实中线相合，即虚实相交而合，以使人体构成一个完整的循环体。

15. 有不少学员反映在站桩时最难的是心静不下来，请教有没有"静心凝神"的法门？

解答：在站桩的时候怎样用意来调整自己的静心凝神，下面介绍一个方法供初学者参考。

在太极拳的修习中，人体的虚中线和实中线构成了一条闭合循环的线路，这条线路能否畅通无碍地运转，不仅检验拳修的效果，而且对身体的健康与运动的灵活性都起着至关重要的作用。这条线路如同人体内环境的一条高速公路，这条高速公路能否通车，检验的方法是看能否走意。所以，要用意将虚中线与实中线相通合，而能否将虚实中线通合，关键取决于虚中线相关的百会、膻中、会阴这三个穴，与实中线相关的尾闾关、夹脊关、玉枕关这三关用意相通相连相接而合。具体方法如下：

首先，做到一个中心、三个基本点，并找一下十八个部位的所寻之意。然后，意想在天上有一个球，可称作意球，它形如乒乓球一样。意球到了百会穴这里，百会之门打开，它通过百会穴沿着虚中线徐徐地向下行。先到了上丹田，再往下到膻中穴处的中丹田，继续往下行到下丹田，接着到了会阴穴。之后转至尾闾关，沿着实中线徐徐向上行，穿过夹脊关，行至玉枕关，最后又回到百会穴，如此循环。这只是一种假想，用这种人为规定的路线，便于自己意念集中，使自己的心能静下来。当意能集中在球上按照虚实中线的线路运转的时候，一念代万念，就有助于把心静下来。不管循环几圈，最后收功的时候，依然是意想这个球通过百会穴走了。最后缓缓地吸气，放松，复原。这是一种人为规定的有助于心静下来的方法。

16. 有的学员问：在"内三合"功法所讲的"气行筋膜"感到不容易理解，到底怎样把握呢？

桩功概论

解答：杨氏太极拳老谱讲过力走于骨肉，气行于膜络。这里所讲的膜络就是筋膜。力源于骨肉，气行于筋膜，一外一内。拳修就是将这源于骨肉的力与行于筋膜的气内外相合，合出一个"气力"，这就是内劲。而要想使气能行于筋膜，首要的是把骨和肉分开、分离。因为我们多年的用力习惯，肌肉将骨骼死死地绑住，肉同骨之间已经没有缝隙了，从而使处于骨肉之间的筋膜被固化了，被骨与肉紧紧地锁死在里面，所以那气就通不过去了。实际上筋膜本来是非常有弹性的，包括中医讲的奇经八脉及所有穴位，内气的通行都是在这层富有弹性的筋膜上。从拳修角度讲，人体的内外合一，形成完整的浑圆体，达到一气周流，就靠这层筋膜。这层筋膜既是内气的通道，又发挥着把骨与肉很有弹性地联系在一起的作用。假设处在骨头外边的肌肉松不下来，就会影响那层筋膜恢复应有的弹性。所以，要使这层筋膜恢复本来的弹性并发挥其应有的作用，一个重要法则就是"骨肉分离"。关于如何骨肉分离，已在前面功法释义中讲过，这里不再赘述。

17. 太极拳修习的核心是"不稳定中求稳定"，其中的含义是什么？

解答：这里所指太极拳修习的核心，实际上就是太极内功的真义。为了解其含义，下面先举个例子。我在网上看见过一篇文章，题目是《为什么大部分人喜欢稳定？》。这篇文章很有意思，大家可以认真地去分析一下，如果把它琢磨透了，再在自己身上找出那种感觉，那么太极内功的真义也就明白了。

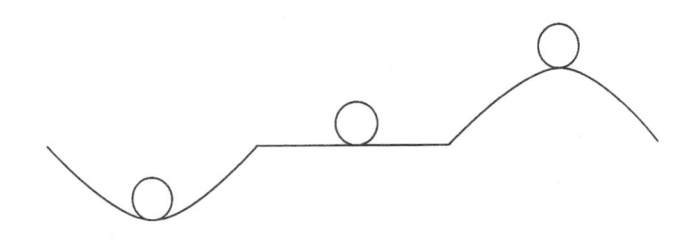

文章的大意是这样的。如上图所示，一个小球处在三个不同的位置上，第一个位置在谷底，第二个位置在平面上，第三个位置在顶峰，它们分别呈现了三种平衡状态。这三种平衡状态实际上可以分为两种类型，即稳定平衡和不稳定平衡。在谷底的是稳定平衡，其他两个是不稳定平衡。稳定平衡和不稳定平衡的本质区别是什么？当外力作用于小球时，它随着外力而动，外力可以把它拉到高处，如果这时候外力撤除，小球会自动回到谷底。稳定平衡就是当外力消失的时候它又恢复到原来的状态，而另外两种都回不去了。第三种状态处在最高点，它是一种平衡，但是很不稳定，只要有一点外力加到它上面，它就再也回不来了，所以是不稳定平衡。第二种状态在平面上，它也是不稳定平衡，因为只要有外力推一推小球，它就动一动，

桩功概论

外力撤除时它就不再回来了。

小球随着外力往上走的时候，它和外力之间是什么关系呢？小球没有一点自己的东西，它完全是被动的。因此当外力拉球的时候，这个力通过小球和地球发生作用，它在和地球对着干，这就是二争力。二争力不是我的二争力，而是把自己无了以后对方和地球去争，我是在坐山观虎斗，只不过是通过我让对方和地球去斗。

当一个外力作用于自己的时候，要想让这个外力和地球的重力发生作用，自己就必须要通，如果不通，外力怎么能通过自己与地球发生作用呢？通的一个重要条件就是要让自己无了，既无我意，也无我力，我就是随着对方走。前面讲过要一心一意，如果无我意了，那这个一心一意的意是什么意呢？是以它意为主之意。因此，什么是真意？就是拳论所说的"有意无意是真意"。所以，必须把我无了。要想无我，首先要在自己身上体会出无我的状态是什么。拳修刚开始这个阶段的无我，就是要周身松通，让自己的意能调控自己的身体。无极桩功十八个部位的意就是这个作用，先要能受意的调控。当意能调控自身了，就像身体经过了三个月立正、稍息、齐步走的新兵训练，能听命令以后才开始指挥它往一起合。这个合，依然是要无。太极拳就是练无，无了手、无了脚、无了胯、无了肩、无了肘、无了膝，无了以后合到"一"上。合了以后，合出来一个正负为零，又合出来一个空。所以，合完以后感觉是空，又回到无。大家都知道，不倒翁里面就是空心的，如果是实心的也就不是不倒翁了。

18. 有的学员问：无极桩功和浑圆桩功在形态上都是站桩，有没有坐桩呢？

解答：太极拳修炼形式，除了站桩之外，还有坐桩。站桩和坐桩在意念上的根本区别是什么呢？如果说站桩要站出坐着的滋味，那么坐桩就要坐出站着的滋味。寻求"坐似站"之真意，是坐桩的关键和核心。"异而同、反向求"，永远是拳修的重要法则。

常人的习惯是坐着就是坐着，是靠坐在椅子上，这样坐着，从拳修角度看，就是坐死了。很多人认为，这样靠着椅背坐很舒服。但是拳修是要修习出一种不依不靠的状态。如果坐在椅子上的时候依靠着椅背，当突然把椅子抽走以后，没有可以靠的了，那就摔在地上了。坐桩所求的"坐似站"，就是寻求那种坐而不坐、不坐而坐的滋味，这样才能有变化。不倚不靠，找到中是关键。只有站的时候去找坐，坐的时候去找站，这样才能找到中，才能在这站与坐、坐与站两个不同的东西之中，品尝出那同出而异的中的滋味。

那么怎样做才是"坐似站"呢？就是坐下来的时候

桩功概论

要把自己提起来，我和椅子之间的关系既是融合在一起而又不依靠它，这样就出现似坐非坐的状态，说坐着确实是坐着呢，但又不是依靠那把椅子。有人会说，这样多不舒服啊，靠着椅背坐才舒服，你怎么教我练不舒服呢？这样确实不舒服，那是因为你原来习惯这么一靠确实很舒服，但是这种舒服是造成我们体内不平衡、不通的一个重要原因。我们要想解决不通，就要改变这种舒服的状态，要从同它相反的不舒服中去找。当那个不舒服慢慢形成一个新的习惯以后，就会变成很舒服了。那时候再让你这么靠椅背坐着，你就会觉得不舒服了。其实这些都是一个习惯问题。我们要改变原来的习惯，坐桩的时候就要找"坐似站"的感觉，具体方法就是在坐的状态下，用意把自己提起来。如果我只是坐着，那就坐死了，当有人按住我身体的时候，我就动不了了。如果我能"坐似站"，那他就不容易按住我，我随时可以站起来，因为我坐着本身就像站着一样。

坐桩的具体要求是：

第一，两脚同站桩一样，与肩同宽，膝依然有内合之意。身体上所有相对立的两部分都要向虚中线扣合，不能散乱。

第二，手型有了变化。坐着的时候，两手相捧，两个大拇指相扣合，捧在下丹田，意在捧着丹田里面的一个球。男士双手左下右上，女士相反。

第三，眼睛微闭，似闭非闭，不要闭死。为什么要微闭呢？因为我们现在还做不到视而不见，容易受到干扰，所以要尽量养成一个新的习惯，通过微闭双眼让自己静心凝神。微闭的时候眼睛要平视，不要向下看。

第四，站桩时对十八个部位意的要求，例如提、挂、垂、落，等等，都保持不变，依然是一个中心、三个基本点。

第五，其他要求是一样的，例如自然地呼吸，周身是松通的。坐桩和站桩可以交替做，两个都是非常好的桩法。当站桩累的时候就坐一坐，或者有些环境不适合站着练，那就坐着练。

桩功，不管是站桩还是坐桩，都要出来一个灵性的状态。虽然是坐着，但是突然间就可以站起来。如果像这样靠着椅背坐着，起来的时候，要立起身躯来才能站起来，那样临敌时黄花菜都凉了。当我们站着或坐着的时候，一旦内里的内动出来以后，除了内气周流不殆以外，全身都做好了所有的准备工作，任何一个方向说动就可以动。这时候，虽然外表是静的，但是涵盖了所有的变化，都在里面蕴含着，最后出来的灵性就在这里面。

第三章 学员感悟

这是一所学校，人人皆学者。没有高低，不分贵贱。一个追求：同修共进，教学互长，攀登太极拳道高峰。

这是一个家庭，人人皆兄弟。没有高下，不分彼此。一个目标：携手同行，重塑自我，迈进太极圣殿之门。

这是一本诗集，人人皆诗人。没有豪言，不用壮语。一个境界：身心实证，内情外景，抒发自己的太极情怀。

打开太极内功之门的金钥匙

拳中有桩,桩动为拳。李光昭老师在传承传统杨式太极拳中,始终将桩功视为太极拳修为第一要义,将修为桩功作为通向太极内功之门的必由路径。《桩功概论》的问世,是李老师将五十多年拳修成果奉献于社会,他冲破"内功传内不传外""太极传拳不传桩"等枷锁,毫无保留地将修为太极内功的秘笈公之于众。这无不彰显了李老师不玩"花架子",孜孜追求太极真谛的执着精神;无不展现了李老师不搞"短平快",摒弃名和利,授人以渔的无私境界;无不体现了李老师不负先师们的期望,为弘扬太极文化甘为人梯、诲人不倦的高尚品行。

王延军

山东省龙口市人大常委会原主任

● 桩功概论

太极拳道修习感悟

老师常说："拳道修为，首要明理。"明什么理？明阴阳之理，"阴阳一气，拳道真义"。比如动静之间的关系，一是两者完全对立，不一样；二是两者分不开，互为其根；更重要的是两者之间还可以转换，太极功夫也就体现在两者之间的转换。明因果之理，万物有本原之因果，不能因果颠倒，只有抓因才能得果。比如"舍己从人"，"舍己"是因，"从人"是果，要有意"舍己"，自然得"从人"之果。不明此理，则"差之毫厘，谬之千里"。

当然，太极修为在明理的基础上还要得法，"功夫无息法自修"，但法无定法，身体不同，感觉自然不一样，太极拳是自己的拳，不应与别人雷同，否则就是"操"了。修炼太极拳，我对李师常提的几个字体会比较深刻。

"意"，修炼太极拳最重要的是得"意"。《太极拳经》云："凡此皆是意"，意是一种滋味、一种感觉。如何得"意"？站桩！李师教拳不是从拳架入手，而是先教站桩。他常言，桩是拳的基本形式，拳是桩的变化形式，桩动即为拳。无极桩是得意，忘形而得意；浑圆桩是得气,以意导气。

"似",太极拳用一个字来概括就是"似"。如李老师所言:拳中之妙,就妙在这是与不是之间,是"似"。在似中悟,在似中求;在是中寻其非,在非里求其是。"心,似空非空;身,似实非实;神,似无非无;形,似有非有;意,似虚非虚;劲,似松非松;气,似柔非柔;动,似动非动;静,似静非静。"站桩要"站似坐",行拳走架要"体似悬球",练习时要"无敌似有敌,有敌似无敌"。

"间",练拳一定要把握好"间"。间者,间隙也。练拳是要让身体有"隙",有"隙"则气就能流动,不要练气,气是体内本身就存在,先天具足的,只是因为我们后天把身体塞得满满的,流动不起来而已。练拳还要会找"间",如时间、空间,时、空本无"间",我们给它分出"间",是为了认识和把握它,这便有了昨天、明天,有了前、后。就像好的足球运动员在场上看到的不是人(实),看到的是空(虚),所以他过人便能行云流水,如入无人之境。拳之真意就在这有无开合变化之间。

"非",太极拳修为的是"非"而不是"常",不是常态,是反常态,练拳要彻底与自己过去的习惯决裂。非者,反也,"反者道之动",反着练。"颠倒颠,赛神仙"!松非松,紧非紧,虚非虚,实非实,似是而非,这才是太极，而不是只松不紧，只虚不实，或者非松即紧，非虚即实。

其实，修炼太极拳最难也最重要的是坚持。太极修为无捷径可走，修炼可走得快或慢些，但唯有持之以恒才可能登堂入室、拾级而上，最后阶及神明。

郑国荣

北京燕昌荣新技术有限公司董事长

在否定自我中不断进步

在跟随李老师修为太极拳之前，我没有接触过任何的武术，可以说是完全的零基础。这也是个好事，让我没有任何的包袱，从零开始以一张白纸的心态完全接受老师的教诲和传承，实际上在随后的修为过程中，不断摒弃自己以前的习惯和认识是一件非常不容易的事情。

我现在还清楚地记得和老师第一次见面时的场景，朝晖师兄带着我在天通苑见到老师，老师让我抓住他的手腕用力推他，我不用力还好，一用力马上感觉身体自脚下完全失去了控制，用力攥着老师的手腕却完全摸不到支点，仿佛老师完全不用力我自己就要摔倒。真是神奇的功夫！

从那以后我就坚定地跟随老师学拳，老师每周都不厌其烦地向我们反复灌输太极的正确理念和思维，纠正我们身心的错误习惯。转眼七年时间就过去了，在老师不断的熏陶下，太极拳已经成为我生活中不可分割的一部分，每天工作之余，在走路的时候，甚至在和别人说话聊天的时候，我都会分出一部分意识来检查自己是不是守住了太极的规矩。

☯ 桩功概论

我跟随老师学拳的初始目标是想解决身体上的问题，长时间的伏案工作和错误的生活习惯使颈肩和腰椎等部位都出现了严重的问题，并导致身体的亚健康状态，虽然没有严重到病变，但是自己已经感觉到非常不舒服了，并影响到工作和生活的质量。通过站无极桩，大概有一年时间就极大地缓解了我颈肩的问题，身体也比以前松通了很多，但是之后几年好像都卡在一个状态里没有明显的进步，貌似是在原地打转。

随着修为的深入，我逐渐体会到只有把心中的种种念头彻底放下，真正达到静心凝神、心平气和的状态时，有形之身才会真正的松通，从而真正地摆脱那种由内心深处所引发的、由内而外的、身心紧张的状态。这种心态的转变是在老师通过不断帮助我们松通有形之身，不断帮助我们培养充实无形的神意，在较长的时间内不断的量变积累才产生身心质的变化，这也需要一个契机。虽然在我人生中较早的时候出现了这么多问题，但是非常幸运让我遇到了老师，让我有了改变自己的机会，而没有被这个社会的发展所淘汰。感恩老师的教诲，同时也感谢朝晖师兄。

要想在身心双修的道路上达到"中正安舒"的状态，使自己成为一个太极体，不断地否定自己是非常重要的，否定了旧习惯才会有新滋味，把握住新滋味才有进步的可能，但否定自己以前的认识和习惯，对每一个人来说都是很艰难的一件事。我对老师说过的印象最深刻的一句话就是"补虚难",我把这个虚不仅仅理解为太极拳中的神意气,还更广泛理解为个人认识和性格中不足的那一面,或者说自然存在的、非常重要的但因为自我的主观认识而被无意忽视的那一面。太极拳修为过程中,虚了有形之身,实了神意气,练起来确实很难,但至少我们现在都是有意识地在向那个方向努力。更难的是我们所忽视的那一面,因为认识不到,所以还没有改进克服的机会。因此只有不断地否定自己,才有可能为自己打开被忽视的那一面。

在不断否定自己的过程中,会逐渐进入"无我"的状态。无了主观的我,真实的我慢慢就会出现。自己的主观意识很多时候是前进的障碍,重要的是摒弃自己的主观意识,开始真正地观察周围的事物,不着急下结论,就是认真地去观察,思考其中的逻辑,品尝其中的滋味。观察自己的身心,观察市场的变化,观察社会的演进,捕捉其中的主要因素和矛盾。在观察的过程中发现自己的虚处,虚而实之,完善自己。这是一个相互促进的过程,摒弃掉的主观自我越多,越接近真实的世界和真实的自我。

随着"无我"的意识越来越真实,会产生一种"无畏"的状态。畏惧是一种个人的主观负面情绪,摒弃了这种情绪,会进一步感受到身心的松通,同时内心是强大而充满活力,到了这一步我认为我可能真的是接近放下了,自己的心才有可能真正成为有形之身的主宰，以心的平和去调整有形之身的松通。即使随着年龄的增长，身体越来越衰弱，但是内心越来越强大，在自己的眼中生活会更加丰富多彩，更加充满变化。

就我个人目前的感受，太极拳就这样一步一步使得自己的身心产生了质的变化，这种身心舒适与平和的滋味是非常美妙的，这些积极变化更加坚定了我修为太极拳的信念。把自己的状态调整好，反过来就会对工作、家庭、孩子以及周围的人产生积极的影响。就拿孩子的教育来说，有很多人是被自己焦虑的心态所驱使，而没有考虑到孩子自然的成长节奏，造成了成长过程中的很多问题。

如果我们能够摒弃掉这种焦虑的心态，传递给孩子的也会是一种健康的心态和能量，对孩子的未来成长会有意想不到的帮助。如果能够摒弃掉自己主观的意识，反过来去欣赏和学习孩子身上的优点，不仅可以强化孩子身上的这些优点，还可以把孩子作为镜子来圆满自己，通过这种互动改进自己身上的不足。同时，和孩子有了很多沟通的话题，进而尽可能消除两代人之间存在的代沟。

李　铭
五矿国际信托有限公司高级投资经理

感悟人生习太极

我自幼喜欢听《岳飞传》《杨家将》的故事，爱看《射雕英雄传》《天龙八部》等一些武侠影片，爱看金庸先生的武侠小说。希望有一天自己一抬手，就能把敌人打翻在地！

1998年8月16日，随家叔一起来北京创业。直到2010年6月9日才有幸结识杨氏太极传人李光昭老师。在北京21世纪饭店举办的李老师太极桩功讲座的课上，我见到了老师的大弟子于晓非师兄和另一个弟子于鸿坤（阿龙）师兄。当时是通过短信通知的，是于晓非师兄帮助李老师向外界推广、传播杨氏太极拳！让更多的人了解传统的、门里的、以前从不外传的太极拳！让更多的人认识、推广、学习、继承、发展中国传统文化的瑰宝所做的大爱功德！感谢于晓非师兄！

李光昭老师16岁起随父亲李树田习练太极拳，至今已五十余年，遵循"悟道炼己，修拳做人"的父训，沿着明理、身证、体悟的路线，坚持以拳入道、以拳悟道、以拳证道的宗旨，潜心研修，功夫终有所成。为了继承、发

桩功概论

展让大众受益，于2014年1月出版发行了第一本书《以拳证道》，深受广大武术爱好者、太极拳爱好者喜爱，行销海内外。今天是第二本书《桩功概论》历时数年，精心巨作！望给更多的人带来研习机会！

师爷李树田先生自1926年起，从师白旭华习练杨氏太极拳（白旭华深得杨健侯、杨少侯父子两代人的亲传），又从师徐嵩霖（字岱山）习练杨式小架、太极刀等功法（徐岱山先生系杨澄甫入室弟子，是得到少侯内功真传的极少数人之一）。在白旭华、徐岱山的亲授真传下，数十载深研苦修，内功心法有深厚的造诣，在继承的基础上，总结提炼出"看""听""摸""悟"独具特色的修为方法。我跟随李光昭老师修拳的这些年，从最初的时不时想动粗的心念，练成了向内求、练自己、太极无敌的心态。人品如拳、拳如人品，真是练拳练自己，学拳学做人。一路走来现在踏实了很多，身心得到了很大改善。这与李老师的耐心指导是分不开的，从基本功法无极桩功，到浑圆桩功，老师总是不厌其烦地、反反复复地细心讲解；通过首先要明理，借假修真，反向求意，层层修分；摸手、听劲、悟道，都是从来没有听说过的法门。希望大家能亲自感受一下，接下来的功法还有很多。我为修炼太极拳跟对老师、没有走弯路而高兴！希望更多喜欢太极拳的朋友们，一起来跟随李老师学习太极拳，不走弯路，直奔主题，早日功夫上身！在李老师的带领下，让我们一起把中华传统文化太极拳继承下来，发扬出去！为太极拳传播做出一份努力！让更多人获得身心健康，益寿延年！

冯焕永

❸ 桩功概论

太极内功，身心双修

追随李师修为太极内功，已有数年。回顾过往，自己的收获颇丰，但又很难系统地一一阐述出来，就说说脑海中最深刻的感知吧。

知：每次李师授课皆倾囊相授，但自己好像都没有完全听进去，理解其所述。究其原因，在自己。几十年的生活阅历，让思维产生自我的定式，一旦老师所讲内容与自己的旧有思维模式不符，绝大多数情况下，自我会拒绝接受别人的意见。解决方法：真正从内心里面放下自我的习惯认知，尝试用太极的认知去面对这个世界。

行：太极内功的修为是身心双修的过程，从内心认知的接受开始，下一步是真正指挥自己身体的运动。但许多时候，自己在运动中并没有真正做到知行合一。究其原因，亦在自己。同样是因为自己固有的行为习惯在内里固执地拒绝改变自我的行为模式，动作仅从表面做到了形式上的相似，而内在的运动则如同王宗岳《拳论》所述："差之毫厘，谬之千里。"解决方法：建立自我新的行为习惯，让身体彻底放松下来，听从意气的指挥，不主动。

习惯：当自己通过不断修为，已短暂地体会到太极的思维与行为模式的感觉后，却没有持续将此新的习惯一直坚持下去。究其原因：自我的修为。因为自己在后天已形成的固有的思维与行为模式让自我很舒适；而太极的思维与行为模式需要与自我的小环境及社会的大环境重新磨合，其间的艰难可知，自我在不知不觉中做了许多的妥协与退让。解决方法：时刻自省，始终如一地坚持自我，一直在路上不忘初心地修为自己。

庆幸遇到李师，师曰："大道至简。"通过其一言一行的修为，以生活化的方式，潜移默化地影响着我：以拳修道，改造自我；面对人生，一以贯之。

韩 涌

靖远实业投资公司总裁

☯ 桩功概论

开内家传功先河　立拳道百世之基

"开内家传功先河，立拳道百世之基。"太极拳道丛书功法篇《桩功概论》即将面世，善莫大焉，心有荣焉。

本书数校其稿，最终以白话文呈世，方便大众阅读。李师所授功法，内容始终围绕内功修为展开。华夏武术文明里，无论太极拳还是其他拳种，内功修为都是根本。自古至今，如书中这样详细讲授基础内功修为之法，别无二家。书中借太极修为言内功之道，不但太极拳，其他拳种照此功法修为亦是相得益彰。太极拳道系列理法、功法堪为习练传统武术和研究传统文化的工具书。

常人习拳，每于招式演练开始。李师授拳，则以内功修为入手，形意合练，性命双修。沿着明理、修心、练功的脉络层层递进，修为日久，必身心俱静，身手俱佳。然"入门引路须口授"，书中理法、功法虽清晰易懂，但修为之路眼明未必心明，脑明未必身明，习者须经明师当面，耳提面命，口传身授，方终有体悟。

随师习拳七年有余，渐明太极之理，渐悟人生之道，渐懂技击之本，渐有操拳之乐。虽距道弥远，然渐求渐修，渐有所获。

太极之理是中华文明的总根，太极拳道是认知世界的一把金钥匙。李师所传之道，是大道。欲天下拳道学子明理修心，立身改命；自修福而福于社会；不偏求拳脚功夫之一隅也。读者不可不详辨矣。

得师嘱，汇报体会。一点糟粕之言，有鉴于后来者。

张春涛

北京鑫盛程源投资管理有限公司总经理

桩功概论

我跟老师学太极

一、珍惜

2011年8月的一个周末,跟朋友去八达岭附近的禅村学行禅,缓解俱疲的身心。晚饭后在房间喝茶聊天,我问朋友:行禅是都摄六根、净念相继,默念佛号有节律地慢慢走。如果这样打太极拳可以吗?朋友笑了:你这种想法挺有意思。我认识一位太极明师,叫李光昭,功夫高,讲拳强调"凡此皆是意"。不久前李老师刚在这里讲过课,住的还正是这个房间呢。如果你感兴趣,我介绍你认识认识。我一打听,老师家在昌平,离我家比较远。再说太极拳在我的印象中不过是慢吞吞地画完大圈画小圈,便没再追问。

11月中旬,朋友来电话说,李老师在怀柔一家研修中心讲太极拳道和无极桩功,问我有没有兴趣去听,并说那个地方有山有水风景不错,不感兴趣就当是度假。我便去了。没想到,甫一听课,便至入神。两天下来,深深被老师所讲太极拳道所迷住。接下来一段时间,在元大都遗址公园、在了凡茶庄、在金融街商务楼、在酒仙桥素菜馆……老师的几次公开活动,我知道后都追随而去。

有时翻看佛经,扉页上一般会有开经谒:"无上甚深微妙法,百千万劫难遭遇;我今见闻得受持,愿解如来真实义。"有一次我问老师,如来真实义何解?师云:"真来了吗?没来;真没来吗?好像来了。行拳也是一样,有来有去,似来若去,无来无去。"后来读《金刚经》:"如来若来若去、若坐若卧,是人不解我所说义。何以故?如来者,无所从来,亦无所去,故名如来。"不甚明了,但觉和老师、和太极的缘分好神奇!

是故,跟师学拳,首言珍惜!

二、珍重

日常语言中,我们会互相说:"珍重!""保重!"可见"重"之重要。但这样说的时候,我们知道珍的什么重、保的什么重吗?老师说:"拳之懂劲,须知轻重。"这个轻重的重和珍重的重是一个重吗?

我们知道泰山比鸿毛重,鸿毛比泰山轻。但是泰山和华山哪个重?头发和眉毛哪个轻?当我们端起杯子的时候,我们能清晰地感受到一杯清水、一杯茶的分量吗?

轻重虽然是一对反义词,但都是对分量的表达。我们惯常问"……有多重",不常问"……有多轻",虽然答案可以是四两,也可以是千斤。在万有的世界中,相对于

桩功概论

"无",四两或是千斤都是一种"重"。四两比三两重一两,千斤比九百九十九斤重一斤。这里相差的一两或一斤我们能在身心上真切地觉知出来吗?跟师学太极,拳似乎在给我答案。

师云:"拳者,权也。权,秤之秤锤,所以称重也。"《孟子》曰:"权,然后知轻重;度,然后知长短。"故,太极拳修,首要的是在身心上修权、修度、修准儿吧?

每次上课,老师明理之后便是跟学员摸手体会。老师常说"多了……少了……"老师不厌其烦地说"要把自己练成一杆秤,地秤练成天平秤……"老师一再强调"'凡此皆是意',是一种身心的感觉和滋味,要慢品细品……"老师还说"称分量要分毫不差……"这一切都是在训练我们在身心上感知轻重,调控轻重,掌握轻重吧?

当为某事担心的时候,我还能把提起的这颗心放回肚子里吗?胳膊挂在肩上,是沉甸甸、重坨坨的感觉吗?当感觉到沉甸甸、重坨坨时,我还能把这个沉重担起来、提起来却好像没有负担一样吗?

老子曰:"万物负阴而抱阳,冲气以为和。"一个负一个抱是不是在言阴阳之重,对冲零和?我们爱说"这个人有抱负",抱什么?负什么?师云:"在家里,背起老人,抱起孩子,是负阴抱阳的一种形式。"那么,跟师学拳,上传下承，承下来传下去，这也是一种持重的远大抱负吧？

我们言尊重、敬重。尊重敬重的重和稳重持重的重是一个重吗？老师在一次游学时讲到，太极起势，要恭恭敬敬地把球从大地捧起；收势，再恭恭敬敬地把球放下，交放给大地。大地如同生养我们的母亲，身体之重，是大地母亲恩赐于我们的自然之重。太极拳讲究一举动，周身俱要轻灵，但手中怀中一定要有太极球。此球虽是想象，但其承受生命之轻重。我们要想感知此球、调控此球、运用此球，定要以恭敬之心待之。尊重敬重就是不离不弃，顺而从之，与之相融。

《拳论》曰："左重则左虚，右重则右杳……一羽不能加，蝇虫不能落……"师云："知轻重，乃懂劲之妙门。"

是故，跟师学拳，更言珍重！

三、真实

我们从小都听过小马过河的故事。老牛说，河水很浅，才到小腿；松鼠说，河水很深，淹死了一个小伙伴儿。小马不知道听谁的。妈妈说，你自己试试就知道了。小马试探着趟过河，说，这河不深也不浅。老牛、松鼠、小马谁说的是真实？

师云："修炼太极，要一个动一个静，一个变一个不变。"在小马过河的故事中，我们知道，河水没变，过河

桩功概论

的人变了,深浅的标准就变了。其实过河的人不变,一条河也有深有浅的地方,也有涨水落水的时候。可见,真实存在于一个变一个不变之间。人要过河,必须要在变与不变中调整对深浅的认知,才能得到最真实的深浅感受。

站桩、抻抖、摸手、散步、游学、吃饭、喝茶、交谈……在时光真实的流逝中,在行住坐卧的真实变化中,我在追寻老师每次上课都强调的太极拳内里的不变;在不变中又去体会老师说的"变乃拳之魂"。在静与动、变与不变的求索中,应该说,从身心俱疲到生机勃勃,这是我跟老师学拳十年来最真实的身心觉受。

说到"真实",我们是不是可以问:什么是"真"?什么是"实"?为什么我们说"求真务实"?

日常语言中,"真轻"的对立是"真重","真黑"的对立是"真白","真长真短、真美真丑、真好真坏"……凡此对立皆可言"真"。但当我们说"(这瓶酒)真假"时,其对立却不能说"(这瓶酒)真真"。"真白"是对"真黑"的否定,但"真真"却不是对"真假"的否定。取中时我们可以说"不轻不重""不长不短""不黑不白""不好不坏",但我们不能说"(这瓶酒)不真不假"。我们说"他的表演非常真",如果他是演员,此语是褒奖;如果是单位领导在台上讲话,此语则是讥讽了。日常语言的表述习惯是不是在提醒我们:真的存在不以假为前提、为依托。"真"是独立的，是唯一的，是超越对立的。日月山河、大小多少、高矮胖瘦……是什么样就是什么样，这是本真。

诚然，在现实生活中，人为定义真，假便成了真的反面，真就成了相对的真。茅台酒厂生产的茅台是真茅台，茅台镇小作坊生产的就是假茅台。如果茅台酒厂的师傅跳槽到小作坊真心酿制，由此生产出来的"茅台"是不是真茅台呢？

每个人穿出来的鞋都是适合自己脚的鞋。没有真品牌，就没有假品牌；而不是有了假品牌，才有真品牌。这是不是意味着：如果我们不定义"真"，便没有了"假"？如果我们定义100%真，那99%的真或1%的真，是不是还是真？真不会因为假的存在而失其本色。认真，认针也。学拳，是不是针对这万千世界认出那1%的真？

老子曰："神明藏于无形，精气反于至真。目明而不以视，耳聪而不以听，口当而不以言，心条通而不以思虑……是谓真人。"《庄子》曰："真者，精诚之至也。……真在内者，神动于外，是所以贵真也。"《说文解字》云："真，仙人变形而登天也。"老师上课讲："站桩要站出闭关止念、不依不靠、独立守神的滋味。我们学拳，不是要成仙，而是要超凡脱俗。超凡脱俗不是不合世俗，而是要改变自己习以为常的思维习惯和行为习

桩功概论

惯。求真就是把握阴阳，把自己的身心打造成变形金刚体，脱艰释缚，返本归真！"

那什么是务实？师云："务实，是对所求之真的确实、落实、实践、证实。"老师所传太极心法有三：一、层层修分。扪心自问：我分了吗？分到哪儿了？二、借假修真。扪心自问：我在意念中假借了什么？假借的意象真实吗？意象真实了身心有反应吗？有了反应是太极所求之真吗？三、反向求义。扪心自问：静里有动吗？动中有静吗？松是在紧里求的吗？刚是柔积的吗？虚是实的变转吗？如是，松紧、刚柔、虚实在拳里的变化是不是就是一回事了？

咬文嚼字，认真查实。货物充足于屋下，为"實"。本义：头顶有盖，中间有田粮，脚下有财富，三点均有，称作"實"。"實"下为贯。贯者，从头到尾串过一个或一系列事物，使之上下前后有联系、有条理、有系统。《太极拳经》曰："一举动周身俱要轻灵，尤须贯串……凡此皆是意，不在外面……虚实宜分清楚，一处有一处虚实，处处总此一虚实，周身节节贯串，无令丝毫间断耳。"依语求实意，此段论述在自己的身心上有真真切切、实实在在的觉受吗？

是故，跟师学拳，总言真实！真实者，上真下实，始终如一，贯彻到底也。

谭春健

北京语言大学教师

第三章 学员感悟

永远在路上

我是从2001年开始练习太极拳的，习练拳架十余年。在学习拳架过程中，我的确下了一番功夫，可以说是风雨无阻，即便是到外地出差，也从未中断。然而，随着时间的推移，自己对太极拳架愈加刻苦练习、愈加执着追求，而对什么是真正意义上的太极拳这个问题，却越来越模糊、越探讨越糊涂。太极拳本是内家拳，《太极拳经》一直强调："凡此皆是意。"

尽管自己在练拳架上下了一番功夫，但对何为内家拳不明其义，对如何练意用意更不清楚。在这种十分迷惘的情况下，一个偶然的机缘，我有幸结识了李光昭老师，先后聆听了李师的《无极桩功》《浑圆桩功》的授课，如同醍醐灌顶，收获颇丰。李师让我明白了桩功与拳架的关系，即桩动成拳，拳静为桩。并认识到，桩功才是步入太极之门的"金钥匙"，只有以桩功为引领，拿住这一基础功法勤耕不辍，才能使自己在拳修中沿着正确的路径不断地前行、前行、再前行……

首先，李师师出正门，传承正宗。作为杨氏太极拳衣

☯ 桩功概论

钵弟子，李师所传承的太极拳无疑传承正宗。李师的父亲李树田师承白旭华、徐岱山两位先师，而两位先师又分别师承杨健侯师祖和杨少侯大师，并得到了他们的亲传。李师从小就在传统太极拳正宗传承环境下修习，见证了什么是真正的太极拳，明白如何修为太极拳，遵循着正宗传承进行修为。

其次，李师修为刻苦，得到真传。李师曾语重心长地讲，其父亲李树田是由于身体的原因，本着"保命"的目的来修为太极拳。因此，非常投入、非常刻苦，付出了超乎常人的努力和艰辛。李师爷那种执着的精神和顽强的毅力，直接影响和感染着光昭老师，驱使他五十多年如一日，苦练深钻，修为不止，得到真传。

其三，李师心胸豁达，敢为人先。中国有句俗语："教会徒弟，饿死师傅。"因此，在传统的武术传承中，有不少为人师者教授徒弟技艺时，往往会有意留一手，也就是人们常说的"绝活不外传"。然而，李师却完全冲破这种世俗观念，毫无保留、原汁原味地传拳授道。

桩功重在修心，理应倍加锤炼、融入生活。李师常讲，桩功修为的主旨，不仅仅是将有形的身体打造成一个内外相合、上下相随的完整体，而且更重要的是修"心"，桩功是"拴心"之功，让自己那颗不太安分的"心"静下来。

如李老师所言"太极要生活化"。在这一理念的引领下，我不断地尝试着将李师传承的"太极拳道"，渗透于工作和生活之中，将桩功修为与日常行为融为一体，以拳证道，以道修己，拳道相合，在为人处事上收到事半功倍之效。

"天生一个仙人洞，无限风光在险峰。"桩功作为太极拳修为的基础功法，以拳证道的重要载体，需要温火熬制，日积月累，精心孕育，用心品味，步步攀登，切忌急功近利，更不能一蹴而就。"路漫漫其修远兮"，在今后的桩功修为中，我将义无反顾地沿着李师用辛苦汗水铺就的康庄大道，不忘初心，砥砺前行。

吕孝丁

山东龙口市委组织部副部长

市人力资源与社会保障局局长

桩功概论

内求之功

从2012年6月到现在,我总共听李老师讲了9次无极桩、5次浑圆桩课程。每次都会得到不少新的宝贝,因为李老师每次讲课都会从不同的角度,引领学生去理解和体悟太极内功。

李老师所传的太极内功,首先是一个极好玩的玩具。它随时随地可玩,不依赖任何外部条件,而且百玩不厌。中国人管玩具叫"玩意儿",深有道理,因为玩的就是"意"。"玩"的过程,跟在建造一个实际的系统之前在计算机上所作的仿真很像。不管是以意导气,还是用意去解决对手来的力,都可以在"玩"中去验证,当有这个"意"的时候,是否有相应的结果。

太极内功,又是一个极好用的工具,可以帮助我们解决人生三大关系(人与自然,人与人,人与自己)中出现的问题。对方来推我,和人与人的意见不一致,解决之道是一个:不在接点上跟对方较劲,而是调整自己,回到中定。我在家庭关系、孩子教育、公司管理等方面,尝足了运用太极内功之理的甜头。对于病人恢复健康,站桩应该是首选，因为它没有对医师、药物的任何依赖。桩功还是凡人够得着的修行方法，相对容易入手，而且与道家讲的"损之又损，以至于无为"，儒家讲的"知止而后有定"，和佛法讲的"以幻修幻"，高度一致。

感恩李老师，把向内求的秘密，告诉大家。

黄　昕

美国Array Comm公司总裁

美国加州五系中医药大学太极讲师

☯ 桩功概论

太极七年

2012年，长期的工作压力，以及失眠、焦虑及其他亚健康的毛病，时刻侵袭着我，身体上和心理上亟待寻找出路。机缘巧合，李老师一席"拳说老子"的点拨，使我有种豁然开朗的感觉，从此坚定地跟随李老师走上太极拳之路。

老师把正宗和传统的太极拳，用他的智慧，拆散了揉碎了，毫无保留地传授给我们。感谢老师的辛苦，总是从"道"的层面，强调"无我""放下""求中"的意义，挖掘我们本身自有的"太极"。从身体的体悟，启发我们"悟道"，来辨刚柔、明动静、分阴阳，一层层与自己过去的习惯决裂。

七年时间我爱上了太极，不敢说现在有什么修为，只知道自己身上的僵滞和禁锢解脱了许多，病痛全无，心态随和，正气十足，游刃有余、心态平和地面对工作和生活。

太极七年，犹如在一条长长的隧道前行，有黑暗、疑虑、彷徨，幸有老师加持，现在可以感受前方一丝太极的亮光。这几年学习的收获，不是获得得到而是丢掉放下。

与其说是学习,不如说在修行这神奇和艰难的太极文化。

如果说七年前老师的一堂课,是感觉的豁然开朗和神奇,那么七年后的今天,是身心的豁然开朗和通透。我喜欢这样的感觉,喜欢老师的太极,更喜欢李老师。

王　涛
央企研究院负责人

9 桩功概论

拳修感悟

我是2012年在网上知道李老师的,当时了解到一位武术名家是李老师的徒弟,心里隐隐觉得李老师拳学水平不一般,恰逢李老师正在讲"拳说老子"的系列课程。听了几次课之后,深为李老师所讲内容所打动,老师用自己五十余年精深修为,深入浅出用拳的形式把《道德经》里所描述抽象的"道"展示出来,让我真正知道了拳道之大,无所不包,非一拳一脚之末技。至今和李老师学拳已经六年,修为尚浅,遵循老师所讲"明理、悟道、修拳"几个学拳要点,略谈一下自己的学拳感悟。

先谈"明理"。李老师所传承的太极拳,首重明理,盖因太极拳是依道成拳,基于太极阴阳五行之理所生,凝聚着中华民族老祖宗几千年的智慧,非一己之小聪明可以理解。李老师常说"要大智慧,不要小聪明",但这点恰恰很难做到,由于常年的思维习惯使然。常人待人处事总是先从"我"的角度出发来看待和定义任何事物,本来可以从360度来思考的问题,往往被自己局限住了。我自己也是如此,和李老师学拳一个重大的收获是认识到自己的无知，特别是许多自认为已经知道的东西。比如说拳里面"中"的概念，普通的理解往往仅仅是人身体中线或丹田，而李老师所讲的"中"的真义层层深入，让我知道"中"还要分内外、阴阳、有形无形、身内身外，并且通过摸手试劲，让我尝到了老师"由中而发，守中用中"的滋味和感觉。由此可见，一个概念的产生，文字表达只是一个方便，只有身知才是真知，要努力在"知不知"上下功夫。

次谈"悟道"。我的体会是这是所有拳学爱好者真正应该努力的目标和方向。如果没有一个远大的目标，很容易被路上的风景所迷惑，偏离方向，甚至背道而驰。现今社会上一个现象就是"修拳不悟道"，诚然每个人都有自己的学拳动机，或为健康长寿，或想防身技击，或者还有其他想法，都很正常，但如仔细思考，那些都是太极之用，关键还是要修证出太极之体。李老师第一本书的名字《以拳证道》，非常明确地指出了太极拳修为的终极目标。实际一切事，一切理都是"道"所生，每个刹那"道"都在产生着作用。而具体到每个人，道和我们每个人须臾不离，关系到我们每个人的身心性命。而李老师所传"太极拳道"正是这把万能钥匙，掌握了这把钥匙，才能圆融、圆满地解决人生中的各种问题。

再谈"修拳"。主要谈一下李老师所讲"练拳生活

🉐 桩功概论

化"的体会，老师教拳的一个特点是特别重视基本功的修为，核心就是桩功，怎么强调也不为过。李老师通过常年的精进修为，除了练拳外，从早上起来、刷牙、喝茶、写字、走路处处保持桩态，已经形成新的习惯，纯任自然。这是我们拳修要特别注意学习的地方，也是真正的练拳窍诀，如果不能把桩功融入生活，练拳和生活分家的话，还是说明旧有习惯占据上风，也就无法应物自然。最近两年，我也经常试着在坐车、走路、提重物等生活场景中体会拳修要点，比如"用意不用力"，经常检查就会觉察到自己哪里太用力了，这样马上调整一下，体会自己和外物相融相合的感觉。这样练拳时间无形中延长了很多。

最后，回首这几年的学拳经历，对李老师充满了感恩和崇敬，从第一次见老师起，李老师始终如一，对每个学生都尽心尽力，言传身教，以诚待人。我虽然不知今后拳修能达到什么境界，但无论何时都会牢记李老师"悟道炼己，修拳做人"的准则，实修亲证，向着老师及老前辈指引的方向前进。同时希望更多的有缘人学修太极拳道，身心健康！

程 辉
高级软件工程师

不假外物的拳道

随李老师学习十年多，收获巨大，感慨良多。

华夏文明如花之璀璨，唯知行合一是感知它的良法，"体悟"正是此意。在诸多传统艺术中，只有拳学不假外物，直接从身体入手感知自然，所以最简明。

明理第一

很多人多年功夫，依然不得其门而入，理不明是关键。明理后就上了正路，训练效率会大幅提高，然后拾阶而上，登堂入室。

明师第二

入手方法极重要，但社会上只教拳架，离古法相去甚远，甚至造成练习者身体的伤害。

明理的关键是遇见明师。每一门传统艺术都是代代口传心授，太极拳做为小众高端艺术更是如此。有了明师指导，历代先贤穷尽毕生心血总结出来的心法才会一层层地展现出来。

读书第三

教与学是双向的。有缘读到此书的人一定要细心揣摩，认真玩味，细抠每个词句，再在身上反复实践，这样才能逐步理解李老师的意思，功夫才能慢慢上身。

灵性是一粒种子，深埋在每人的体内。只要按照先贤传承下来的理法、心法、功法不断深耕，僵紧的身心就会逐步化冻，智慧就会显现。

陈潮勇

中国电信工程师

身心受益

我在2015年初有幸由好友引荐从无极桩功开始跟李老师学习太极功法，由于身体状况明显改善，于是在年末即介绍内人杨虹也开始桩功的修习。她的身体状况可以说是在很短的时间内就发生了翻天覆地的变化。作为高龄产妇的她生产幼子时，因大出血而气血不足，身体非常虚弱，总是疲倦，总是觉得睡不醒。仅是强撑着完成自己的职责，没有任何多余的精力去体验生活。在跟李老师半年的桩功修习后，她再次有了睡醒了的感觉，身体舒畅轻松，心中充满了希望和幸福。而且她原本湿寒仅能走动的左腿，恢复了正常的跑步和爬山的能力！

老师将太极桩功的精髓毫无保留地以精准而又朴素的语言讲授给我们，太极拳不仅修形更重要的是修心和修意，向内修，向内找。因此，跟随李老师修为太极拳，不仅使我们身体上有了明显的改善，更重要的是心理上变得越来越平和。之前我们会不时为家庭琐事和子女教育而争执，尤其是杨虹在气血不足的情况下更是心烦气躁，经常是火气一点就着。而不断倾听老师所传授的修为理法后，我们各自向内找自因，不停修正自己，使我们的家庭氛围也越来越和谐和融洽，孩子们也体会到了我们的身心变化。

老师还经常启发我们在日常生活和工作中如何体验和使用太极，使我们掌握了很多使生活总是保持健康和轻松状态的诀窍。感谢老师在古稀之年，不辞辛劳，为我们指点迷津，引领我们全家进入太极的修为方式，使我们在这个躁动的时代保持身体的健康和心灵的宁静。同时也感谢老师继《以拳证道》之后，再次系统而又详细地将太极桩功以书面形式讲解给世人。

白玮　杨虹
某投资公司董事、总经理

太极拳学习心得

　　这两年跟着李老师学习，对太极拳和身体有了一些与以往全然不同的认识。以前觉得太极拳就是松下长髯老神仙舒展悠然的动作，被民间老叟向往长生效仿而成的一些拳脚套路，用来延年益寿。我对技击向来无感，所以也没觉得太极拳是一种武功，可以打人什么的。跟李老师学拳，完全是偶得。一个家住房山的朋友有一天慕名想试听一堂李老师的课，因为上课地点离我很近就招呼我一起，顺便见一面，没想到我一下子被李老师的课抓住了。倒不是因为太极拳的魅力巨大使然，我其时完全听不懂太极拳倒是真的，不过那天李老师讲的太极之理，在我完全觉得是一种人生处世的学问。想想人生这几十年一直在学习，上学学知识、学专业，工作以后在行业中学习，还有学习尊老爱幼礼貌待人，总之学习如何成为一个文明的现代人，学的也挺多的，但唯独没有学习或者意识到人与世事的关系需要学习，而这其实是最为重要的，所以人到中年碰到各种难题不知如何应对。那天李老师的课上具体讲了什么我不记得了，但是依然清晰的是，里面包含了"关

桩功概论

系"和"如何处理关系"的问题，对我太有吸引力了。

几年来坚持得非常不好，中间中断了近两年没去上课，断断续续地听课，糊里糊涂地练习，似懂非懂的信息，至今还全然都是碎片化的，无法整合，但还是收获巨大。现在我觉得太极是一种思维逻辑，一个完整的认识体系，而太极拳是这个体系在身体上的反映以及身体对这种体系的运用方法。

世间最说不清楚的事除了"关系"，还有"感觉"，既难以描述，也没法量化，所以人们用理性、感性、智商、情商，来分类整理这些说得清的和说不清的世事和人事，而太极拳完全属于很难说清楚的这部分。一般来说，人们认识事物极为依赖眼睛，虽然很多人都相信世界是由看得见的和看不见的部分组成的，但还是容易接受看得见的部分，或者接受虽然看不见，但通过仪器或可视手段证明的东西。太极拳包含的是看得见和看不见的两部分，这两部分是分别的两个系统，看得见的是身体和它的动作的系统，看不见的是能清晰感觉到的，由意识所带动的东西构成的系统，但很难说清楚。太极拳的最高境界，我猜，不仅是两个系统都可用，还要建立两个系统间的关系，使之可以相互配合使用，使能量的利用最大化。

通过太极拳的学习，最直接的认识是，身体也像这个世界一样是由看得见的和看不见的两部分构成的。我们日常看见的、使用的、锻炼的只是两种之一。如果说人类的肉身是这个世界可见部分的一部分，那看不见的世界里也有来自人类的那部分，这样的逻辑应该很好接受。我们身体看不见的部分也是与生俱来的，但是后天被遗忘，不加使用，长时间弃置而萎缩了，跟可见部分一样，它其实包含了巨大的能量。我们的学习还在很初级的阶段，是通过各种方法感觉到身体不可见部分的存在，学习如何恢复对它的支配。这个过程离入门还远着呢，但练起来已经太难了，可比严重半身不遂之后的康复训练。

虽然练得不咋的，但认识已经改变了，意识有了，就是可见身体之外，增加了不可见的部分。好比数字化时代，有了零，有了一。这难道不是巨大的变化吗？

唐　昕
泰康空间艺术总监

◐ 桩功概论

阴阳相济之大道

李光昭老师所传授的太极拳道是身心双修、阴阳相济之大道。我跟随李老师修为太极几年来身心发生了很大的变化，工作生活的方方面面都得到了改善，确实达到了身心双修的效果。

太极拳的核心内容是桩功，也是太极的基本功。李老师的《桩功概论》一书主要是讲述太极桩功，太极桩功是练形求意、忘形得意之功，是化己之功、知己之功，要把自己有形的形体松透了，才能得到太极先天之真意。有形的实体虚无了，无形的意才能真实了，也就是说实的虚了，虚的才能实了，完成虚实的转换，才能进入太极之门。实际上太极拳就是拿住那个真实了的意做文章，所有的动作都是意动带动形体动，形体也就放松了、虚无了，正所谓"凡此皆是意"。只有做到了"凡此皆是意"，才能实现"用意不用力"，才能进入懂劲之门。

实际上太极拳的修为是生活习惯的改变，贯穿于日常生活当中，行住坐卧都要合到拳意上。由于我们后天的生活习惯，我们每个人浑身都僵住了，一动就用有形的身体的僵力、拙力，我们修为太极拳就是要时时刻刻拿桩功来规范自己，松开有形的身体，把自己交给天地，肉身放下、神意提起，提挈天地，与天地融为一体，也就合了太极之道。

王 玮
国开网开封供电公司干部

智慧太极

常听人说：有一种勇气叫放弃，有一种力量叫柔和，有一种智慧叫太极。

学太极是需要讲缘分的，明师指点及本人的自悟尤其重要，有幸跟随李师学习太极，受益于《以拳证道》一书中的太极之理法，让我真正体悟到太极的玄妙。

太极修为追求形虚意实，在找意实的过程中，意实不仅是感，进而是觉，觉而有悟，体悟到一种阴阳相济的滋味。特别是在摸手上，让我体会到其中的味，就是去中有回、攻中带防的滋味，是在摸手的过程中去体味、体悟那种可发而不发的状态与滋味。

太极拳的每招每式，都是以意念为主导，引动内气、催动外形，内外相合的杰作，也就是拳谱上说的："以意导气，以气运身。"意的开合是周流不息的自我不断转换的过程。静中求动，动中求静，阳动阴静，动静即阴阳，李师即将出版的《桩功概论》一书，是太极拳道的桩功篇，更详细地诠释了太极拳的基本功法，是太极爱好者的福音，众学子翘首以盼。

孙葆栋

国开网开封供电公司工程师

第三章 学员感悟

健康之基

李老师的太极拳道系列桩功篇《桩功概论》终于问世了，作为跟随李老师学习桩功七年的学生，很荣幸在这里谈谈自己的修炼感悟，以期对有缘者有所参考。

笔者是在南京工作的工程师，长期工作压力加上多年鼻炎，致使精神疲惫身体虚弱。于是在2009年开始接触太极拳架，前两年身体也颇有好转，然习练五六年之后，虽动作愈加规范，形体愈加灵活，观者频频赞许，然自知拳架练习对身体改善有限，对照前人所记拳谱，于虚灵、于松沉、于气、于神更是完全不得要领。所幸网络发达，2015年底开始结缘李老师的太极拳道，不知不觉，到今天也能体悟气之鼓荡，身之虚实，进而能出劲试手，偶尔也得发放之趣；于身体也大有裨益，精力渐至充沛，鼻病大为缓解。内心欣喜，虽不敢说入太极之门，但总算窥见宫墙之美，知入门之路。

李老师所讲的静出动势，是在心静身静中出意动，先是对身体各部分体悟意形之分，进而得意忘形，进而意气周流，进而完整一气，进而归根复命。以笔者之粗浅体验，身体意形之分就是逐渐知己的功夫。固然人们对生理结构和运动研究已有相当了解，但人作为万物之灵，对自己意识和灵性的认识却并不清楚。笔者记得当得到坐胯圆裆之意时，才体会到人有这么一种意和形的组合，能让自己如此中正安舒。

"孰能浊以静之徐清？孰能安以动之徐生？"《桩功概论》的内容，就是在阐释道。"归根曰静，静曰复命"，习练桩功，终究指向的还是尽性知命。希望读者能读出《桩功概论》中的深意。

方太勋

南京输电研究所总工程师

习悟感言

　　都说"大道至简",可没有人捅破这层窗户纸,你就永远活在混沌当中。

　　所有的老师都会告诉学生站桩很重要,却没有人花整整两天的时间,专门讲如何站桩,并如此详细地把身体分成十八个部位,分别用意;所有的老师都告诉学生要"虚灵顶劲",却没有人告诉我们要从"提顶"入手;"气沉丹田"的说法更是五花八门,李老师只一句话"做到了虚灵顶劲,自然气沉丹田";太极老师大多从套路入手,即使学会百十个招式,练功仍然不得要领,李老师"求中"两个字就让我找到了初学太极的方向。

　　李老师反复强调形与意不同而合的道理,引导我通过站桩体会"得意忘形",站桩的过程如同"读我",因为站桩,我也第一次开始细细审视身体,审视身体与天地的关系。大约站了四十多天,我开始有节节肢解或者层层剥落之感。这只是开始,尚未入太极之门,心中无限感恩。

高志强
中国建筑设计集团筑邦设计院副院长

桩功概论

由拳入道

　　初见李师，他中等身材，面容清瘦，谈吐文雅，和蔼可亲，鼻子上还架着一副眼镜，俨然就是一位退休的大学教授，根本无法与武术联系在一起，不由得让我对眼前的这位太极"大师"产生了一丝丝怀疑。但就在几小时以后，李师让我紧紧攥住他的两个手腕往下摁，虽然我也不健壮，但是摁住一个与我父亲年龄相当的老人，按说也是不成问题的。哪料到只见李师两只手微微随意一抖，我就感觉有两股无法阻挡的刚猛之力（虽然我攥着的李师的两只手感觉是软绵绵的）给我扔了出去……此时，我真有点懵了，难道只有在武侠小说里才能看到的"内功"真的存在？就在那一瞬间，我的世界观被彻底颠覆了！

　　随后正式追随李师学习，对太极拳方才有了进一步的了解。原来太极拳不仅仅是一门武术这么简单。首先，作为一门武术，它具有防身技击功能。太极拳区别于其他拳种的地方在于：以柔克刚、以静制动、后发先制，达到四两拨千斤的效果。第二，太极内功具有养生保健的作用。

内功，是向内修，修的是自己的心，练的是自己的性。无论练功还是生活，李师曾送我们四个字：静、慢、反、宽，分别是说静运动、慢生活、反向求、宽待人。如果你做到了以上四点，何愁身体不健康呢？就拿我自己来说，追随李师修为太极至今尚不到一年，困扰了我十几年的顽固过敏性鼻炎，今年立秋没有再犯，要是在往年，早就一把鼻涕一把泪了。上面说的太极内功的两大功效可以说已经相当神奇，一般人会说，若能得其一，已是心满意足，然而，李师所传承的太极拳可不仅仅停留在这两个层面上，更为重要的是，它还承载着"以拳证道"的使命！这也是李师对太极拳的终极论述，也是太极内功的核心价值，值得我们用一生去体悟，并用它指导我们生活的方方面面，把自己打造成一个合道之人，也算是由拳入道了吧！令人欣喜的是，李师所传承的太极拳在中医界、在海外受到越来越多的欢迎及重视，已连续五年被"美国加州五系中医药大学"列为硕士班必修课，去年又被列入博士班必修课。他们的目标是培养懂太极的中医！一念至此，再反观诞生太极的我神州大地，依然是太极操的天下，心中五味杂陈，顺口念出四句打油诗，作为本篇结束语，并贺李师新著《桩功概论》出版面

桩功概论

世，实乃我太极人之幸！

远芳

墙内开花墙外香，
半是欣喜半惆怅。
何当国人识瑰宝？
中华大地满庭芳。

朱爱国
北京健安生物公司创始人

桩功：修炼之道

《黄帝内经》曰："上古有真人者，提挈天地，把握阴阳，呼吸精气，独立守神，肌肉若一，故能寿敝天地，无有终时。"直至遇见李光昭老师，学习桩功，才觉悟到此话之真义，而太极桩功，正以提挈天地，把握阴阳，独立守神，肌肉若一为其修炼之精髓，是回归上古真人境界的修炼之道。

在美国硅谷教授中医，并行医多年，诊治过无数寻求健康长寿之人，深知祛病如抽丝之因，非疾病本身，乃得病之人，治疗慢性疾病尤是如此，病根乃是己，我们的生活习惯，我们的个性，注定我们生什么病，只有舍得放下自己，才能得到真正的健康。这上天赋予我们的自愈能力，唯舍己乃得，是谓舍得，舍多少，得多少，舍的是己，得的是启动阴阳平衡，生生不息的修复能力。中医治病求的就是"阴平阳秘，精神乃治"，"正气存内，邪不可干"，这正气，是阴阳平衡状态下，人体与生俱来的修复能力与免疫力。如今每遇到疑难杂症，迁延难愈的病人，都将桩功融入治疗中，起到良好的效果，此乃授人以渔，无须依赖医药便可延续健康。

借着站桩，得意而忘形，学习忘掉这会得病的形体，静心凝神，呼吸自然，周身松通，必能达到意到气到，以意导气，以致气达病所，则无病不愈，将乱动的我静下来，无我即无病，生命健康的武林秘籍尽在《桩功概论》。

周靖亲

中医博士

美国加州五系中医药大学教授

加州Carecomfortcure诊所所长

太极桩功的修习体悟

跟随李师修习太极拳桩功两年多，深深体会到李师传承的是修内之功，是身心双修的有为之法。通过修意得静，得意忘形，以气运身而达到中定发而未发的太极状态。

追随李师之前，我们多年爱好西式体育运动，长跑、网球、健身、瑜伽等都有涉及。如何从好动到不动，从不动再到以太极思维来"运动"，犹如一个脱胎换骨的过程，如同经历了一次人生的洗礼。修习初期，由于身体多年被自以为是的分别心养成的习惯，要转换固有思维进而改造身心确实不易，但幸有李师孜孜不倦的启发指导，我们才渐渐体会到太极桩功的美妙。

首先，初学桩功的人不可抱着"三天打鱼，两天晒网"的侥幸心理修习。桩功修意是颠覆身心固有习惯之法，是一个渐进过程，不可一日而成，更如逆水行舟，不进则退，保持每天一致性的练习有助于逐步化解多年固化冻结的身心。

其二，要将站桩感悟到的滋味带入日常生活的起居坐卧中去，这有助于新行为模式的形成。以本人为例，每天走路都会将站桩的觉知带到步行中去，学而时习之，在日常生活多样性活动中反复检验，进而又会进一步反馈到桩功的习练中。

如师所言："时至今日，几十年过去了，我依然练基本功、悟基本功、用基本功。在练中悟，在悟中练，在用中悟，在练中用。一句话：离开基本功，到老一场空！"

感谢恩师！

永和　雅君

永和　原IT公司高管

雅君　投资公司分析师

学拳心路

喜爱并执着太极拳已二十余年，没遇到李师之前，常常会觉得自己这么多年喜爱并执着的太极拳是多么的不堪一击，空洞无物，就像是在黑夜中行走，不知所向。

有幸得遇李师给我明示太极拳讲阴阳之道，讲太极无极桩、浑圆桩，讲修己的三要素：层层分、反向求、假修真。目的是把未曾用过或很少用的意真实。万法唯心所造，我们的身体何尝又不是自己的心所造所设计的呢？

为什么我以前练拳进步慢，甚至有退步，我们以前都是在动作上找，都在果上找，果上练，有形无意。有了落就无提，我们必须按照阴阳之道、太极之道之思维去改变我们这个顽固的身体。

首先，盘架子时要把提和落、进和退两者同时体现在拳意上，把无极桩中十八部位的意（特别是脚永远不主动踩地，身和手永远不主动体现在盘架子上），把形松意紧体现在盘架子上，甚至于全身上下都是这些意。其实这也与其根在脚、发于腿、主宰于腰、形于手指相符。

李师说太极拳是形松意紧、能打而不打、能发而不发的拳，可与两者之间巨大差异形成势，所以太极十三势，进、退、左顾、右盼、中、掤、捋、挤、按、采、挒、肘、靠都是处在可与不同出的滋味上，才能形成势，太极拳亦是似是而非的拳，似进非进，似退非退，似松非松，似按非按，凡此皆是意。练了这么多年的太极拳，很多行为习惯不知从哪里改起，老师教我首先要明理，明太极之理。首先要用太极思维阴阳之理指导我来盘架子，甚至于日常生活，让虚无的意更真实些，让自以为实实在在的身体虚化些，让虚无的意、提、落、吞、吐、进、退之意体现在身体上更清晰些。不二法门亦太极，似是而非太极势。感师指点阴阳理，意气君来骨肉臣。

吴文晖
江西华晖房地产开发有限公司总经理

学习桩功感想

自跟随李老师修习杨氏太极桩功以来,逐渐感受到身心天翻地覆的变化,常常感叹有幸能学习到老师的传承。在此之前,自己一直对中国传统武学和身心之修非常感兴趣,曾接触过形意、心意六合、太极拳的两支,也练习过小周天。这些过程经历了有四五年的时间,自问非常认真用功,但始终感觉不得其门而入。主要有两个原因:一是接受到的教授不够系统和深入,停留在形的层面,门内的东西练不到;二则内家拳需要身心兼修,细微之处得不到在心法理法层面彻底全面的指导。因此也出现了数次走火出偏而无法继续。

第一次听李老师的课就感到极具冲击力的开放、纯粹和究竟。老师开宗明义,提到太极拳核心在身心共修,有形之身和无形之心的唯一桥梁就是意,因此太极拳核心始终围绕意的修行,随后大道归简,讲明主旨求中、三种心法,而后主要功法都围绕无极、浑圆和开合三个桩,用意不用力贯穿始终,修的这个意就是不二法门。而在三个桩上又展开无比丰富的体系和细节,例如对无极桩十八个部位的要求一追到底，既分着练又合着求。学习中在精要之处老师尤擅择机说法，例如我切身听到"舍身不舍意""唯虚空中能生万有"等，如一声惊雷击中内心，久久不能平复，念念不忘反复练习而后上一级台阶。由衷感谢李老师的无私分享，也愿天下拳友都能听闻正法，不懈精进！

陈科屹　任晓春

知行合一

我是做艺术工作的人，对老庄之学特别感兴趣，书看了一些，但是深知看再多书、知道得再多，不如在"行"上的一点收获，这也是王阳明"知行合一"的观点，"行"上做不到，"知"还远不是真正的"知"，所以，一直想找个修行的方法，如何通过"行"获得真正的"知"。经朋友介绍，我拜访了李老师，开始在老师指导下学习太极桩功，第一堂课就被太极的思想吸引了，之后每周基本上都会去上课。虽然学习已经有半年，我悟性不高，练习也比较疏懒，没有师兄们进步快，这是自己的不足之处。但是老师讲解和示范太极桩功深入浅出，还是给我这样天资不敏的人很大的启发。

我想和大家分享几点体会，也正好请老师和师兄检验和指教。比方说，我慢慢形成了一个习惯，在日常的行、卧、坐、立中，我会留意自己是否做到能松下来，当然离松通的境界十万八千里，但是形成习惯之后，一点一滴的松通之感逐渐在积累，这种体验是实实在在的，不是靠看书能获得的，这不仅只是在身体上的受益，更重要的，也

桩功概论

是李老师时时强调的，是对"心"虚化的训练，也就是"无我"的修行。

再具体点，在平日书法的练习中，我也时刻提醒自己运用理解的老师所教导的太极的原理，更加理解了不少书法大家谈到的为何执笔不能用力，李老师在"力和劲"一课中非常清晰地指出了两者的区别，肌肉紧张所产生的"力"很容易造成指和腕的僵硬，而"劲"是心身放松下来之后内在之力，因为松下来，每个关节都可以灵活运动，用意不用力，身随意动，随时可以变换方向，而且可以非常疾迅地不断发力，在力的层面上，这种力无疑对书写更为有效。这样的课有很多，每次我都有如拾珍宝之感，比如"蓄与发""虚与实""中与重""形和意""开与合"，等等，这不仅能在书法理论和实践上有重要意义，而且还是为人处世之大道。

还有一个对我来说非常重要的教益的体验，但因为自己才疏学浅，难以更好地描述，我只能在这里稍加提及，以作备忘。这就是李老师常说的："回到零"或"把自己空掉"。我们可以从零重新出发，从道家所说的"无为"而作有为，从佛家揭示的"空性"而生出无穷之妙用，无所住而生其心（"从"这个字很不恰当，因为"空性"并非真有"空"，"从"好像又犯了落到了实处之谬，但是我一时找不到贴切的字，望大家指教），我们就可以处在无限的可能性的初始之"处"……

蒋　志

古时候，丝绸之路从中国延伸到了克尔白，而今她是我的祖国。我正在跟李老师练太极拳。我要把这门伟大的知识，穿越千里之外，带回我的祖国。

穆　德
沙特阿拉伯司法部顾问
中国政法大学国际法博士

接触太极只有短短三个月，它改变了我很多，每天习太极，我的腰疼减轻许多，而且生活中我的心态也开朗了，整体上都好一些，从此我爱上了这个中国功夫！

很感谢李老师提供这样的机会，我觉得我很幸运，所以我会珍惜太极拳所结的缘分，坚持不懈地学练下去。在此我想真诚地说一声：谢谢老师！

雷　达
沙特阿拉伯留学生
北京化工大学研究生

◐ 桩功概论

身心双修的拳法

　　修习桩功是我们和身体对话的一条捷径。我是幸运的，在第一次桩功中，就感受到了提顶之意，当把自己交给上天时，脚下虚无轻松的感觉为我打开了一片新的大陆，原来在自己的身体上还能体会到如此的感觉！第二次欣喜体会是将所受之力流到全身各处，将全身作为一个整体，当意气流通全身后，身体通畅也带来了心情的通畅与愉悦，那种通畅感、舒适感、愉悦感令我一生难忘。

　　修习桩功是我们对于人生的一次重新感悟。桩功开始前，李师讲到太极心法，一求三修：处处求中、反向修义、借假修真、层层修分。每一句口诀不仅在身体得到验证，以拳可证道，还可在生活工作中得到成功。两年以来，太极之理帮我走出了人生的一个又一个困境，有时只是观念的转变带来的却是巨大的收获，原来人生可以如此精彩，如此轻松，感谢李师，感谢太极。

陈跃航

北京中医在线教育中心副主任

随李老师学拳时间太短，不敢妄加评论老师的修为，有一点我可以肯定，李老师修的绝不仅是拳，而是拳背后的道；李老师言谈行住，无不体现了太极的平衡与自在；李老师的第一本书《以拳证道》，字面的意思好懂，个中真义，却需要在太极修习的过程中慢慢体悟；李老师让我明白一个道理，只有以求道之心修习，方能入太极之门。

张　翕

中央人民广播电台"老年之声"节目主持人

后　记

　　《桩功概论》原书名是《涵养天机习太极/静出动势》。《涵养天机习太极/静出动势》2018年出版发行后，受到广大太极拳爱好者的欢迎，几年前该书线上线下均已售罄。如今，按照"光昭太极拳道丛书"出版的要求，对书中有关内容进行了微调，冠名《桩功概论》，予以出版发行。

　　原书稿的编写历时四年多，先后七易其稿，旨在力求通俗易懂、臻美避瑕，以飨太极拳道有缘之人。

　　书是写给读者的，第一个读者是作者自己。自己读自己的作品，总会读出不尽意之处，尽管书稿再版付梓之前多次进行修改完善，但依然觉得尚有许多说不清楚的地方，或需以后有机会再作更加细致的阐释。

　　此书稿是我于2011年至2013年期间，在国内外多个场合公开宣讲"无极桩功"和"浑圆桩功"的录音及影像资料，由多名学生参与对其进行文字整编而成。原以为有音像资料为基础，形成书稿会比较容易，但在整理过程中却发现并非如此，其实际难度很大。一方面，我在每次讲课时从不照本宣科，而是围绕授课的主题内容即兴发挥，并结合听课学员的实际，随机随堂"现挂"。正因如此，把不同场合的授课音像资料整理成一本完整系统的书稿，的确不是事前想象的那样简单。另一方面，在现场授课时，往往不考虑语法的准确及语句的完整性，多是随机讲解，即问即答，轻重有别，灵活多变，尽显口语化通俗易懂的特点。将这种口语化的讲课资料整理成书稿，既要保持讲课时的风格，使之读起来如身临其境，又要把多余的口语进行删改加工，这实在是一项再创作的艰难工程。因此，原书成稿虽经学生们精心整理，但依然难免文不成体或挂一漏万。其不尽意之处，有待其后充实完善，或留由后人修正，并恳请太极拳道同仁给予斧正。

在原书稿形成过程中，我曾先后三次到山东龙口万松浦书院，与王延军、吕孝丁、田连谟、韩存波、孙行发等学生一起，商定书稿的基本框架、结构布局、表述方式等有关事宜。期间，有太极拳道修为的多名学生参与了相关工作。学生黄昕在前期对"无极桩功"和"浑圆桩功"的音像记录进行了文字整理。谭春健、陈潮涌等学生先后对相关文字资料进行了系统汇总。

◐ 桩功概论

　　特别需要说明的是，原书稿的具体撰写人是我的学生王延军。我委托延军主笔撰写书稿，主要基于两方面考虑：一方面，延军对我所传授的太极拳道主旨理念及拳理拳法有较深的理解和感悟，可以毫不含糊地讲，他确确实实地步入了太极内功正途大道。另一方面，延军做事严谨细致、一丝不苟、精益求精，这是他的一贯作风和特点。他执笔撰写书稿，让我很放心。在原书稿具体撰写过程中，延军潜心研读我在不同时期、不同场合的讲课录音像资料，并结合我公开讲课时"先明理，后讲法"的授课特点和方式，在全书的结构编排、内容遴选、文稿编纂、文理表述、语法逻辑等方面，逐章逐段推敲，逐句逐字斟酌，为此付出了艰辛努力。

　　在本书即将出版之际，要特别感谢宗教文化出版社原总编史原朋。他是我最早的学生，多年来，原朋为传播太极拳道内功做出了巨大贡献。"光昭太极拳道丛书"的出版，原朋都是亲自策划、具体安排部署，每一本书的出版和发行都饱含着他的心血和汗水。学生钱鹏宇在原书稿出版的前期一直负责与图书出品方沟通相关工作，为原书稿第一版顺利出版发行付出了努力、发挥了重要作用。吕孝丁、田连谟、韩存波、孙行发、郑国荣、张春涛、李铭、程辉、朱爱国等学生对原书稿参与了后期的审核、修改、打印等工作。可以说，本书既是众多学员共同努力的成

后 记

果,也是太极拳道修为群体的集体智慧结晶。

本书是系统阐述太极桩内功功法的"工具书"。作为太极拳修为者,要想将这一工具书利用好,既要对书中所介绍的理法、心法、功法做系统研读,又需要结合站桩实践在同修之间多作交流,以加深对太极桩功真义内涵的体悟。为了指导读者日常修炼,我们创建了"光昭太极拳道读书会"线上读者群,定期举办线下活动,以便加强相互交流。我和有关学生将对读者朋友提出的问题予以解惑,并跟踪指导。

图书在版编目（CIP）数据

桩功概论 / 李光昭著 .-- 北京：华龄出版社，2025.1.-- ISBN 978-7-5169-2833-2

Ⅰ. G852.1

中国国家版本馆 CIP 数据核字第 202433Y02D 号

策划编辑	南川一滴	责任印制	李末圻
责任编辑	高志红	装帧设计	武守友

书　名	桩功概论	作　者	李光昭
出　版	华龄出版社 HUALING PRESS		
发　行			
社　址	北京市东城区安定门外大街甲57号	邮　编	100011
发　行	(010) 58122255	传　真	(010) 84049572
承　印	北京七彩京通数码快印有限公司		
版　次	2025年1月第1版	印　次	2025年1月第1次印刷
规　格	880mm×1230mm	开　本	1/32
印　张	15.75	字　数	280千字
书　号	ISBN 978-7-5169-2833-2		
定　价	59.00元		

版权所有　侵权必究

本书如有破损、缺页、装订错误，请与本社联系调换